U0668556

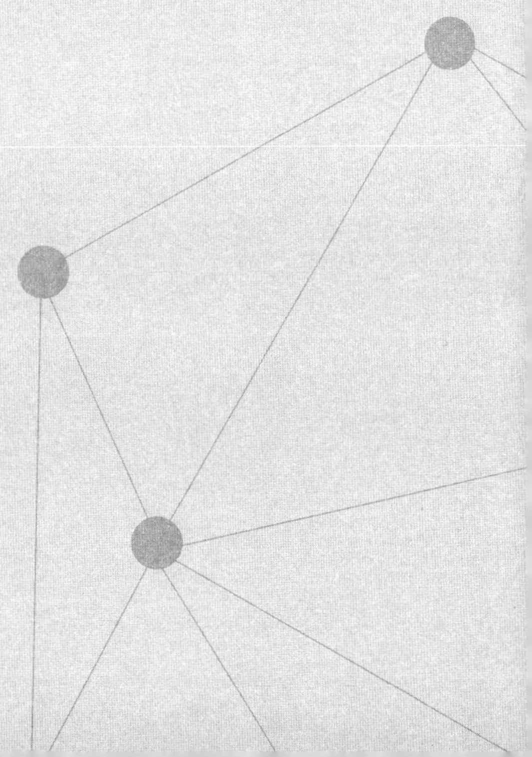

杨英杰 等著

新常态下的心常态

让我们习惯增长的"极限"

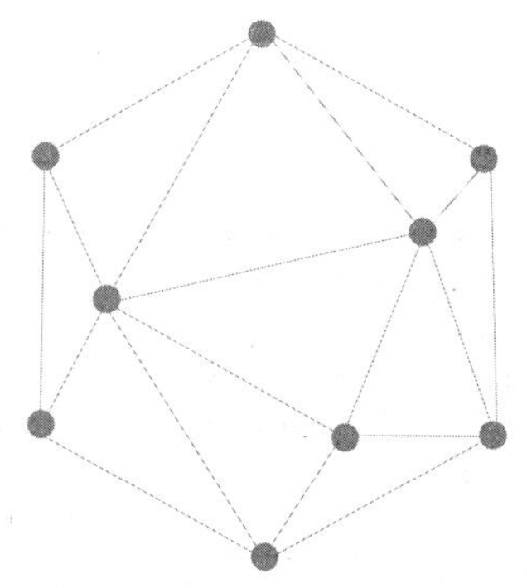

清華大學出版社
北京

图书在版编目（CIP）数据

新常态下的心常态：让我们习惯增长的“极限” /杨英杰等著. -- 北京：清华大学出版社, 2016
ISBN 978-7-302-42418-5

Ⅰ.①新…　Ⅱ.①杨…　Ⅲ.①中国经济－经济发展－研究　Ⅳ.①F124

中国版本图书馆CIP数据核字（2015）第306767号

责任编辑：周　菁　王如月
封面设计：邱特聪
责任校对：王凤芝
责任印制：杨　艳
出版发行：清华大学出版社
网　址：http://www.tup.com.cn, http://www.wqbook.com
地　址：北京清华大学学研大厦A座　邮　编：100084
社 总 机：010-62770175　邮　购：010-62786544
投稿与读者服务：010-62776969，c-service@tup.tsinghua.edu.cn
质量反馈：010-62772015，zhiliang@tup.tsinghua.edu.cn
印 装 者：三河市春园印刷有限公司
经　销：全国新华书店
开　本：150mm×195mm　印　张：14⅙　字　数：228千字
印　次：2016年5月第1版　印　次：2016年5月第1次印刷
印　数：1~10000
定　价：49.00元

产品编号：066476-01

新常态和经济阵痛期（代序）

韩康

经济新常态，政府当局有两个并行的调控目标：坚持结构改革、稳定经济增长。这个表述看似简单，实则难度很大，因为二者必须兼容。结构改革的要求是，有效矫正结构扭曲，不搞大水漫灌式总量刺激，稳定增长的预期是，GDP 底线在 7% 左右和 6.5% 以上。

2015 年 GDP 增长 6.9%~7.0%，达到中高速增长水平，除出口指标外，城镇失业率、消费物价、货币增长、能耗下降和赤字等重要宏观指标，都在政府预期调控范围内。一种比较普遍的看法是，目前 GDP 增长已经探底、趋稳，经济主导方面的向好格局已经出现。我的认识正好相反，目前增长下行是否探底并不确定，结构改革深层问题并没解决，新常态的经济阵痛期，还远未过去。

从外贸出口观察，2015 年国内出口负增长已成定局。根据美元加息综合影响评价、新兴市场国家总体走势、国际大宗商品行情预测等因素分析，国际货币基金组织和世界银行对今年和

2016 年全球增长预期都不断下调。中国出口增长态势也可能很快逆转。这个情况告诉我们，宏观经济三驾马车从纯粹增长角度计算，已经是“三缺一”了，要指望用投资、消费提速加以填补，几无可能。

投资是目前政府稳增长的重点调控领域。我国三个最主要的投资部门制造业、房地产、基本建设，2014 年的投资比例分别为约 30%、25%、25%。由于发展环境变化，三者增长下降都十分明显，2004—2015 年第三季度，制造业投资增长从 36.8% 下降到 13.5%，房地产从 29.6% 下降到 2.6%，分别下降了约 23 和 27 个百分点。若这三大投资主力的降势稳不住，经济跌破底线必不可免。目前看，政府调控力度很大，难度更大，效果尚不分明。

首先看制造业，投资增长下滑受到两方面影响，一是大规模持续性产能过剩，市场需求萎缩严重约束产业发展，特别是传统制造业发展困难重重，规模以上工业增加值的增长只有 5%~6% 就是明证；二是政府主动减产，对技术落后、耗能严重、环境污染、库存巨大的企业实施强制性减压管理。政府虽然也同时下大气力推动新兴制造业的创新发展，但需要清醒看到，后者真正具备产业拉动力量，还有很长的路要走。由此可知，制造业的投资增长，除非回到过去发展老路上去，不可能也不应该短期内大幅转降为升。

其次看房地产部门，影响投资增长最重要的背景是，国内城镇住房供求格局已经发生重大变化，2014 年城镇居民户均住房接近一套。这是标志性事件，说明国内大规模、拥挤性购买商品房市场周期已经过去。据不完全统计，城镇家庭自有住房空置率已高达 22% 左右，沉淀资金约 4.2 万亿元。为了抑制房地产泡沫扩张，中国人民银行（简称央行）采取“用者宽、炒者严”的房贷政策，很有道理，也逐步有效，但是长期积累的供求矛盾绝非短期可治。2015 年 10 月末，商品房待售面积增至 6.9 亿平方米，同比增长 14%，不仅绝对值再创历史新高，待售面积与上年销售面积之比也达到 56.9% 的历史峰值。

摆脱目前房地产困境有两个选择，第一种选择是干脆敞开买卖、投资、炒作，无论大中小城市，在零房产税条件下一律放开购买与贷款门槛。这样做，各种经济人的各类大量积存资金、资本会蜂拥而入，钢铁和水泥等过剩产能会大量消化，房地产相关产业会迅速繁荣，从而，投资立马拉升，稳增长立即见效。第二种选择是，坚持以市场消化为主，同时积极调整和改进管理政策，把居民购房存量潜力激发出来，例如进一步适度放宽消费性购房信贷，同时改变现行保障房建设思路，构建新型市场化保障房开发模式，等等。这样做，立足长远，但短期内不会明显拉动投资。理性的选择应该是什么呢？

第三看基本建设，这是投资主力三部门中最具扩张弹性，也是政府调控最容易着手的部门。中央政府作为直接投资者和调控者，手里有四个重要筹码，可以释放的能量有多大呢？

（1）中央财政赤字。参照《马斯特赫里条约》，2015 年确定 3% 左右，普遍认为结合中国国情，可考虑未来把积极财政政策适度放大一点，赤字调高 0.2~0.5 个百分点，有道理，也完全可行。但同时也要看到，地方政府债务水平很高，隐含风险极大，中央财政赤字不可能太过放松。

（2）国家重大投资项目工程包。2015 年国家发改委推出的 7 大类、四大项重大工程包，据统计已开工 300 多项，完成投资约计超过 4 万亿元，今年还向社会投资放开 80 个项目，约计总投资 1 万亿元。这已经是非常有力度的国家投资了，未来虽然仍有扩展空间，但在这个基础上再度大幅提高投资规模，可能性很小。

（3）积极推出政府和社会资本合作模式 PPP。国家发改委已发布 PPP 项目 1043 个，总投资 1.97 万亿元，有研究机构预计 PPP 市场总容量可约达 10 万亿 ~12 万亿元。PPP 模式涉及公共产品投资体制深层改革，意义重大，但若要让非公有资本真正理解并大量主动参与这个模式，进而带动整体公共产品投资增长，并不是短期内可以做到的事情。

（4）中央为地方政府债务置换。2015 年国务院发行 10000 亿元政府置换债券，总额占 2015 年到期政府债务 53.8%，置换债券由地方政府自发自还，用于今年到期债务。这是规范清理地方政府债务的极其重要的一步，但是同 28 万亿 ~30 万亿元的地方政府债务总量相比，显然是杯水车薪，继续深化解决债务问题，既需要更得力的措施，也需要时间。

大部分地方政府的基建投资能力，原有强度已很难维持。改革开放以来，地方政府大规模投入基建，有三大主要支撑，分别是土地财政、融资平台和城投公司。现在，土地财政收入大幅下降已成定势，基础财源大大萎缩；政府融资平台长期积累巨额债务，还本付息压力严重挤压融资能力；城投公司债务约占地方政府性债务 49%，公共产品投资能力和信用都大打折扣。

最后，再看看社会消费，这是政府和各方面寄予最大希望的稳增长领域。2014 年社会消费的增长贡献率确实超过投资若干百分点，那么，有无可能社会消费继续超水平发挥，很快成为支撑 GDP 增长和可持续发展的主导部门呢？我认为近期无此可能。

短期观察，即使现有社会收入状况、消费结构和消费方式不变，提高增长水平也有空间，例如进一步完善网络平台体系，积极扩展国内外商品零售规模；稳定股市，增加居民扩大消费的证券财富基础；出台新政策、新措施，鼓励居民新型绿色消费，等等。这些措施可以给拉动消费加分，但不可能根本改变支撑宏观增长的基础结构。

社会消费如要有大的结构性进步，就要解决更深层次的发展问题，例如收入水平提高和收入结构改善，特别是中等和中低阶层提高收入与财富水平；又如改进、完善公共福利制度与社会保障体系，加快推进还带有明显碎片化特征的社会保障体制改革；再如目前国内财富分配结构也大成问题，据概算，我国中产阶层人口超过 2 亿，房产的财富配置比例接近 80%，这个消费主力军被庞大的房产比例牢牢套住，其他方面的社会消费扩展，还会有多大余地呢？

以上分析告诉我们，如果说中国进入经济新常态，那么这个新常态的第一阶段，显然就是一个很难避免的阵痛期阶段，只有走出和熬过阵痛期阶段，才可能进入经济新常态的良性发展形态。

关于经济新常态的阵痛期，我有四个初步认识。

第一，阵痛期时间不可能太短，基本道理是，长期高增长积累的大量产能过剩和商品房库存，如果坚持以市场消化、市场出清为主，而不是像以前那样，结构问题总量补，靠铺更大摊子的政府消化、政府出清为主，就必须尊重市场供求规律，待以时日。

第二，经济下行压力还会在较长时间内存在，只要不突破底线就应视为正常现象，执行新宏观调控方针要有定力，有战略定力，绝不能因经济波动和个别领域的困局，就变相采取短期强刺激政策。

第三，政府在阵痛期的调控智慧，主要表现为把握稳增长和调结构的协调度，结构改革力度过大、节奏过猛、配套缺失，可能导致增长过度下滑，引发系统风险，但过度强调稳增长，向经济维稳过度倾斜，又可能弱化结构改进，使调控和经济运行回归原有框架轨道。

第四，新的宏观调控方针、思路应当基本稳定，让所有社会经济人都有稳定的预期，应避免决策层对新宏观调控方针的解读产生歧义，更不能设想有了一个或几个新思路、新举措，就能解决阵痛期的所有问题与难题。未知领域需要不断探索、实践。

2016 年春于北京

目　录

第一章

CHAPTER 1

“马桶盖”之下的消费——创新供给激活需求

2015 年年初，一则关于大陆游客赴日抢购马桶盖的新闻在互联网上引发热议。据报道，日本温水洗净马桶盖成为国人赴日采购清单的首选，有人甚至一次买两三只带回国。财经作家吴晓波在《去日本买只马桶盖》一文中称："这款马桶盖一点也不便宜，售价在 2 000 元人民币左右，它有抗菌、可冲洗和座圈瞬间加热等功能，最大的'痛点'是，它适合在所有款式的马桶上安装使用。"日本所产的马桶盖人气如此之旺，令日本厂家倍感意外，甚至后悔未曾做好准备，以至面临断货窘境。据悉，除了马桶盖以外，我国游客在日本还大量抢购纳米水离子技术的电吹风、比普通钢材耐磨 60 倍的陶瓷刀具、双层真空保温杯、婴儿手推车等生活用品。在日本的免税店，一上午就有十几辆大巴满载中国游客专程来采购。1 万多元人民币的电饭煲每天卖几十台，买主 80% 来自中国。中国游客的"疯狂"抢购导致日本百货商场销售额出乎意料的创出历史新高，日本商场销售员还称："要是没有中国人，日本的旅游业就无法生存！"

根据商务部统计，我国居民 2014 年境外消费超过 1 万亿元人民币。赴日旅游缘何抢购马桶盖？究其原因，还是日本的坐便器质量、性能比较好，同时价格比国内的要便宜得多。工信部原部长李毅中曾坦承，与先进国家相比，中国产品的质量存在差距，没达到国际先进水平。

2015 年两会期间，国务院总理李克强对"马桶盖"现象作了回应，再次引发网民广泛关注。对于"出国买马桶盖"问题，总理表态：第一，要抱着"开放的心态"，反对贸易壁垒，因为"消费者有权享有更多选择"；第二，中国企业要升级，如果国内也有相同质量的产品，应该更有竞争力。“起码能为消费者省下机票钱！”

之所以一个小小的马桶盖能使总理如此重视，原因是在经济新常态下，消费未来对我国经济增长的作用愈加重要。2014 年中央经济工作会议阐释了经济发展新常态的九大特征。会议指出，从消费需求来看，过去我国消费具有明显的模仿型排浪式特征，现在模仿型排浪式消费阶段基本结束，个性化、多样化消费渐成主流，保证产品质量安全、通过创新供给激活需求的重要性显著上升，必须采取正确的消费政策，释放消费潜力，使消费继续在推动经济发展中发挥基础作用。

“新常态”不同于以往相对稳定发展状态，我国经济发展“新常态”与西方危机过后经济恢复的缓慢而痛苦的过程不同，是 30 多年高速增长后的稳定换挡，是进入国家宏观经济政策许可的正常运行区间新阶段的标志，是在经济增速换挡期、结构调整阵痛期、前期刺激政策消化期叠加的新时期。我国正加快推进经济结构战略性调整，而消费主导的经济自主协调发展是向新常态平稳过渡的主要路径和经济结构战略性调整的核心问题。

第一节 消费之于经济增长

要理解消费协同经济发展的重要意义，首先要了解消费对于国民经济的重要作用。根据定义，国内生产总值 = 投资 + 消费 + 政府支出 + 出口 – 进口，若使用支出法计算 GDP，那么该等式又可以表示为：国内生产总值＝最终消费＋资本形成总额＋净出口，最终消费包括居民消费和政府消费。居民消费除了直接以货币形式购买的货物和服务的消费支出外，还包括以其他方式获得的货物和服务的消费支出，即所谓的虚拟消费支出。居民虚拟消费支出包括如下几种类型：单位以实物报酬及实物转移的形式提供给劳动者的货物和服务；住户生产并由本住户消费了的货物和服务，其中的服务仅指住户的自有住房服务和付酬的家庭雇员提供的家庭和个人服务；金融机构提供的金融媒介服务；保险公司提供的保险服务。

支出法国内生产总值可以反映一个国家的经济总量规模和发展水平，反映最终消费支出、资本形成总额、货物和服务净出口三大需求的结构状况及对经济增长的拉动作用，对制定消费、投资和进出口政策，制定宏观经济协调发展政策等，都具有十分重要的作用。国家统计局发布的数据显示，2014 年我国支出法 GDP 为 640 796.4 亿元，其中最终消费支出 328 311.2 亿元，资本形成总额 295 022.3 亿元，货物和服务净出口 17 462.9 亿元。最终消费支出、资本形成总额、货物和服务净出口对国内生产总值（GDP）增长的贡献率分别为 50.2%、48.5%、1.3%，三者对 GDP 增长的拉动分别为 3.7 个百分点、3.6 个百分点、0.1 个百分点。

从经济学的角度来讲，消费、投资、净出口是经济增长的三大驱动力，是拉动经济增长必不可缺的要素，从增长动力角度而言，净出口大小受外部经济体运行程度影响，属于外生驱动力，而消费和投资属内部驱动力，具有主动性，能够在经济疲软时自主拉动经济增长。均衡稳定、可持续的经济增长也不仅仅依赖于消费、投资和净出口中的某一要素，而是需要三大驱动力共同拉动，协调驱动，在相互不断整合和调整中协调促进经济的可持续增长。我国构建消费主导型经济的政策变化详见表 1-1。

表 1-1　我国构建消费主导型经济的政策变化

年份	事　件	具 体 政 策
2005	中央经济工作会议	提出"消费主导型经济""要实现经济平稳较快增长，关键是要努力扩大国内需求"
2007	中共十七大	提出"促进经济增长由主要依靠投资、出口拉动向依靠消费、投资、出口协调拉动转变"
2009	政府工作报告	提出"把扩大内需作为促进经济增长的长期战略方针""充分发挥内需特别是消费需求拉动经济增长的主导作用"
2010	十七届五中全会	提出"建立扩大消费需求的长效机制，加快形成消费、投资、出口协调拉动经济增长新局面"
2012	中央经济工作会议	提出"必须加快调整经济结构，转变经济发展方式，使经济持续健康发展建立在扩大内需的基础上"
2014	中央经济工作会议	提出"必须采取正确的消费政策，释放消费潜力，使消费继续在推动经济发展中发挥基础作用"

尽管从三大需求对 GDP 的贡献来看，投资和出口确实能够拉动经济增长，但近些年来由于产能严重过剩，边际效率递减等原因，投资对经济增长的拉动急剧下降，2008 年世界金融危机

之后，我国政府推出了 4 万亿元的投资计划，同时带动了地方政府数目更大的基础设施投资，但是投资在 2009 年贡献了 87.6% 的 GDP 增长之后，其对经济增长的贡献便急剧下降，并一度徘徊在 50% 左右，较最高点下降了近 30%。可见，投资主导的经济增长已难以为继，继续维持高投资带动经济增长的代价太高，会使本就严重的产能过剩问题更加尖锐，还可能会带来环境破坏以及银行坏账风险上升等一系列问题。同样，出口引领的经济增长面临很大的不确定性，由于国际经济环境的动荡和贸易保护主义的盛行，近年来我国外需受外界影响明显收缩，对 GDP 的贡献也一直徘徊在低位。自 2005 年开始，出口对 GDP 的贡献便一直下滑，2009 年更是跌至最低点的 –37.4%，尽管 2010 年反弹至 4%，但并未追上下降前 8.8% 的贡献率，反弹力度不足，这也体现在 2010 年之后出口对经济的贡献均处于负值状态，出口对经济增长拉动持续性不足，依赖出口拉动经济增长已非常有限。与投资和出口所不同的是，消费的主引擎作用开始显现。从图 1-1 中可以看出 2000—2014 年消费对经济的贡献率一直较为平稳，而投资和出口均有较大震荡，并且 2011—2014 年消费贡献率分别为 56.5%、55%、50%、50.2%，连续 4 年超过 50%，连续两年超过投资。可见，消费对经济增长的拉动更为平稳、持久。消费是经济增长最稳定、最根本的内生驱动力，消费率的长期持续走低，导致我国三大需求严重失衡，严重阻碍了经济的自主协调发展。而三大需求对国内生产总值增长的拉动如图 1-2 所示。

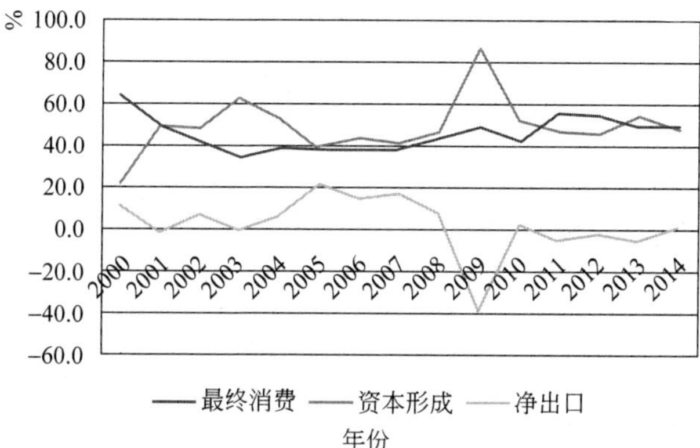

图 1-1 三大需求对国内生产总值增长的贡献率

数据来源：国家统计局

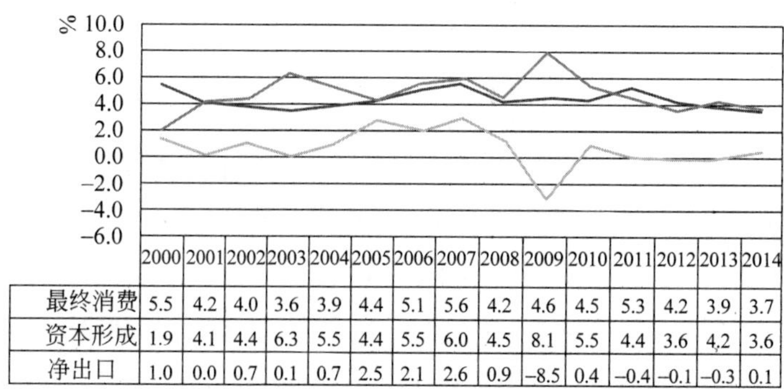

	2000	2001	2002	2003	2004	2005	2006	2007	2008	2009	2010	2011	2012	2013	2014
最终消费	5.5	4.2	4.0	3.6	3.9	4.4	5.1	5.6	4.2	4.6	4.5	5.3	4.2	3.9	3.7
资本形成	1.9	4.1	4.4	6.3	5.5	4.4	5.5	6.0	4.5	8.1	5.5	4.4	3.6	4.2	3.6
净出口	1.0	0.0	0.7	0.1	0.7	2.5	2.1	2.6	0.9	–8.5	0.4	–0.4	–0.1	–0.3	0.1

图 1-2 三大需求对国内生产总值增长的拉动

数据来源：国家统计局

第二节　最终消费率下滑不可持续

一、最终消费率呈下滑趋势

尽管我国很早就提出要建设消费型经济，但是改革开放 30 多年以来，我国经济持续的高速增长更多的是来自于投资和净出口拉动，而非消费。相比较而言，我国最终消费率严重偏低并且有持续走低的趋势，这一状况严重不利于我国经济发展方式的转变。

“十二五”规划中明确提出转变经济发展方式，扩大内需，提高居民消费水平，使消费、投资、出口协调发展。早在 1998 年，我国就提出扩大消费支出，但是与发达国家相比，我国的居民最终消费率不仅较低，而且还呈现出逐年下降的趋势。2000 年以来，经合组织（OECD）成员国的居民最终消费率平均水平一直保持在 55%~57% 之间。其中，美国一直保持在 70% 以上，英国超过了 60%，日本和韩国也在 50%~60% 之间。而我国居民最终消费率长期停留在 50% 以下，并且从 2000 年的 46.4% 下降到 2013 年的 34.1%，不仅降速快，降幅也很突出，如图 1-3 所示。

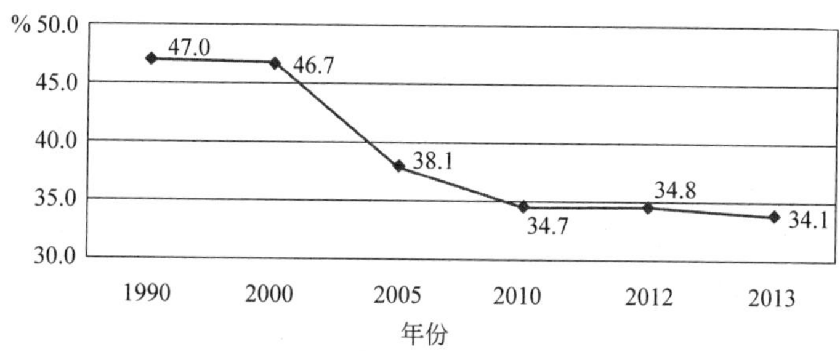

图 1-3　我国居民最终消费率

数据来源：中国统计年鉴 2014

2013 年世界各国居民最终消费率如图 1-4 所示。

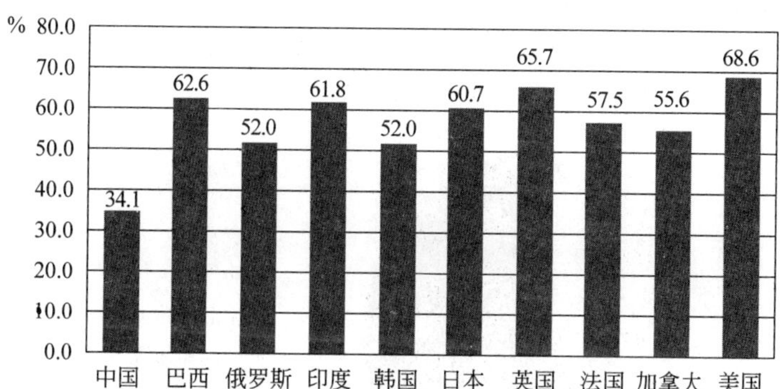

图 1-4　2013 年世界各国居民最终消费率

数据来源：中国统计年鉴 2014

注：美国、日本为 2012 年数据

从消费的经济贡献来看，2000—2013 年期间，消费需求对 GDP 的贡献率由 65.1% 降至 50%，在消费需求中，居民消费占比由2000年的74.5%降至2013年的72.6%，同期政府消费占比则由25.5%提高至27.4%，政府消费对居民消费存在挤出效应。①

随着收入水平的提高，生活必需的“衣食住行”类消费支出占比会不断下降，发展和享受型的“家庭设备用品及服务、医疗保健、教育文化与娱乐服务”类消费支出占比会持续上升。但在我国，生存型消费支出所占比重较高，而且呈现上升趋势。2000—2013年期间，我国城镇居民“衣食住行”类消费支出占比由69.3%提高至74%，发展和享受型的“生活用品及服务、医疗保健、教育文化与娱乐服务”类消费支出占比则由27.3%降至26%。同期，农村居民两类消费支出占比也同样呈现出下降的趋势。这一情况与发达国家形成了显著的反差。例如，2013年美国“衣食住行”类消费支出占比仅为45%，而仅医疗保健类消费支出占比就高达21%。

2013年全国居民人均消费支出如图1-5所示。

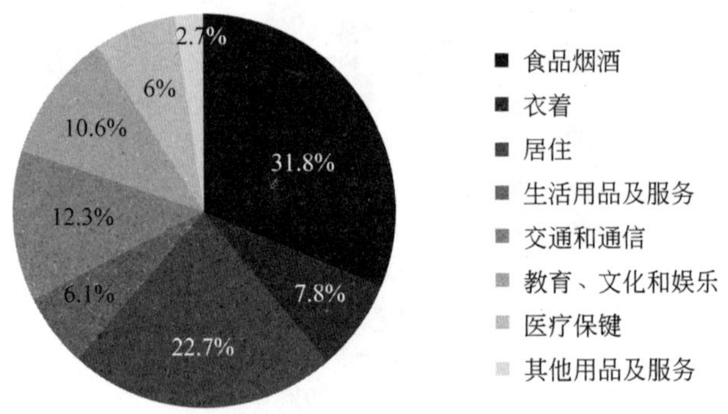

图1-5　2013年全国居民人均消费支出

数据来源：中国统计年鉴2014

① 数据来源：国家统计局《中国统计年鉴2014》。

另外，我国城乡和区域消费差距不断扩大。就城乡差距来看，2013 年，我国城镇居民人均现金消费支出为 18 022.6 元，而占据总人口比例 46.2% 的农村居民人均现金消费支出仅为 6 112.9 元，城乡居民消费支出比也由 2000 年的 2 ： 1，增加至 2013 年的 3.5 ： 1。从区域差距来看，中西部地区消费水平与东部地区存在很大差距。2013 年，东、西部地区居民消费支出相差高达 2.7 倍，东、中、西和东北地区社会消费品零售总额占比分别为 52.3%、20.4%、17.9% 和 9.4%。

最终可将消费率下滑的原因归结为以下四个因素。

（一）国家宏观制度不完善，制约了消费需求增长。

首先，由于收入分配制度不合理，居民收入增长缓慢。收入是决定消费能力的根本因素，最终消费率下降应当从收入分配角度寻找原因。改革开放以来，我国国民收入分配格局不断向政府和企业倾斜，居民收入比重不断下降。但是在社会经济运行中，地方政府和企业是投资生产的主体，居民才是消费的主体。政府和企业收入占比不断提高、居民收入占比不断下降必然在结构上引起投资率上升和消费率的下降。2000—2013 年期间，我国 GDP 平均环比增速 15%，分别高于同期城镇居民可支配收入和农村居民人均纯收入平均环比增速的 11.9% 和 11%。收入缓慢增长导致居民消费倾向持续下降。2000—2013 年期间，城镇居民平均消费倾向由 79.6% 降至 69.9%，农村居民平均消费倾向维持在 70%~75% 左右。

其次，收入两极分化不断加剧，贫富差距不断拉大。从居民内部收入分配来看，收入分配政策总体上有利于高收入群体、不利于低收入群体。根据国家统计局的数据，2000—2013 年期间，城镇居民中 20% 的高收入家庭人均可支配收入增长了 4.99 倍，而 20% 的低收入家庭只增长了 3.65 倍。这一时期，我国的基尼系数从 0.41 提高至 0.47。该数据远远高于其他国家，在日本和德国，基尼系数均小于 0.3，发展中国家的印度也只有 0.37。不同收入群体的消费倾向有明显差异，根据凯恩斯边际消费倾向递减规律[①]，收入越高的人，消费在其收入中所占比重越低，因此高收入群体收入水平越高、收入增长速度越快，就越容易转化为储蓄和投资，不利于促进消费。调查显示，2013 年城镇高收入家庭的边际消费倾向只有 52.8%，而低收入家庭则高达 90%。收入差距的不断扩大导致高收入群体有支付能力但缺乏购买意愿，而低收入群体则望物兴叹。另外，政府公共服务供给不足，降低了消费预期。消费率的高低，不仅取决于社会购买力，还决定于居民对于未来生活稳定状况的预期。基本公共服务体系能够有助于维护社会群体的基本权益，解除居民在教育、医疗、社会保障等方面的后顾之忧。基本公共产品对于增强居民的经济安全感和消费信心有着潜在作用，从而有助于刺激消费需求，促进经济发展。据统计，我国教育、医疗和社会保障三项公共服务支出占政府总支出的比重合计仅有 30% 左右，与人均 GDP 3 000 美元以下和 3 000~6 000 美元国家相比，分别低 10 个百分点和 20 个百分点。

---

① 平均消费倾向是指消费支出在可支配收入中的比率；边际消费倾向是指由于收入变化，导致消费者对某产品的消费额的变化幅度大小。边际消费倾向与边际储蓄倾向之和为 1。

民生的基本保障不健全，影响了人们的心理预期，消费者不得不压制当期消费，增加储蓄。

最后，信贷制度不健全，挤占了消费空间。我国信贷制度发展滞后，征信体制不健全，消费信贷占 GDP 比重较小，而消费信贷中个人住房按揭贷款占据绝对的比重，统计显示，住房按揭贷款余额占全部消费信贷余额的 75% 以上。信贷制度的不健全，住房贷款占比高导致消费者只得依赖自身积累来满足“衣食行”的需要。这种自我积累型的消费模式，必然对居民当前消费支出产生明显的“挤出效应”。

（二）消费刺激政策不持续，政策效应递减

2008 年，国际金融危机爆发以来，国家相继出台了家电下乡、汽车与农机下乡、节能产品惠民工程等一系列补贴与鼓励消费政策。虽然对拉动消费特别是农村市场的消费起到了一定作用，但是这些政策措施大部分是在危机情况下的应急之举，缺乏可持续性，而且这些刺激政策使部分市场需求提前实现。2010 年以来消费政策有所调整，汽车购置税减免、汽车下乡和以旧换新等政策不再延续，家电下乡和以旧换新的政策虽继续实施但政策效应递减。2011 年汽车类销售增速就比上一年回落了 22.1 个百分点，家具类销售增速回落 8.5 个百分点，家用电器和音像器材类销售增速回落 7.3 个百分点。同时，房地产市场调整也使得商品住宅销售及相关消费增速回落。随着房地产市场调控持续推进，过热的商品房市场从 2010 年下半年开始逐步降温，销售量增速下降到接近个位数。2010—2013 年全国商品房销售面积同比增长分别为 10.56%、

4.39%、1.77%和17.29%，其中，住宅销售面积同比分别增长8.34％、3.38%、2.01%和17.52%。2010年、2011年、2012年三年商品房销售面积增长速度显著放缓，直到2013年才有所回暖，但是较2009年43.63%的增速相比依然差距明显。商品房销售增速减缓同时还影响了住房装修、家具、家电等一系列相关消费。同时，自2010年四季度以来，货币信贷政策也转向收缩，房贷、车贷等消费信贷逐步收紧，在一定程度上也抑制了居民的即期消费需求。从科学发展的角度来看，消费需求的可持续增长才是经济可持续发展的恒久动力，短期的刺激政策虽然效果明显，但是却并不可持续。另外，金融危机以来出台的这些刺激政策主要针对耐用消费品，对快速消费品、金融服务、娱乐消费的拉动作用极为有限，因而很难从根本上解决居民消费需求不足的问题。不仅如此，由于耐用消费品消费具有周期性，需求刺激政策还会造成生产的周期性波动，也导致行业发展的不公平待遇。

（三）有效供给不足，产品高度同质化

有效供给与有效需求的平衡是消费需求可持续增长的基础。但在我国，这一平衡不存在。长期以来，大规模的重复投资和低准入限制造成区域产业高度同构，产品同质化现象尤为明显，结构性过剩与短缺并存。据商务部对我国600种主要消费品供求状况调查显示，供求基本平衡的商品仅占1/3，供过于求的商品约占2/3。同时，我国高端产品生产能力不足，许多商品如CPU、数码相机、汽车发动机、手机零配件、大型医疗器械等国内无法生产，只能依赖进口。还有部分产品如乳制品因为质量问题，导

致居民不信任国内产品，转而寻求进口，截至2014年年底，进口乳制品已经占据了国内整体乳品消费量的1/3。

（四）流通领域问题严重，抑制了消费潜力释放

长期以来"重生产、轻流通"造成我国流通领域存在诸多痼疾，集中体现在三个方面：一是商业流通组织化程度低下。2013年，我国限额以上连锁零售企业零售额占社会消费品零售总额的18%，而欧美发达国家约占60%以上，美国已达80%。二是流通效率低下。2013年，我国限额以上批发零售企业库存商品总额占全年销售比重为9.3%，而发达国家仅为1.3%左右。同时，我国制造业每年要付的物流费用60%以上为外包，但作为核心部分的采购代理与场内物流，很多还没有引入第三方，这使得国内制造业的工业储存率高达9.5%，西方发达国家不超过5%，平均在3%左右；三是流通成本居高不下。2013年，我国物流成本占GDP的比重为18%，而发达国家还不到10%。同样以制造业为例，我国制造业每销售100元的产品，物流成本是9.2元，而日本仅为4.7元，几乎相差了一倍。这些流通领域的问题提高了企业的成本，扭曲了价格，也使一些符合消费需求的产品难以进入流通市场，不利于消费潜力的释放。①

二、最终消费率下滑不可持续

正如上文所述，自1990年以来我国居民储蓄意愿增加，平

① 中国居民消费率逐年下降，需调整收入分配制度．中国新闻网，http://www.chinanews.com/cj/2013/01-14/4485458.shtml.

均消费倾向持续下降，最终消费率不断下滑，这既缘于收入水平的变化与分配差距的扩大，也和转型期所带来的不确定性有关。比如，人们在医疗、卫生、教育、养老等方面的预期支出压力较大，导致预防性储蓄增加。特别是房地产价格高企，使得人们不得不抑制即期消费以满足居住需求。但是如果将视角扩至世界范围时，就会发现消费率的波动下降并非“中国特色”，而与一个国家的发展阶段息息相关。

根据莫迪利安尼提出的生命周期消费理论，人的一生分为年轻时期、中年时期和老年时期三个阶段。前两个阶段是工作时期，老年时期是退休以后的阶段。一般来说，在年轻时期，家庭收入低，但是未来收入会增加，因此，在这一阶段，人们往往会把收入中的很大一部分用于消费，甚至贷款消费，如购买房屋、汽车等耐用品。这时的储蓄很小甚至为零，消费大于收入。进入中年阶段后，家庭收入会增加，但消费在收入中所占的比例会降低，收入大于消费，因为一方面要偿还青年阶段的负债，另一方面还要把一部分收入储蓄起来用于防老。退休以后，收入下降，此时的消费主要是靠过去积累的财产，而不是收入，因此消费又会超过收入。根据该理论，一个社会的人口构成比例发生变化，则边际消费倾向也会变化。如果社会上年轻人和老年人的比例增大，则消费倾向会提高，如果中年人的比例增大，则消费倾向会降低。我国从20世纪90年代开始生育率逐渐走低，2010第六次全国人口普查公布的数据显示，我国妇女总和生育率为1.18，已大大低于国际公认维持人口正常更替需要的总和生育率2.1的水平。2013年我国老龄化水平接近15%，25~50岁青壮年劳动力人口接近高点，如果将 25 岁之前和 50 岁之后定义为人的净消费期，那么随着劳动年龄人口的下降，老龄人口的增加，全社会消费总体将上升，消费将大于储蓄，我国将迎来居民消费潜力增长的高峰。

另外，根据罗斯托的经济成长阶段理论，经济只有经历了起飞阶段和成熟阶段才能到达高额群众消费阶段。在起飞阶段，随着农业劳动生产率的提高，大量的劳动力从第一产业转移到制造业，外国投资明显增加，以一些快速成长的产业为基础，国家出现了若干区域性的增长极。起飞阶段完成的标志是国家在国际贸易中的比较优势从农业出口转向了劳动密集型产品的出口，开始出口大量的服装、鞋、玩具、小工艺品和标准化的家电产品。中国在改革开放前十年已经实现了经济的起飞。而成熟阶段是指一个社会已把现代化的技术有效地应用到了它的大部分产业的时期。在这一阶段，国家的产业以及出口的产品开始多样化，高附加值的出口产业不断增多，厂家和消费者热衷新的技术和产品，投资的重点从劳动密集型产业转向了资本密集型产业，国民福利、交通和通信设施显著改善，经济增长惠及整个社会，企业开始向国外投资，一些经济增长极开始转变为技术创新极，我国过去 20~30 年即处于这一阶段。在大众消费阶段，主要的经济部门从制造业转向服务业，奢侈品消费向上攀升，生产者和消费者都开始大量利用高科技的成果。人们在休闲、教育、保健、国家安全、社会保障项目上的花费增加，而且开始欢迎外国产品的进入。2013 年我国第三产业占 GDP 的比重首次超过第二产业，2014 年第三产业占 GDP 的比重达到 48.2%，高出第二产业 5.6%，标志着我国经济正式迈入“服务化”时代。在起飞和成熟阶段，投资对经济增长的拉动作用较强，而在大众消费阶段，消费需求的不断提高才能保证经济持续增长。

从收入分配角度来看，2000—2010 年，城镇居民可支配收入年均增长 11.8%，农村居民可支配收入年均增长 10.1%。同期，我国财政收入年均增长达 20%，企业利润年均增长近 30%。我国居民在国民收入分配中的比重持续降低，居民收入增长速度远远落后于政府财政收入和企业利润的增长速度，这对居民消费率下滑产生了重大影响。但现在情况已经有所转变，我国公共财政收入增速从 2010 年的 21.3% 下降到 2013 年的 10.2%，同期，城镇居民人均可支配收入增长速度为 9.7%，农村居民人均纯收入增长速度为 12.4%。城乡居民收入增速接近或超过公共财政收入增长速度，收入分配状况的改善，将会对抑制消费率下滑起到积极作用。

公共财政收入增长速度与城乡居民人均收入增速比较如图 1-6 所示。

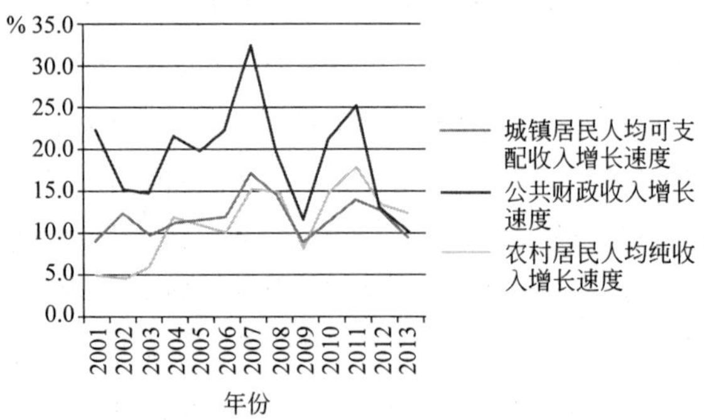

图 1-6　公共财政收入增长速度与城乡居民人均收入增速比较

数据来源：中国统计年鉴 2014

此外，针对世界 24 个大国 1970—2003 年人均国民生产总值（GNP）从 500 美元到 5 000 美元的发展历程的研究显示，这些国家的消费率都经历了长期下降的过程，然后才会进入逐步提升的阶段。多数国家在人均 GNP 3 000 美元左右时会迎来消费率增长的拐点期，但亚洲国家一般是在 4 000 美元之后才出现拐点，而东亚国家则会更晚一些。日本、韩国投资率和消费率的转换都是在恩格尔系数下降到 30% 以后、第一产业比重降到 10% 以内、城市化率提高到 70% 以上时发生的。综合分析我国工业化和城镇化进程以及文化观念、人口结构等因素影响，我国消费率开始上升和投资率开始下降的时段，应该在人均国内生产总值（GDP）达到 5 000 美元以后出现。[①] 我国 2011 年人均 GDP 突破 5 000 美元大关，2014 年人均 GDP 达到 7 485 美元，也就是说，目前我国正处于消费率提升的拐点期。根据党的十八大的部署，到 2020 年实现城乡居民人均收入比 2010 年翻一番，全面建成小康社会，这就意味着我国将有更多的人步入中等收入和高收入阶层。中高收入阶层的扩大蕴含着巨大的消费需求。这一部分人群对更高品质、更富有个性化的产品具有强烈需求。根据波士顿咨询公司的预测，到 2020 年，我国富裕阶层人数（指的是家庭年均可支配收入在 20 000 美元以上）将达到 2.8 亿人，占中国总人口的 20%；其消费将增至原来的 5 倍，达到 3.1 万亿美元，相当于届时中国消费总额的 35% 左右。

---

① 郭斐然 . 怎样看我国消费率高低？——与专家对话，求是理论网，http：//www.qstheory.cn/zxdk/2013/201315/201307/t20130729_253972.htm. 2013-08-01.

最终消费率拐点期的来临有着深刻的经济学含义。第一，经济的较高速增长时，投资率上升、消费率下降，当经济增长的主要动力开始由投资向消费转移，经济增长速度通常会有一个明显下降，对此我们应摆正心态，不可以再简单地沿用 GDP 作为判断经济形势的唯一指标。第二，拐点期的来临也就意味着提振消费和结构调整的窗口已经打开。我们应把握机遇，改革不利于消费的体制机制，调整政府、企业与居民的收入分配关系，调控好收入分配差距，同时推动政府职能转变和国家财政转型，改革税制促进收入分配格局调整，政府需进一步退出经济建设领域，持续加大民生投入与积极推进民生工程，公共支出更多地向城乡居民的基本养老、医疗、教育、最低生活保障等重点领域倾斜，逐步完善覆盖城乡居民的基本公共服务体系，实现城乡基本公共服务均等化，由此提升整体居民消费预期和边际消费倾向，构建消费增长的长效机制。

通过上述分析，我们可以充满信心地认为，我国居民最终消费率下滑趋势在未来几年即可扭转，消费对于经济发展的拉动作用将会越来越明显，只要相关制度设计保障到位，我国居民巨大的消费潜力将会得到有效释放。

第三节　创新供给激活需求

经济发展的动力与经济发展的阶段有关，当我国处于低收入发展阶段时供给对经济的推动力十分强劲，改革就要把供给要素解放和动员起来。当我国达到中等收入水平时，供给推动力明显衰退，必须要寻找新的发展动力，而消费需求拉动经济发展是我国发展动力的新常态。2014 年年底，中央经济工作会议指出，从消费需求上看，过去我国消费具有明显的模仿型排浪式特征，现在模仿型排浪式消费阶段基本结束，个性化、多样化消费渐成主流，保证产品质量安全、通过创新供给激活需求的重要性显著上升，必须采取正确的消费政策，释放消费潜力，使消费继续在推动经济发展中发挥基础作用。

一、模仿型排浪式消费基本结束

要想释放消费潜力，使消费在推动经济发展中发挥好基础作用，那么创新供给激活需求就十分必要，要理解创新供给的重要性，首先需要清楚我国的消费阶段发生了怎样的变化。过去我国消费存在模仿型排浪式特征，所谓模仿型是指缺乏或没有创新，排浪式则具有从众模仿的特点，一段时间内有一种消费为主导。也就是说消费热点比较集中，当一种新消费品一个人能买得起时，大多数人都已到了能买得起的阶段，这样就会迅速形成消费浪潮，该商品的销量、销售额都会大幅度增长。如曾经出现的家电、手机、汽车和住房等消费热都属于模仿型排浪式消费。这些产品排浪式消费结束后，消费热点逐渐淡出，市场基本饱和，这个商品、这种服务的消费规模就会大幅度下降，接下来就是零星的改善型消费和升级换代。

改革开放以来，我国居民消费大致经历了三次转型升级，每一次都引发了相关产业发生结构性调整，对经济发展有重要助推作用。第一次转型升级出现了粮食消费下降、轻工产品消费上升的趋势，对轻工、纺织产生了强大拉动。第二次是家用电器消费的快速增加，对电子、钢铁、机械制造等产生了强大驱动。目前第三次升级对教育、娱乐、文化、交通、通信、医疗保健、住宅、旅游等推动强烈，尤其是电子商务、IT 产业增长最为迅速。现在，排浪式消费逐渐淡化，个性化、定制化消费正在兴起，我国城乡居民消费结构升级趋势越发明显：吃讲营养、穿追时尚、住想舒适、行求便捷、购认品牌、游重自然、娱要品位；绿色消费、品牌消费、休闲消费、保健消费、教育消费、文化消费、旅游消费等渐成气候，文教娱乐、文化创意、健康服务、旅游服务、设计服务、养老服务等服务型产业发展空间巨大。①

二、保证产品质量安全、创新供给激活需求

在结束基本生活品的蜂拥追逐式消费后，随着人们收入水平进一步提高，如当今人均 GDP 超过 7 000 美元，消费将进入一种新的发展阶段。特点就是物质水平已经达到一定程度了，所以对于像汽车、家电这些商品的追逐，这种排浪式的特点就不特别明显，人们更多追求是自我个性的体现。新型消费方式的主要表现为喜欢什么就买什么，消费者倾向于购买那些能满足自身物质和心理需要的商品和品牌，他们所追求的是更好的消费品质和产

---

① 2014 公报解读：服务业——中国经济增长新动力 . 中国信息报，2015-03-05.

品功能，其选择更具差异性，更加体现个性化。同时，商品消费的热点也会显得相对分散，需求也会相对比较稳定。对于行业发展来说，这样稳定的持久需求就会对行业发展产生比较重要的支撑力量，不像以前排浪式的消费会产生大起大落的情况，对企业长远的发展来说，一些战略安排更加有的放矢。对于市场竞争来说，过去主要是数量扩张和价格竞争，逐步转向质量型、差异化为主的竞争。这就要求政府和企业从消费者的需求出发，保证产品质量安全，通过创新供给激活需求，提供更加个性化、多样化的产品和服务。但是对于排浪式的消费和模仿式消费，在新的发展阶段也会存在。像时尚消费，人们在追逐时尚的时候，不仅认同的是文化，从众心理也或多或少有一些影响。但是从整个消费特点来看，进入这个新的发展阶段之后，这种模仿式的消费会逐渐淡化，但是不会彻底消失，而个性化的消费会成为主流。因此，政府要采取正确的政策引导消费，充分释放消费潜力，让消费成为真正的经济驱动力。

回顾之前提到的我国游客抢购日本“马桶盖”的问题，仔细研究就可以发现，游客们抢购的并不是普通的马桶盖，而是具有抗菌、可冲洗和座圈瞬间加热等贴心功能的智能马桶盖；电饭煲也用了独特的材料技术，煮饭粒粒晶莹不粘锅；电吹风通过纳米水离子技术，让头发干爽柔滑；而陶瓷刀所用材料竟比普通钢耐磨 60 倍。由此可以判断，时下部分中国消费者消费升级的需求十分强烈，他们不再满足于商品“能用”，还希望商品“好用”“耐用”，甚至能带来“享受”。在日本抢购生活用品的国人并非少数富人，而是日渐庞大的中等收入群体，“马桶盖”现象恰恰说明他们的一些消费需求还难以在国内得到满足。从供给侧看，我们已经告别商品供给不足的时代，从总量上看，一些传统产业的供给能力已大幅超出需求。只有创新供给才能激活和满足多层次消费需求，特别是一些中高端需求。只要技术和理念的创新能跟上时代的步伐，产品就不会日薄西山。而创新供给不仅能满足国内消费者消费升级的需求，还能有力拉动经济增长、助力经济转型升级。

由此，小小的马桶盖带来了一个大问题：如何通过创新供给来激活消费需求呢？

第一，企业要苦练内功，提高自主创新能力，提供有品质、有品牌的商品。依赖土地、劳动力等成本优势进行加工制造获利微薄，经济新常态下更不可持续，我们要借鉴发达国家制造业的先进之处，在研发端上下功夫，拥有自主知识产权，力争技高一筹。从日本、韩国等国的经验来看，两国之所以能够成功迈入发达国家行列，关键是实现了从“模仿”到自主创新的转换。比如，韩国 20 世纪 70 年代“汉江奇迹”主要依靠出口导向战略，但此后将发展方向从扶持和保护产业转向鼓励竞争和创新，1986 年制定《面向 21 世纪的科学技术发展长期计划》，颁布《提高产业技术五年计划（1989—1993）》，明确提出技术开发的主体由政府转向企业，使产业竞争力持续提升。1970 年，日本经济进入工业化发达期，外部发展环境恶劣，当时日本政府开始对经济政策作出重大调整，其核心是通过产业政策，引导日本产业结构优化升级。如改变生产第一、速度第一观念，转为重视社会和谐、环境保护、教育与研发，最大限度发挥市场机制的配置作用，产业结构重点从资金密集型向技术知识集约型产业转移等。到 80 年代中期，日本成功迈入“发达经济”行列。另外，也要在销售端上下功夫，形成品牌，力争名扬四海，这一点，日本和韩国的做法更值得我们借鉴。

案例：日本和韩国关于品牌和设计的促进体制

21 世纪初，韩剧《大长今》在东南亚热播，带动了韩国旅游、餐饮、服饰等八大相关产业的联动和发展，广泛传播了韩国历史和韩国文化。执行品牌国家战略的韩国品牌管理部门在这一过程中功不可没。

韩国在其产业资源部下设有负责起草和品牌扶持政策制定的设计品牌科，以规划品牌发展，同时代表国家扶植本土优秀品牌。同是在产业资源部，其下还有设计振兴院这一官办机构，这家机构的资金 80％来自政府，每年的政府拨款约合人民币 2 亿元。2006 年夏天，韩国更设立国家品牌管理总部，制定“KOREA 品牌路线图”，对内扶植世界一流品牌，对外支援出口企业在海外开展营销活动。品牌战略令韩国本土制造在终端商业领域得以繁荣，而对设计产业的扶持，则令韩国掌握了更为前端的话语权。

与韩国相比，日本的做法更为“激进”，其的品牌振兴机构由首相直接牵头。2003 年，日本出台了“日本品牌”战略，在内阁增设专门负责推行日本品牌战略的“知识产权战略本部”，时任日本首相的小泉纯一郎亲任部长，副部长由内阁官房长官以及科技部、文部、经济产业部的大臣担任，可见日本对品牌战略的重视程度。20 世纪 70 年代，日本曾确立科技兴国战略，2001 年则转为“知识产权立国”战略。品牌战略，而不仅仅是科技战略，已经被上升到了国家战略的层面。小泉曾对外表示：“日本的左脸是松下电器，右脸是丰田汽车”，而日本的服装、日化、电子等产业则是日本在“软实力时代”打造“酷日本”战略更为软性的抓手。

韩国和日本的这两大部门，以及上升到国家战略的品牌战略，对这两国的日化、汽车及服装行业的发展起了直接和关键的作用。值得一提的是，日韩政府在促进品牌发展时所采取的措施非常具体。例如，日本从 1975 年起就设立的“G 标志”大奖，通过在终端商品上授权粘贴醒目的“G-mark”标识来鼓励自主设计和创新，这一标志在日本企业界和消费市场具有极高的影响力，成为“高品质”“高可用性”和“高稳定性”的象征。相比之下，中国对设计和创意行业所给予的奖励和补贴，透明度不高，宣传力度也不够。这一方面，上海在国内做得已算不错。上海市经济和信息化委员会对优秀中小企业设立了创意和设计补贴，但目前业界知之不多。同时，这种补贴只能用来添置固定资产，专款专用。而对设计和创意行业的人来说，培训、出国充电的机会更为重要。

设计和创意产业的另一大特点是，需要“设计经纪人”，为设计和创意企业与制造型企业牵线搭桥。而设计振兴院在韩国的设计产业中就扮演着类似伯乐的角色，既有中介性质——行业信息的集聚地，为设计公司和制造企业牵线搭桥；又有官方角色——代表官方举办两大设计赛事——好设计奖和韩国设计大赛。这两个大赛都设有总统大奖，还有国务总理奖、知识经济部长官奖等。被设计振兴院选拔扶持的中小企业，得到的补贴约为总设计开发费用的 50 %~60 %。在中国，包括国家发改委、各级地方政府，对自主创新的支持和鼓励并不见得少。但与对重型工业和大型企业的扶持相比，政府对同文化相关的软性产业，如时尚、日化日用、消费电子以及中小企业的重视程度尚显不足。[①]

此外，企业还应该根据经济发展的新形势，更加精准地定位目标人群。例如，TFBOYS 这一当红组合出道仅两年却一度在中国百度热搜榜上排名第一，很多人可能并没有听过他们的名字，但是如果他们想要举办一场万人演唱会，门票很快就会卖完，因为几百万的粉丝，已经通过组织化的方式，在贴吧、微博、朋友圈把票分割完了。再有钱的人不是粉丝也买不到票，而这一组合也不需要非粉丝的人来听演唱会。这一现象所代表的小众经济是当今我国一大新的消费特点。在未来，做一个拥有几万人的大企业或者做一个家喻户晓、从 8 岁到 80 岁的人都知道的品牌，对我国创业者来讲已经不是梦想了，他们新的梦想是一个做几百人，千把人的企业，甚至几十人的企业，在一个细分市场，一个特定的族群和消费族群中打穿做透，为他们提供服务。这种消费社群的变化我国企业也要主动适应，及时调整供给，满足个性化的需求。

第二，加强城镇化建设，大力推进六大领域消费。2014 年 10 月底，国务院常务会议指出，未来要重点推进信息消费、绿色消费、住房消费、旅游休闲消费、教育文体消费和养老健康家政消费六大领域的消费。而城镇化可以持续释放出巨大的内需潜能，对六大领域的消费起到促进作用。从图 1-7 可以看出，农村居民与城镇居民在食品、衣着、居住、家庭设备及用品、交通通信、文教娱乐、医疗保健的开支上存在巨大差距，随着农民收入的提

① 张丽华 . 日韩样本：扶持本土品牌和创意上升至国家战略 . 第一财经日报，2011-01-05.

高，农村居民市民化，其各项开支都将有长足的提高。而图 1-8 则比较农村与城镇耐用消费品的拥有量，相信城镇化也将会带动耐用消费品的需求。

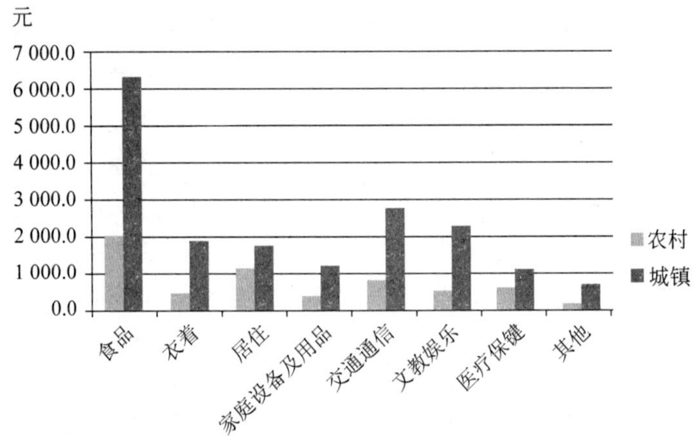

图 1-7　农村与城镇 2013 年人均现金消费支出比较

数据来源：中国统计年鉴 2014

信息消费、绿色消费、住房消费、旅游休闲消费、教育文体消费和养老健康家政消费这六大领域，是创新供给的重点环节，目前我国在这些领域取得了不错的成效，应当继续大力扶持。以旅游业为例，2015 年国务院办公厅印发了《关于进一步促进旅游投资和消费的若干意见》，部署改革创新促进旅游投资和消费工作。在这份意见中，国务院提出 6 方面、26 条具体措施，大力支持旅游业的发展，其中包括推进邮轮旅游产业发展；积极发展“互联网 + 旅游”，积极推动在线旅游平台企业发展壮大；支持符合条件的旅游企业上市等。根据国家旅游局发布的数据显示，

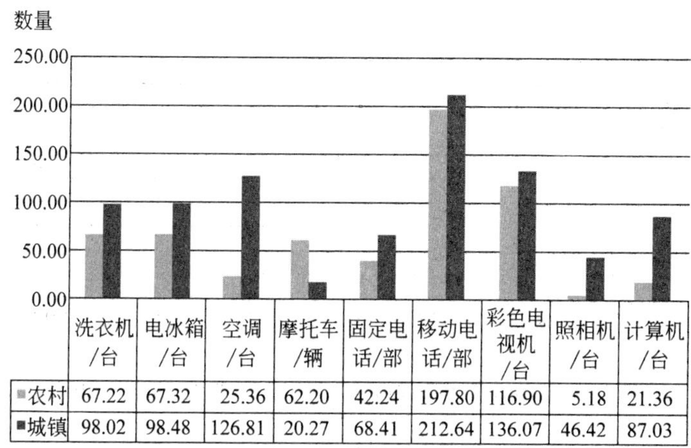

	洗衣机/台	电冰箱/台	空调/台	摩托车/辆	固定电话/部	移动电话/部	彩色电视机/台	照相机/台	计算机/台
■农村	67.22	67.32	25.36	62.20	42.24	197.80	116.90	5.18	21.36
■城镇	98.02	98.48	126.81	20.27	68.41	212.64	136.07	46.42	87.03

图 1-8　农村和城镇每百户 2012 年年末主要耐用消费品拥有量比较

数据来源：中国统计年鉴 2014

2015 年上半年，国内旅游消费 1.65 万亿元，同比增长 14.5%，比社会消费品零售总额增速高 4.1 个百分点。国内旅游人数实现 20.24 亿人次，同比增长 9.9%。上半年，全国实际完成旅游投资 3 018 亿元，同比增长 28%，比第三产业投资增速高 16 个百分点，比全国固定资产投资增速高 17 个百分点。相较于因产能过剩而投资乏力的传统行业，旅游业实现逆势上扬，充分体现出其对经济增长的拉动作用。同时，信息消费领域也取得了不错的成果。从图 1-9 和图 1-10 可以看出，我国互联网和手机用户数近十年出现了飞跃式上升，但是和发达国家相比，我国互联网用户数依然偏低，还有很大的发展空间。即便是这种情况下，2014 年我国信息消费规模突破 2.8 万亿元，对当年 GDP 增长直接贡献达到 0.8%。2015 年，信息消费规模预计突破 3.4 万亿元。因此应继续加强信息基础设施演进升级，夯实信息消费网络基础。

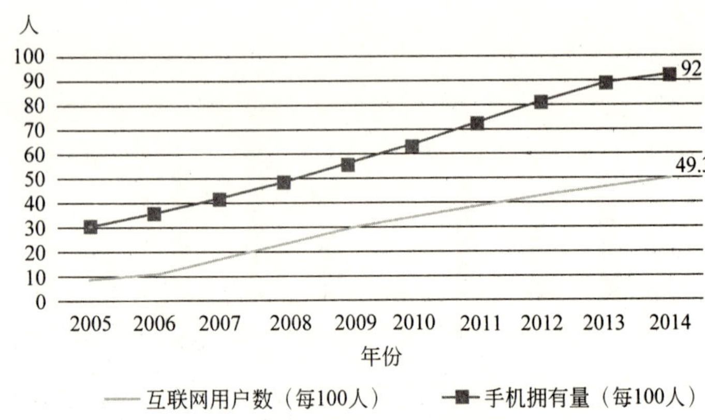

图 1-9　互联网与手机用户

数据来源：世界银行数据库

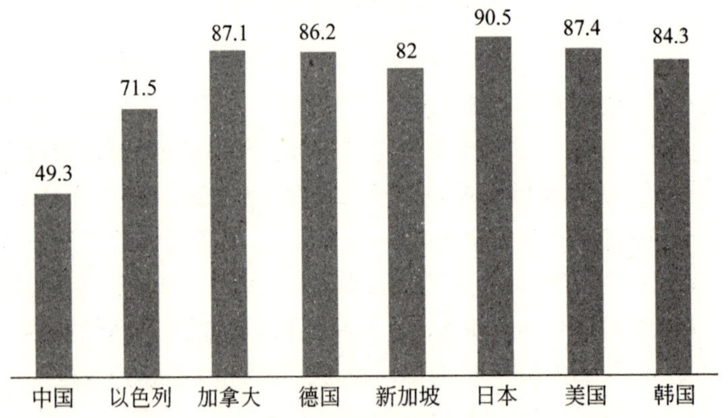

图 1-10　2014 年互联网用户数（每 100 人）

数据来源：世界银行数据库

2015 年国务院常委会议上，李克强总理曾说“全世界的网站只有 5% 是中文网站，但在电子商务方面，我们却释放出巨大的创造力！”

此前出访期间，李克强总理曾专门要求工作人员了解各出访国的电子商务发展情况，通过对比发现，“国外的电子商务还真不如国内发达”。阿里巴巴董事局主席马云在演讲中称阿里的目标就是在10年之内，帮助全球20亿名消费者进行网络购物。其全球化措施将以帮助小企业为重点，并且帮助它们以最有效的方式开展业务。为了实现这一目标，阿里巴巴计划在未来10年将其平台上的小企业客户数量增加1 000万家左右。马云还说，阿里巴巴还计划提供72小时内为全球消费者送到货和在中国市场24小时之内送到货的服务，预计2019年之前在其平台上销售1万亿美元的商品，有可能在2015年超过沃尔玛超市。互联网、电子商务有关的新兴服务业快速发展，各种新产品、新行业、新产业、新业态、新模式加速成长，新的动力加快孕育，成为中国经济未来的希望所在。互联网电商经济等信息服务业发展风起云涌，成为城市现代生活的一道风景。

第三，提供充足合理的政策供给保障创新。创新力包括制度创新和技术创新。技术创新弱使内需不足，难以发现新的投资机会，难以有创新产业和新产品开发，从而使有效投资的机会不足；制度创新不足使市场化竞争严重迟缓，导致越是稀缺的资源，越不受市场控制。稀缺性资源倘若不是按照效益指标分配，一定会导致效率低下。而大量低效率高增长的泡沫必定酿成社会不公、经济泡沫。政府必须提高供给管理能力以促进供给创新。一方面，政府要简政放权、消除垄断、降低税负与要素成本，激励创业，让个人和企业的创造力充分发挥，形成大众创业、万众创新的氛围，增加有效供给，提振经济活力；另一方面，还应完善市场规则，保护知识产权，形成公平竞争的市场环境，打击盗版、造假等，让创新有动力、有回报、有保障。

第二章

CHAPTER 2

“铁公机”之旁的投资——把握新的投资方向

第一节　投资之于经济增长

对经济的分析通常会从需求和供给两个角度展开。社会的总供给和总需求决定了均衡条件下的经济国民收入和价格水平，投资对经济增长的作用也可以从供给和需求两个角度阐释。从需求的角度上看，投资规模的扩大可以在市场上产生扩大的需求，表现为对生产资料和消费品的需求增加，从而进一步促进对生产这些产品所需的劳动力和生产资料的需求，对劳动力的需求又会进一步促进劳动者收入的增加，进而再次促进市场上对消费品的需求。从供给角度上看，投资活动可以扩大再生产规模，增加产品的供给，长期来看，技术部门的投资还可以提高社会的生产率（即一个工人一小时所生产的物品与劳务量），从而扩大单位社会供给规模。

举例来说，某市政府计划在城市郊区建立一座工业园区，地方政府投资一部分资金建立厂房及相应基础设施，建厂房所需要的钢筋、水泥、木材等促进了当地市场上这些的购买，建立过程中所需的劳动力为农民工和工程师提供了就业机会。政府购买的生产资料和劳动力增加了相应的商业经营者已经劳动人员的收入，他们的收入提高之后，又会进一步在市场上购买所需的消费品，满足基本消费需求和提高生活质量。当工业园区建成以后，吸引了众多商家来此投资，建立生产线，雇佣工人，增加的生产线能够提高当地的产品的生产量，提高了该城市的产品供给能力。新增的就业机会和工资也吸引了外地的人口向该市转移，从而更多的劳动力给城市带来了更多的产品供给。各商家为提高生产效率购进了先进的生产机器，使得一个工人每天制作 100 个零件的生产能力上升到了每天 200 个，这一举措使得该地的年产量翻番，多余的产品销往外省和海外，为本地工人赚得了更多的收入和利润。

从上面的分析可以看到，总的来说，投资对宏观经济的作用可以通过两种方式来实现：一是短期的需求效应，即投资是总需求的一个组成部分，投资增长能够直接拉动总需求的增长，从而带动总产出水平的增长；二是长期的供给效应，也就是从供给方面来说，投资可以形成新的后续生产能力，并且为长期的经济增长提供必要的物质和技术基础。各国经济发展的实践均表明，要想持续扩大社会再生产，必须增加固定资产、改善劳动手段和提高技术水平。然而投资既会促进经济增长，又会引发经济波动。因此我们在处理投资与经济增长关系时，既要重视投资的需求效应，也要重视投资的供给效应；既要重视投资对经济增长的作用，又不能盲目扩大投资。

不同的经济理论对投资与经济的关系有着不同的描述。不同的经济理论用不同的指标和角度，对投资与经济增长之间的关系作出诠释。

一、投资与经济增长的基本理论

（一）储蓄与投资

一定时期的社会生产总值，从实物形态来看，表现为社会消费需求和投资需求。以 Y 表示 GDP，C 表示消费品，I 表示投资品，即 GDP 等于消费品和投资品的总和 $Y=C+I$。而与此同时，GDP 又表现为各个生产要素的收入总和，即住户由于向企业提供劳动和生产资料所获得的收入总和，形成社会总需求。住户的收入的一部分用于消费支出，余下的部分形成储蓄。以 S 表示储蓄，则有 GDP 等于消费和储蓄的总和，即 $C+I=S+C$，因此投资等于储蓄。

这是最简单的模型推导，在实际经济运行中，国民储蓄是一国投资最主要的来源，同时是广义概念，包括国内储蓄，也包括国际收支经常账户顺差及外汇储备。国际货币基金组织公布数据显示，中国的国民储蓄率从 20 世纪 70 年代至今一直居世界前列，90 年代初居民储蓄占国民生产总值的 35% 以上，到 2005 年中国储蓄率更是高达 51%，2010 年储蓄率依然在 51.2%，直至 2014 年的 48.1%，中国的储蓄率一直高于全球平均水平 19.7%。国际货币基金组织 2014 年发布的报告亦指出，2013 年中国的储蓄占新兴经济体总 GDP 的 18%，但是占新兴经济体总储蓄的比重却达 50%。更有研究指出，2013 年 9 月，我国居民储蓄连续 3 个月突破 43 万亿元，人均储蓄超过 3 万元，为全球储蓄金额最多的国家。然而，虽然储蓄可以转化为投资，形成社会总需求，但是与其相对应的消费却受到了抑制，进而影响了总需求中对消费品的需求，消费品的需求降低会带来市场上商品过剩，从而抑制进一步的扩大再生产投资，因而过高的储蓄率是会抑制经济的健康发展的。多年来高储蓄率是导致国内消费动力不足，进而阻碍经济发展的原因之一。

但是，这也并不表示一个国家的储蓄率越低就越好。储蓄率过低可能会导致消费过度的物价攀升，这种消费也是不可持续的。如美国，储蓄率很低，但是消费却很高，超过自身负担能力的消费又会转化为负债，然而当收入来源不足或者有限时，信贷就会形成泡沫，进而引发金融经济危机。可见储蓄过高和过低都不是最有益于经济发展的，进而投资的过高和过低对经济的健康发展都未必是绝对有利的。

（二）投资乘数理论

乘数的概念由英国经济学家卡恩提出，后来被凯恩斯加以使用。在现代西方经济学中，它被用来分析经济活动中某一变量的增减对其他变量产生的影响的大小。投资会产生需求，即指因投资活动而引起的对社会产品的需求。在社会大生产过程中，国民经济各部门之间具有高度的关联性，某一部门投资的增加会引起对资本品需求的扩大，这又会导致资本品部门生产和就业的扩大，在该部门工作的人的收入也会相应增加；收入的增加会直接带来消费品需求的增加，这又会带来消费品部门生产和就业的扩大，同时服务业的规模也将扩大，最终促进国民经济收入的增长，形成投资的需求效应。凯恩斯的投资乘数理论正是从投资的需求效应出发，从宏观经济角度解释投资需求对国民收入的影响。

投资乘数理论把 GDP 的变动看作因变量，把投资变动看作自变量，阐明投资的变动能够给收入带来相应多大程度上的变动。亦可以理解为增加一笔投资会带来大于这笔增加额数倍的 GDP

的增加。投资对收入的这种扩大的影响用乘数或倍数表示，表明投资增加所导致的收入增加的倍数为多少。

（三）经济增长模型哈罗德—多马模型

英国经济学家哈罗德和美国经济学家多马于 20 世纪 40 年代先后提出了各自的经济增长模型。由于他们所提模型含义相同，所以在经济学中一般将他们的模型合称为哈罗德—多马模型。哈罗德—多马经济增长模型，集中研究了经济活动中总收入增长率、储蓄率、资本收入比率三个变量的关系。模型的表达式为 $G=s/k=s\cdot \text{delta}$，$G$ 表示收入的增长率；k 表示资本－收入增量的比率；s 表示收入中的储蓄率；delta 表示产量与投资增量的比率，即 k 的倒数。

哈罗德在上述假设条件下将经济增长抽象为三个宏观经济变量之间的函数关系。从式中可以看出：一国的经济增长率与该国的储蓄率成正比，与该国的资本产出比率成反比。这一模型在突出了科技发展在经济增长中的作用的同时，说明了通过提高投资（储蓄率）可以促进经济增长，通过资本转移能够促进发展中国家的经济增长。科技发展通过技术转移降低资本边际系数（k），即提高资本生产率（$1/k$）来促进经济发展。例如，在 $G=s/k=s\cdot \text{delta}$ 公式中，如果 delta=0.25（即每增加 1 单位投资可以增加 0.25 单位的收入），$k=0.4$（即增加 1 单位收入需要增加 4 单位资本），$s=0.2$（即储蓄占收入的 20%），那么 $G=0.2/4=0.05$，或 delta=0.25×0.2=0.05，经济可以按 5% 的年增长率增长。

投资之于经济增长的理论百家争鸣，不管是经济发展的初级阶段或者高级阶段，投资都是经济活动中最为重要的因素之一。对于处于新常态下的我国亦是如此，我国要实现经济腾飞，需要大规模的投资。而同时，我国又是一个发展中国家，人口众多，人均 GDP 仅为 7 485 美元，远远低于发达国家，因此要为大规模的投资筹措资本绝非易事。投资必须要获得相应的效益回报，以避免资源浪费。由此有必要深入探讨经济规律，让科学的经济规律指导投资，使得资源得到充分利用。统计数据显示，改革开放以来我国的经济建设速度加快，投资率保持在 40% 左右。我国的投资率与经济增长的关系可以通过一些数据来表明：我国投资率 20 世纪 80 年代前期 34.1%，后期增加到 36.8%，90 年代的平均水平为 38.6%，2000 年达到 35%，2010 年的 48.6% 再至 2014 年的 46%。不管是改革开放初期全面建设社会市场经济，投资工业，提高出口；还是 2008 年金融危机，以 4 万亿元刺激国内需求，投资在我国的经济发展当中发挥了至关重要的作用，投资的推动作用为我国经济提供了大量的物质需求，同时也快速提高了经济体的供给能力，从而保证我国 30 多年来的平均 9.8% 的增长。不仅如此，投资也在经济波动的年代，给中国国内乃至世界市场提供足够的需求与缓冲，使得中国经济在世界经济危机的年代也能保证 8.7% 的增长率。

投资率与投资对经济增长的贡献率的比较，如图 2-1 所示。

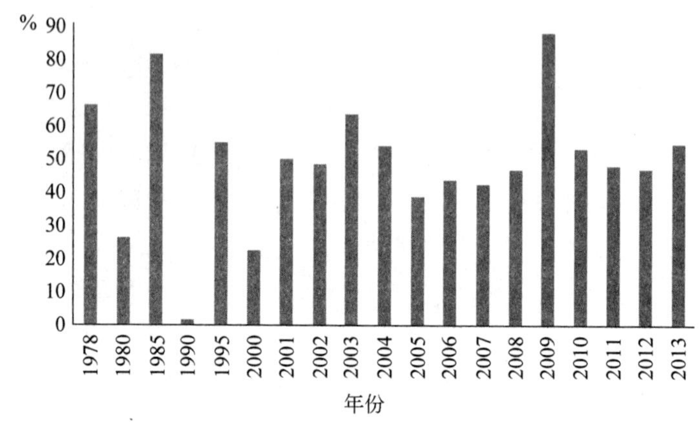

图 2-1　投资对经济增长的贡献率

二、经济增长对投资的作用

然而投资与经济的关系并不是单向的，研究经济增长与投资之间的关系能够更好地指导经济工作。在人类历史的初期，社会产品没有剩余因而几乎没有社会再生产，亦很难发生投资活动。但随着生产力逐步提高，开始出现剩余产品的情况下，逐渐为投资提供了物质基础，才使投资成为可能。从理论上说，投资是对社会产品与价值的一种分配和运用，而经济增长是生产的发展。从价值分配角度来看，用于投资的资金主要来源于本国当年创造的价值，因此决定投资的一个十分重要的因素是一国的国内生产总值（GDP），GDP 的规模和增长速度代表一国产出的规模和增长速度。在一般的情况下，经济增长率提高，表明社会生产创造的最终产品增加，创造的利润增加，可用于投资建设的资金增加，投资就能以较大幅度增长；相反，经济增长率下降，则表明社会生产的产品增长速度放慢，创造的利润减少或增加不多，因而可用于投资建设的资金就越少，依靠国内资源来进行投资就只能以较小幅度增长或下降。所以经济增长的水平和速度决定着 GDP 的规模，进而决定投资总量。经济增长是投资赖以扩大的基础。

尽管投资是经济增长的重要力量，但经济增长是扩大投资规模的基础，没有经济增长，投资就成了无源之水，仅财政刺激带来的投资资金是无法一直维持的。因此，为促进经济的持续健康发展，在现实中必然需要采取有效措施避免盲目投资对经济的稳定增长所产生的不利影响，与此同时应该采取有效的方法、政策让投资发挥积极作用。

三、投资增长与经济增长的相对运动规律

经济增长与投资增长之间存在着密切的依存关系，但从相对动态考察，二者并不总是保持一致。由于经济增长与投资增长受不同因素制约，每一个因素发生作用的条件又各不相同，它们的相对动态则表现出比较复杂的情况。从社会经济发展历史来看，经济增长与投资增长的对比关系大体上可以划分为两个过程。

（一）投资增长快于经济增长

这主要发生在生产方式的初创时期和经济起飞的准备时期。当前大多数发展中国家处在这样一个阶段，发达的西方国家过去也曾经经历过这个阶段。美国在 1817—1913 年的近百年间，社会总产品增加了 5 倍，但单位劳动力的产量却增长不到一倍，可

见这个时期的经济增长，主要不是靠劳动生产率的提高，而是资本积累的量起到了巨大的作用。英国、意大利等国也都曾表现出相同的态势。

投资增长快于经济增长的主要原因有：

奠定物质基础需要大量投资。一种新的生产关系建立以后，经济上一般面临着建立和巩固新的经济秩序、调整原有产业结构和经济布局等任务，而原有的物质技术基础往往都比较薄弱，这就需要增加投资。与此同时，社会存在大量的投资机会，大量有待建设的基础设施如公路、铁路、桥梁、堤坝等基础设施需要很多投资，可以吸纳大量的资金，客观上表现出投资增长快于经济增长的必然性。1952 年，我国国营企业拥有的固定资产仅有 240 亿元，相对于我国当时的 4 亿多人口是很少的。而这些固定资产大部分分布在沿海的几个大城市，广大内地城市和农村地区拥有量很少甚至空白。为了迅速增强国家经济实力，调整经济布局和产业结构，填补空白，需要通过基本建设投资来实现。“一五”时期主要调整结构，奠定基础；“二五”时期建立独立的工业体系，工业化建设逐步展开等。所有这些建设都需要大量资金，在这一时期，我国的投资增长明显快于经济增长。

资本的有机构成（资本与劳动比）。科学技术发展日新月异这是趋势，而这又需要以加大投资作为条件。科技的发展，带动了生产方式的变化，工业发展初期的手工制造业不断被机器制造业替代，使生产过程中的物质技术构成不断提高。进行生产所需要的机器设备等初始投资逐渐提高，装备劳动力所需的资本越来越高。这些也是决定投资增长的主要因素。

（二）投资增长慢于经济增长的过程

这主要发生在经济起飞和经济振兴时期。当一个国家经过一个较长时期的投资增长快于经济增长的过程后，随着技术条件的变化，会出现一个或长或短的经济与投资同步增长的过程，随后便逐渐地发展为投资慢于经济增长。引起这种转变的主要原因是，这一时期经济发展在很大程度上不再单纯依赖于固定资产投资。一方面，由于这个时期的基础设施建设已经比较完备，公路、铁路、桥梁、堤坝等已经建设完成，社会基础设施建设已经不能吸纳过多的固定资本投资，经济增长依靠投资来拉动的客观条件已经发生了变化。因此，投资增长会慢于经济增长。另一方面，因为在对物质资本需求下降的同时，资本积累的中心会发生转移，例如，人力资本投资需求增加，对经济增长贡献的因素排序也会发生变化。社会经济进入比较发达的阶段后，除了投资以外的其他可以促进经济增长的因素已经大大改善。社会各方协调合作，如社会文明程度提高，劳动者文化和掌握的生产技能提高，社会法律制度趋于完善等社会因素的改善，都可能是同量的投资带动更多的生产，促进经济增长。

第二节　总投资率高位难以为继

投资增速高于经济增速的状态已经存在数年，其带给中国经济快速发展的同时，也带来了一系列的问题。在目前经济中低速运行的背景下，企业周转资金受限，各地政府财政收入吃紧、土地融资平台被剥离，私有部门和政府部门用于投资的资金来源都十分有限，在这样的背景下，过高的投资规模不可持续，长期的举债投资的违约风险极大。另外，鉴于目前国内出现的行业发展不平衡，也急需投资结构作出相应的调整，个别行业产能过剩、个别行业投资不足的情况比比皆是，这使得社会投资的投资效益受到损害。因此在投资资金有限的前提下，为了保证资源的投资效益，不能因单纯地追求 GDP 增长速度而忽视了对投资规模、投资结构的科学评估和调整。

一、投资规模

投资规模是指一个国家或一个部门，一定时期内在固定资产再生产活动中投入的资金总量，是一个国家或部门在一年内实际完成的固定资产投资额，反映了一年内投入在固定资产再生产上的人力、物力、财力的数量的总和。当一个国家或一个地区存在许多有利的投资机会时，投资规模越大，就意味着经济能够快速增长。然而请注意这一论断的前提是投资机会有利。投资规模并非越大越好，鉴于投资活动的二重性，投资规模的盲目扩张可能会引起投资品通货膨胀、造成资源浪费、有效需求不足从而导致国民经济失衡。在经济活动中，如果投资需求规模大于投资供给规模，投资的货币购买能力过大，可能导致投资品的价格上涨。如果投资需求规模小于投资供给规模，投资有效需求不足，投资品积压生产萎缩，整个经济可能出现滑坡、不景气状态。

从一般的观点来看，影响投资规模的主要因素是可供投资的资金规模的大小。但是，投资是为取得资本增值的，而投资会受投资效率递减规律的制约，在一个既定的社会环境中，即便是资金充裕也不能无限制地投资，当增加的投资和增加的效率之比等于0的时候，即边际收益率等于0这个临界点，继续投资就无利可图，这时人们就会停止投资。一国在一定时期内，所能吸收的投资规模就是其资本容量和资本存量之间的差额。如果这个差额大，在资金充裕的条件下，就可以扩大投资规模。

影响投资规模的因素之一为资金因素。如前所述国民总储蓄是投资的资金来源，一个社会的投资规模与一个社会所能筹集到的资金数量有密切关系。国民总储蓄率高、国民储蓄的数量大，可用于投资的资金多，投资的规模就可能扩大。由于资金是一个极具流动性的因素，在政治经济条件允许或者说投资环境好的情况下，资金不仅可以从一国或一个地区内部的国民总储蓄中形成，也可以从国外大量引进。所以，可供投资资金 = 国内总储蓄 + 国外资金流入 - 国内资金流出。当一个国家或地区的投资环境好，就会吸引资金流入，可供投资的资金量大，相应的投资规模就可以扩大。尽管我国的人均储蓄为全球最高，使得中国有着大笔的投资资金可以使用，但这并不意味着无限制地使用投资是最优效率的举措，一方面受制于投资越多边际收益率降低的因素，另一方面也由于投资的不断扩大会抑制消费，从而无法为社会创造足够的消费需求从而进一步扩大投资需求。再者，由于目前许多投资为举债投资，许多地方政府为争GDP业绩建立了许多面子工程，从而欠下了大笔的债务。负债累累的财政状况又进一步削弱了相应的政府消费，削弱的部分如果出现在民生领域，则会在一定程度上影响当地居民的生活水平。

从经济发展阶段的角度考虑。一国在一定时期投资规模的大小，也与一国经济发展阶段有关。例如，日本第二次世界大战后投资率以及其增长速度高于其他国家的一个客观情况，就是由于日本第二次世界大战后继续重建基础设施、恢复生产建设，社会资本的容量很大。而新中国成立以后高投资率、高经济增长率也是基于这种客观的现实情况。然而随着生产力的发展，经济水平的提高，人民在物质消费上的需求基本得到满足，对物质生产资本的积累需求就会逐渐下降。就目前的中国经济发展阶段而言，中国经济面临着由投资带动的经济增长向消费带动的经济增长带来的转型期，因此合理地分配投资和消费在国民经济中的比重对转型是否成功，经济是否可持续发展有着重要的意义。

投资规模在不同国家或地区，在不同的经济发展阶段具有不同的发展变化趋势。以我国和美国做一个比较来看，我国是一个典型的高储蓄率、高投资率、低消费率的国家，美国则是一个典型的高消费、低储蓄率、低投资率的国家。我国和美国的投资率比较如图 2-2 所示。

从图 2-2 中可以看出，我国投资率比美国投资率高出很多，相当悬殊。1980—2008 年我国投资率呈现上升趋势，而美国投资率相反呈现出下降趋势。我国的投资率目前在世界上是最高的，其中主要原因有几个方面：一是我国正在处于起飞阶段，为了尽快实现工业化、现代化，有大量的投资机会。二是我国改革开放的政策的实施使我国由生产力落后的农业国向生产力较高的工业

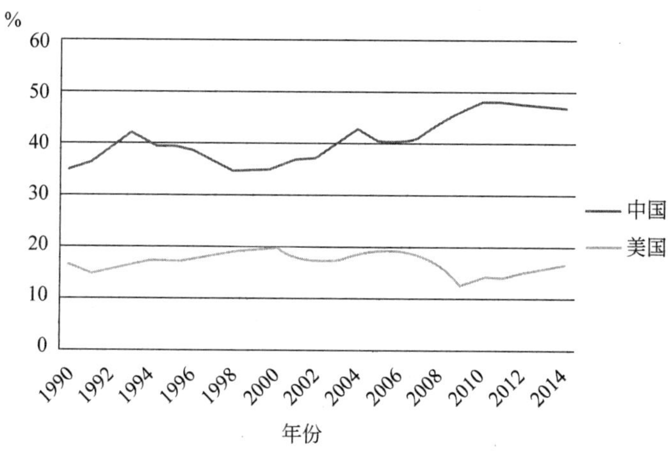

图 2-2　中国和美国投资率比较

化国家转变，投资率随着社会剩余产品增多和国家积累能力的增强而上升。美国早已实现工业化进入后工业化时代，拥有大量的固定资产，全社会技术装备水平达到相当的高度，所以投资率较低。三是传统文化的影响，我国居民受儒家传统文化的影响，比较节俭，注重储蓄和投资。

我国的年度投资规模是趋于长期增长的，且具有比 GDP 更快增长及随经济增长率升降而波动的特征。它可以从两方面指导现实工作：

第一，可以正确评价投资规模的增长速度，任何一个经济规律的存在都有其特定的条件。认识到这一点，就可以根据我国经济发展阶段的特性和 GDP 的规模和客观条件，适当安排投资规模，正确评价投资规模和国力是否相适应。

第二，可以合理安排中长期投资计划。认识年度投资规模具有比 GDP 更快增长的规律，有利于适当安排建设总规模，实现预期的投资结构。一般来说，能源、交通等基础工业、基础设施投资项目前期工作需要的时间长，建设工期长，投资回收慢，为了保持其投资的适当比重，必须适当安排中长期投资项目。

二、投资规模调控的必要性

在社会生产的循环与周转过程中，一定量的投资规模是满足生产发展、经济增长、技术进步、劳动力就业和人民物质文化生活水平提高的必要保证和前提条件，也是构造和影响产业结构、产品结构和区域生产力布局的主要途径。一般来说，投资的规模越大，所增加的固定资产数量越多，国民经济的发展速度就越快。英国工业革命以来，科学技术的进步、生产力发展、人们对物质和精神生活的追求会倾向于固定资产数量的增加和效能的提高。但在经济发展的过程中，人们始终会遇到需要和可能的矛盾，这种矛盾常常在投资规模上集中体现出来。首先，在人们的主观愿望上，都想尽最大努力增加投资，加快经济建设的速度，创造更多的物质财富；其次，从社会政治和经济发展来看，也总是要求更多的投资来达到最大限度地满足人们物质文化需求的目的。

在宏观上考察，一国一定时期投资规模是否适度，是影响一国国民经济稳定的一个重要因素。我国经济建设对的实践已经证明，投资规模无论过大或者过小，都会引起社会总供给和总需求的不平衡，影响社会经济的稳定发展和人们生活水平的提高。新中国成立以来，在我国经济建设历史上反复出现过投资规模膨胀的情况，投资规模超过国力的承受能力，不仅没有使国民经济的发展速度加快，反而损害了国民经济的正常有序的发展和稳定增长。反之，投资不振也会对国民经济带来不良影响。例如，1957年我国固定资产投资为131.23亿元，1958年猛增到279.06亿元，增长近一倍。1958—1960年共完成固定资产投资1 063.66亿元，是“一五”时期投资总额的173.92%。由于投资规模大大超过了当时的资本容量，受投资效益递减规律的支配，投资所带来的经济效益很差，大大影响了国民经济可持续发展。为了纠正这个偏差，1961年中央政府开始大幅度压缩投资规模，1962年我国投资规模仅为87.28亿元，结果导致经济增长出现大起大落。此后我国在1970年、1978年、1984年、1992—1994年又经历了几次投资规模的大幅度波动，尽管引起每一次大幅度波动的原因和背景都不相同，但对国民经济的稳定发展都带来了十分不利的影响。此外，在新中国成立以来的大部分时间里，还存在较严重的重复建设、盲目投资，忽视对现有企业的更新改造和技术进步等内涵扩大再生产的投资，整个经济的增长方式存在粗放型经营的问题。

因此，必须制定合理的投资规模，推进经济增长方式转变，从主要依靠高投资实现经济增长的粗放经营方式，转变为主要依靠提高经济效益实现经济增长的集约化经营方式，有效地避免投资规模膨胀的问题。

三、投资结构

投资结构和投资规模是投资宏观管理的两个重要方面。投资规模从总量上，研究分析投资与国民经济的关系和对国民经济发展的影响；投资结构则从另一个重要方面——构成上，研究分析投资与国民经济的关系，总投资中各组成部分之间的比例关系，以及这种比例关系的变化对国民经济发展所产生的影响。投资结构是决定经济结构的重要方面，是决定和影响国民经济发展状况和态势的一个基本因素。近年来，我国投资结构失衡也是投资率高位难以为继的另一大原因。我国对房地产行业、钢铁行业的过度投资使得产能过剩问题严重，部分二、三线城市房地产市场的供大于求，从而出现了众多"鬼城"，房价下跌，居民收入预期下降、抑制消费、部分省份还出现了土地费用难以回收等财政缺口。因此，鉴于这些过度投资带来的问题，有必要对相关行业进行实施去产能和淘汰产能的举措，从而使得国民经济平衡发展。

所谓投资结构，是指一定时期的投资总量中所含各要素的构成及其数量的比例关系。投资结构涉及多方面内容，对投资结构的分类可以从不同的角度进行考察，主要有以下几种：

（一）投资的主体结构

投资的主体结构是指不同投资主体的投资额在投资总量中所占的比重。例如，国有经济、民营经济、外商投资经济和其他所有制经济之间的投资比重；中央政府和地方政府之间的投资比重；国家、企业和个人之间的投资比重等。在不同的经济体制条件下和社会发展的不同阶段，每个投资主体的投资额在社会投资总量中所占的比重不同。例如，在新中国成立初期阶段和传统计划经济体制下，国家投资在投资中占绝大比重。改革开放后，随着我国经济发展水平的提高和经济体制改革的深入发展，政府投资比重逐渐下降，民营经济、外商投资比重呈现逐渐上升的趋势。

投资主体的结构通常会决定投资的使用结构，因为投资主体的投资行为总是体现其本身的动机。改革开放以前，我国的工业结构中重工业的比重很高，轻工业的比重较低，就是因为传统计划经济体制下，政府投资主体对于投资在各部门分配体现了实现工业化的主要任务。

政府投资通常还具有非营利性特征，主要投资在非经营性的项目上，而企业和个人投资主体的投资目的一般以市场需求导向为主，比较灵活，具有追逐利润的盈利倾向。研究投资主体有利于建立合理的产业结构和合理地分配使用社会资金，提高投资的经济效益。

（二）投资的资金来源结构

投资的资金来源结构是指不同资金来源的投资在投资总量总所占的比重。从总量平衡关系来看，总投资资金来源于储蓄。从储蓄的形成来划分，投资资金来源于当年生产活动中新创造的价值中未用于消费支出的部分和固定资产投资折旧基金。从储蓄的供给主体来分，投资资金来源于政府部门、企业部门、居民个人和国外。从资金的来源渠道上划分，我国现行统计制度将固定资产投资资金来源分为国家预算内资金、国内贷款、利用外资、自筹资金和其他资金。

（三）投资的使用结构

投资的使用结构是指各种投资使用结构的相互关系及其数量比重。投资使用结构的含义比较广泛，包括投资的产业结构、部门行业结构，反映投资在三次产业和部门行业部门之间的比重关系；投资的区域结构，反映投资在全国各区域之间的分布，如对各行政区域的投资，如东、中、西部投资；投资的固定资产和流动资产结构；投资的项目规模结构，大、中、小型项目之间的比重关系等。其中，投资的产业结构和部门行业结构是投资结构研究的重要内容，现有的产业结构的形成是历年投资的结果，投资的产业部门结构直接影响甚至决定着国民经济的产业结构。产业结构决定社会产品的供给，因此投资结构的变化应与消费需求结构的变化相适应。有关专家学者研究结果发现，近代经济发展的典型特征之一，是整个产业结构的变革。人类从以农业经济为主导的社会，走向了以现代工业经济为主导的社会，在工业社会的基础上，人类又迈向以高新技术产业和第三产业为主导的社会。一国经济发展是否成功，实际上是国家的整个经济结构的变革是否获得成功。

（四）投资的产业结构

1. 产业结构的分类

产业结构的分类是指国民经济各行业或部门之间的数量比例

关系。由于国民经济的行业或部门非常复杂，因而关于产业结构分类的方法和标准也不一样。按我国 2003 年的划分：第一产业指农、林、牧、渔业；第二产业指采矿业，制造业，电力、燃气以及水的生产和供应业，建筑业；第三产业指出第一、二产业以外的其他行业，包括交通运输、仓储和邮政业，信息传输、计算机服务和软件业，批发和零售业，住宿和餐饮业，金融业，房地产业，租赁和商务服务业，科学研究、技术服务和地质勘探业，水利、环境和公共设施管理业，居民服务和其他服务业，教育，卫生、社会保障和社会福利业，文化、体育和娱乐业，公共管理和社会组织，国际组织。

2. 产业结构的变化趋势

处于不同经济发展水平的国家，其产业结构是不同的，同一个国家在不同的发展阶段，其产业结构也不同，产业结构伴随着生产力和社会发展，始终处于不同的演化过程。

改革开放以来，我国采取了发展非国有经济，扩大国有企业自主权，培育和发展资金、劳动等各类市场，缩小指令性计划调节等措施。经过 30 多年的改革，投资领域发生了以下一系列变化：

（1）投资主体多元化。伴随着经济体制改革的深化，投资主体出现多元化的格局，其变化的基本趋势是政府投资的比重下降，而企业和个人投资的比重上升。

（2）投资来源渠道多元化。伴随着分配制度的改革和融资渠道的拓展，投资领域形成了国家财政投资、银行贷款投资、企业自筹投资、利用外资多种融资渠道同时并存的格局。其变化趋势是国家财政投资的比重逐步下降，而利用资本市场融资，股票债券、企业自筹资金和利用外资的比重逐步上升。2008 年，我国固定资产投资资金来源国家预算内资金、国内贷款、利用外资、自筹资金和其他资金所占比重分别为 4.3%、14.5%、2.9%、64.8% 和 13.5%。

投资结构变动由主要靠政府政策来推动转变为主要靠市场来推动。1979 年我国政府明确提出优先发展轻工业和农业，投资部门结构由向生产资料部门倾斜转为向消费资料部门倾斜。当时由于民间投资力量还很弱小，轻工业和非生产性投资比重的提高，主要是靠政府政策来推动。在 1985 年以后，用于满足人民生活需求的投资得到进一步增长。例如，家用电器等耐用消费品投资大幅增长、第三产业投资比重上升、居民住宅投资增加。投资部门结构的变化主要是由市场推动。

投资结构的中心沿着消费品产业、中间产品以及原材料工业、基础性产业和第三产业的方向发展。1978 年，我国轻工业在投资中的比重为 5.8%，1981 年上升到 9.8%，重工业的比重则由 48.7% 下降到 39%。20 世纪 80 年代以来，家用电器等耐用消费品的比重下降，能源、交通、通信等基础性产业的投资比重上升，由 1988 年的 39.6% 上升到 1991 年的 46.5%。20 世纪 90 年代中期以来，我国的投资结构开始向交通运输、邮电通信、餐饮业、金融保险、房地产、教育文化等第三产业转移，固定资产投资在第三产业的比重 2008 年达到 52.5%。近年来，随着我国经济的发展和对外交往日益增多，我国产业结构更新换代速度加快，高新技术产业在投资结构中的比重呈现上升态势。

四、产能过剩问题严重

改革开放以来，中国经历了 20 余年的高速发展时期，其中，投资对经济的推动起到了不可替代的作用。然而，过去发展阶段中经济增长过度依赖投资，和各地方政府盲目追求经济增长速度忽略增长质量的事实也产生了一定的“副作用”。当我国经济已进入由高速增长向中高速增长转换的“新常态”，之前部分产业的投资快于经济增长使得部分行业产能过剩问题凸显。尽管目前的经济政策有所调整，去产能举措有效性明显，企业效益好转，但由于经济放缓导致的全面需求减弱，部分工业产品供大于求导致价格大幅下跌，企业资金周转困难、个别企业甚至无力支付员工工资，经营艰难，部分产能过剩的行业正处于转型升级的“阵痛期”。

产能过剩是指在计划期内，企业参与生产的全部固定资产，在既定的组织技术条件下，所能生产的产品数量，或者能够处理的原材料数量超出市场消费能力。生产能力是反映企业所拥有的加工能力的一个技术参数，与生产过程中的固定资产数量质量、组织技术条件有很大相关性。一般认为，产能即生产能力的简称，即为成本最低产量与长期均衡中的实际产量之差。总供给不正常地超过总需求的状态。"略大于"是指除满足有效需求外，还包括必要的库存和预防不测事故的需要，这种过剩本身并不是坏事。但是如果这一现象长期非正常地存在，则可能暗示着经济发展中存在一定问题。政府主导型增长模式是产能过剩的体制性原因，表现在政府干预投资和经济增长的能力过强，地方间形成恶性投资竞争，使产能扩张难以抑制。尤其在 2009 年和 2010 年“四万亿”投资带领下，企业盈利改善，因此企业固定资产投资热情攀升；而 2011—2012 年是行业前期投资下产能释放的高峰时期，然而这时随着经济总需求的逐季下行，产能过剩问题也越来越突出。

有学者提出，行业产能过剩体现在三个方面：一是产品价格相对下滑；二是企业盈利能力大幅度下滑，亏损企业增加；三是行业供给超过了行业需求。中国钢铁协会副秘书戚向东对判定行业严重过剩给出了六项指标：一是产品库存持续急剧上升，销售呈现停滞状态；二是产销率大幅下降，供求关系严重失衡；三是产品价格大幅度回落，长期处于成本线以下；四是行业出现大面积的企业亏损，企业被迫举债经营；五是一批企业相继倒闭或破产；六是进口严重受阻，出口不计成本，国际贸易摩擦频繁发生。目前，我国一些工业行业部门纷纷呈现出了上述指标描述的现象，意味着产能过剩问题在一些行业部门凸显。

2014 年工信部公布了第一批淘汰落后和过剩产能的目标任务通知，按照《工业和信息化部关于下达 2014 年工业行业淘汰落后和过剩产能目标任务的通知》（工信部产业〔2014〕148 号）要求，各省、自治区、直辖市将淘汰落后和过剩产能目标任务分解落实到企业，并在当地政府门户网站公告相关企业名单，确保相关企业在年底前淘汰。涉及产能过剩的行业有炼铁、炼钢、焦炭、铁合金、电石、电解铝、铜（含再生铜）冶炼、铅（含再生铅）冶炼、水泥（熟料及磨机）、平板玻璃、造纸、制革、印染、化纤、铅蓄电池（极板及组装）等。

钢铁生产能力已经大于市场需求1.2亿吨，但还有在建能力7 000万吨。钢材市场供大于求，价格持续下行，全国钢材价格总体水平不断走低，2011—2014年全年钢材平均销售结算价格分别为4 468元/吨、3 750元/吨、3 442元/吨、3 074元/吨，呈不断下滑趋势。全国粗钢产量8.2亿吨，同比增长0.9%，增幅同比下降6.6个百分点；钢材（含重复材）产量11.3亿吨，同比增长4.5%，增幅下降6.9个百分点。国内粗钢表观消费7.4亿吨，同比下降3.4%；钢材表观消费10.5亿吨，同比增长1.7%，增幅下降10.6个百分点。供大于求现象明显。工信部发布的《2014年中国工业经济运行上半年报告》显示，石化行业上半年，受国内外和下游市场需求放缓以及产能过剩矛盾突出等影响，石化行业生产、投资增速回落，主要产品价格下跌，企业效益状况下降，下行压力依然较大。生产增势放缓。除了传统行业以外，新兴产业的产能过剩也有不少案例。据报道，风力发电机组制造业目前产能闲置逾40%；光伏产业产能也严重过剩，据工信部下属的光伏产业联盟对所属160多家企业的统计，产能已经达到了35吉瓦，全国光伏企业总产能在40吉瓦上下，比世界其他国家的总装机量还多。一些其他行业尽管目前产能过剩问题并不明显，但根据一些最新的统计数据已经显示出一些产能过剩的明显迹象。几年前，当国家发改委在天津汽车论坛上提出汽车产能过剩时，曾经遭到汽车业内普遍批评，大规模的产能扩张并没有停止脚步。然而如今汽车业价格激烈竞争、效益下滑、库存增加、限购城市增多等因素，使得汽车行业产能过剩问题得到越来越多的关注。其中2015年中国汽车总体产能为4 000万辆、产能利用率不到 80%。自主品牌的产能利用率低下更为严重，部分企业产能利用率甚至低于 50%。库存方面，来自中国汽车流通协会的消息，2015 年 5 月中国汽车经销商库存预警指数达到 57.3%，同比上升 8%。至此，该指数已经连续 8 个月高于 50% 的警戒线。

已经进入产能过剩预警名单的行业和即将进入产能过剩名单的行业日渐增多，而鉴于产能过剩问题对宏观和微观经济的显著影响，因此产能过剩问题也将成为今后 5 年宏观调控中的最大挑战。微观层面，产能过剩的行业产品价格大跌，企业经营效益大幅递减。例如，钢铁行业，由于产能过剩及需求增长的放慢，钢铁价格在过去的几年当中持续下跌。尽管最近几年，铁矿石和煤炭的价格也有所下跌，但是成本的缩减未能抵消收入下降的影响；石油加工、化纤制造、建材和通信设备制造业等重点行业利润均为负增长。一是产销率下降，库存增加，成本上升。二是亏损企业亏损额增加。总的来说产能过剩使得企业的投资预期下降，部分行业需要淘汰、合并甚至关闭一些工厂来达到去产能的效果，但这将会导致失业、降低工人收入和消费预期，由此对经济增长带来严重的下行压力。宏观层面，许多行业产能过剩，导致物价总水平明显下降，形成明显的通货紧缩压力，增加宏观经济的不确定性。产能过剩还会使企业的投资预期和居民的消费预期下降，由此使经济增长面临越来越明显的下调压力。三是产能过剩还会导致银行不良资产明显增加，金融风险增大。技术落后企业形成的产能过剩，由于转化率低，将造成严重的资源浪费，影响经济的长期可持续发展。个别行业的产能过剩还会对环境造成破坏。

化解产能过剩问题的途径有很多种，一方面，可以从供给层面通过产业转移，把过剩产能转移到发展阶段较低的国家，如越南、柬埔寨、非洲等地区；另一方面，可以根据设定资源、能源、环保标准，淘汰一批落后产能。同时，也通过企业兼并重组，合并一些产能，提升生产的整体质量。从需求层面，也可以通过财政和货币收入的扩张来吸纳一部分过剩的供给，此外，通过城镇化进程也可以释放农村居民的住房、汽车、家电等传统需求，缓解传统行业的产能过剩。

五、投资效益

投资效益是指投资活动中各种资源投入与所取得的有效成果的比值。投资活动所取得的有用成果，不仅表现在投资建设和项目建成后的生产经营过程中，而且还表现在满足社会需要和改善生态环境的方面。提高投资效益符合社会主义市场经济发展规律的客观要求，是实现我国经济发展战略目标和现代化的重要途径。因此评价投资对经济发展的作用是不能仅仅讨论投资规模的大小，而应该从投资效益探讨，评价单位产出是否足够节约了资源，从而实现可持续发展。在可持续发展的条件下，经济、社会、生态环境的效益才能相统一。在经济利益的驱使下，人民的"短期行为"、企业的唯利润最大化，地方官员的唯 GDP 至上的理念和行为使得我国的经济可持续发展步履维艰。因此，要使经济、社会、社会环境效益达到统一，提高投资效益是新常态下可持续发展的必然选择。

第三节　把握新的投资方向

以上分析了投资率高位难以为继的原因，如何把握新的投资方向是新常态下我国经历经济平稳发展的关键。

一、确定合理投资规模的原则

合理的投资规模也就是投资总量要“适度”。处在发展中的国家,经济建设是一个长期的首要任务。因而扩大投资、增强国力、加快经济建设速度是一种客观需要。投资规模和国力相适应，是一国投资建设能否健康持续发展的重要前提，也是一条普遍规律。但是由于人民对国力和投资规模这两个经济变量的确定标准难以真正把握，所以人们对这一规律的认识还处在一种不断的探索和研究之中。在我国计划经济时代，曾有过年度投资规模占国家预算支出或略高一点的数量界限的主张。在市场经济中，投资规模多大为适度，以什么作为衡量标准，不可能完全沿用过去的经验数字，需要按照市场经济格局下的新情况，加以研究分析。由于市场经济运行的不确定性很大，确定未来适度建设总规模的具体数量是十分困难的，只能把握它的合理区间。

投资规模受国力制约的原理，是供给与需求之间辩证关系的具体运用，它科学地揭示了投资规模形成的主要制约因素。为合理地确定投资规模一套正确的思维方法。国力对投资规模的制约包括年度投资供给规模、年度投资需求规模及建设总规模三个方面。

首先，年度投资规模的确定必须处理好投资与生产、生活的关系。要保证人民的生活水平能稳步提高，关注人民的近期利益，不挤占消费品的供给来满足投资供给规模。其次，年度投资需求规模的确定必须以合理的年度投资供给规模为依据。投资需求规模是用于投资的货币购买力，实质上就是投资性货币供应总量，从技术上讲，货币供应量是可以无限扩大的。同样数量的投资品供给，如投入的货币量过大，就可能引起通货膨胀，从而引发一系列问题；如果投入货币量过小，则可能造成通货紧缩，导致整个国民经济的不景气和滑坡。最后，建设总规模的确定必须以合理年度投资规模为依据。年度投资规模的确定只需对当年国民总收入的分配及供给与需求的平衡加以统筹考虑，而建设总规模由于时间跨度大，不确定因素多，在技术上具有扩张的可能性大。所以确定多大的建设总规模，要以一定时期合理的年度投资供给规模而定。要使得在建项目按合理工期建设的年资金需要量与当年的年度投资规模保持平衡。

二、确定合理的投资结构

投资结构优化是一个长期的连续不断的过程，选择合理的途径是实现投资结构优化的战略与战术相结合的重要步骤。从一定意义上说，投资结构决定着一国经济发展的基本模式。构造合理的投资结构可以从投资的增量和固定资产的存量角度考虑，投资结构优化应当包括这两方面内容。

（一）投资结构的增量优化

投资结构的增量优化是对未来投资分配及其比例关系的优化。它不是按照一个恩格尔基准或者原基准来确定的，而应当是根据我国的具体国情和不断发展变化的情况，将几种基准结合起来共同确定。具体应包括以下两个层次的内容:

1. 目标结构的优化

经济结构的变化遵循一定的客观规律，投资结构的变化也应适应经济发展的客观规律。因此，在一定时期，应当有与一定时期的经济发展阶段相适应的目标结构。目标结构的优化，就是指适应经济发展阶段总体水平的要求和经济结构的未来格局的发展，对投资结构做的相应安排。

对目标结构的设计，必须定性分析与定量分析相结合，设计出一个目标。然后再根据这个事先设计好的目标去安排各个部门的发展速度，并根据各个部门的资本系数去求解出各个部门所需的投资量。这个方法存在的问题是，如果事先给出的目标结构不切合实际，那么就不能取得有效的结果。因此在进行目标结构设计时，要充分吸取历史经验和发达国家的经验并结合本国和本地区的具体实际来制定。

由于投资是决定我国经济发展速度和水平的主导力量，在整个目标结构的设计过程中，投资总量以及在各个部门之间的分配是一个主要的决定力量。因此，决定整个经济发展水平的目标还要根据在未来一段时间内预计的投资总量和可以分配给各部门、各地区的投资分量来决定。

2. 中间结构的优化

目标结构的最终取得是建立在每一时期国民经济生产、收入、消费总量及其结构所构成的需求量上的基础之上。所以在实现目标结构的过程中，必须对每一年或每一个时期的投资结构做优化处理，这一过程就是中间结构的优化。从理论上讲，可以把每一年的中间结构看作是一个最终的目标结构，从而可以按照求解目标最优结构的方法来求解中间结构，如此进行下去，将每一时期的结果有机地结合起来，就与最终的目标结构相一致了。

3. 投资结构的存量优化

投资结构的存量是指已经形成的固定资产投资，它是过去投资流量或者投资增量的结果。由于社会经济发展条件的不断变化，部分投资的存量结构存在不合理的因素，需要采取投资增量以外的办法来加以调整，以便最大限度地发挥现有资产的效能。

对投资存量的调整，在某种程度上要比增量调整困难得多，也复杂得多。大体上可以分成两个互相补充但又有重大差别的两个部分。尽管自然条件、经济发展阶段、技术进步等因素是决定投资结构的现实基础，但是它们在社会经济生活中所反映出来的无非是需求和供给之间的关系，它们也正是通过这两方面拉动投资结构的形成与发展及保证投资结构有条件地实现。

在市场经济条件下，投资结构是需求结构的函数。如果说个别商品的使用价值的实现取决于该商品是否满足需要，那么社会产品总量的使用价值的实现就取决于这个总量中的产品构成是否适应社会对每种产品的特定需要，从而劳动和资本是否根据这一特定的社会需要按比例地分配在不同的生产领域。恩格尔系数的需求弹性表明，需求机构随着人均收入水平的提高而变动。这种变动也正是通过投资结构的变化来实现的。因此，需求结构对于投资结构的影响，是从需求方面来发挥拉动作用的。

（二）投资结构优化的标志

由于经济发展和经济运动的动态性，投资结构常常处于不断地变化的过程中，所谓投资结构的优化，是指投资结构与经济社会的客观要求达到高度契合的动态过程，这是一个复杂和长期的过程。

投资结构是产业结构存在和发展的基础，优化产业结构首先应当优化投资结构，没有投资结构的优化就没有产业结构的优化。投资结构优化的标志应当是对一般投资结构演化规律和我国国情结合的一个外在的多侧面的反应。判断在一个时期内投资部门结构是否得到优化或是处于合理化状态的主要标志有如下几点：

1. 投资的部门结构是否符合结构演化的一般规律

投资的部门结构是一个具有内在变化规律的复杂的经济活动，是从一个阶段到另一个阶段不断提高、不断深化、与一个国家经济发展水平相适应的客观过程。

投资在各产业部门的变化具有阶段性特征。在工业化初期前后，农业、采掘业、面对农业消费市场的工业是投资的主导部门；在进入了初步工业化阶段，铁路交通、住宅建筑、重化工成为投资的主导部门；在进入了工业化的高级阶段后，高技术产业、汽车、耐用消费品等产业就成为投资的出道产业部门；在后工业化社会，第三产业、信息产业则成为投资的主导产业部门。投资在经济发展的不同阶段所出现的不同重点，表明投资部门的演化具有阶段性的特征。我国投资部门结构的主要缺陷之一就是在改革开放以前重工业和加工工业部门的投资比重超越了我国经济的发展阶段，从而造成了投资结构的扭曲。

2. 投资的部门结构是否与需求结构相适应

投资的根本目的在于为满足社会需要提供一个生产手段。由于社会需要是非同质的，或者说是以一定的结构形式存在着的。因此，固定资产投资也必须在构成上与社会需要的构成相对应。这里包含三个层次的内容：第一，投资结构与最终需求结构向适应。人们的消费需求结构发生变化，投资结构就必须做相应的调整。第二，投资结构与中间需求相适应。随着社会分工的深化和科学技术的进步，一件最终产品的生产要经过越来越多的环节，生产资料的生产比重将会得到大幅度的提高。这样在整个国民经济中，有许多生产行业和许多产品不是立即进入人们的最终消费领域或者是永远不会进入最终消费，而是作为生产最终消费品的物质手段。有关研究表明，在工业社会里，中间使用的比重随着工业化的推进将逐步提高。因此对于中间产品的生产结构就必须给予足够的重视。计划经济时代，我国在很大程度上忽视了中间产品生产结构的问题，从而导致许多中间需求产品的短缺和过剩，为此我国付出了沉重的代价。例如，从“一五”时期到“七五”时期，一方面我国仅机床的生产过剩就导致了上千亿的报废损失；另一方面又有一些中间产品严重供给不足，需要靠大量进口。第三，投资结构与需求结构是否处于一个动态促进状态。国民经济发展是一个动态的不断升级的过程，这就要求各个经济变量、各种产品、各个产业之间必须相互依赖、相互转化、共同促进，形成一个良性循环的机制。

3. 投资部门结构是否有效地利用了各种资源

投资的部门结构形成显示的生产结构。生产结构不仅考虑与需求结构之间的关系，也要考虑它是否比较充分有效并且适度地利用了本国的经济资源。对资源的利用不足是一种浪费，对资源的利用过度则是一种破坏。投资结构的形成不仅是对资本资源的运用，而且是人力资源、资本资源的组合运用。发展中国家即存在人力资源过剩的问题。例如，我国农村劳动力过剩，一些机构人员过多等。研究如何将人力资源与资本资源进行有效的组合，实现二者之间的最佳的互为替代，并产生最大的效益是个需要研究和考虑的问题。

中国经济已经步入新常态，投资需求的特征与之前相比也发生了相应的变化，经历了 30 多年高强度大规模开发建设后，传统产业相对饱和，但基础设施互联互通和一些新技术、新产品、新业态、新商业模式的投资机会大量涌现，对创新投融资方式提出了新要求，必须善于把握投资方向，消除投资障碍，使投资继续对经济发展发挥关键作用。

第三章

CHAPTER 3

“富士康”之外的出口——培育新的比较优势

第一节　出口之于经济增长

一、我国对外贸易现状

改革开放以来，我国对外贸易发展迅速，目前已经成为世界第一大出口国。1980 年，我国商品出口额仅为 181.2 亿美元，进口额为 200.2 亿美元，到 2010 年商品进出口额分别达到 13 949 亿美元和 15 779 亿美元。2014 年 1—11 月，我国对外贸易进出口总值达 3.9 万亿美元，其中出口 2.12 万亿美元，进口 1.78 万亿美元，全年我国出口占全球份额约 12.2%。根据国家统计局公布的数据计算，我国自 1978—2013 年，进出口贸易顺差累计总额达 21 070 亿美元，详见表 3-1。

表 3-1　1978—2013 年我国货物进出口差额　　百万美元

年份	货物进出口差额	年份	货物进出口差额	年份	货物进出口差额
2013	259 014.53	2007	264 344.00	2001	22 550.00
2012	230 309.00	2006	177 520.00	2000	24 110.00
2011	154 897.87	2005	102 000.00	1999	29 230.00
2010	181 510.31	2004	32 090.00	1998	43 470.00
2009	195 687.00	2003	25 468.00	1997	40 420.00
2008	298 123.00	2002	30 430.00	1996	12 220.00

续表

年份	货物进出口差额	年份	货物进出口差额	年份	货物进出口差额
1995	16 700.00	1989	–6 600.00	1983	840
1994	5 400.00	1988	–7 750.00	1982	3 030.00
1993	–12 220.00	1987	–3 770.00	1981	–10
1992	4 350.00	1986	–11 970.00	1980	–1 900.00
1991	8 120.00	1985	–14 900.00	1979	–2 010.00
1990	8 740.00	1984	–1 270.00	1978	–1 140.00
合计	2 107 033.71				

数据来源：国家统计局网站，http://data.stats.gov.cn/workspace/index?m=hgnd
注：货物进出口差额负数为逆差

一国对外贸易对经济发展具有重要影响，学术界衡量对外贸易对经济发展影响的一个重要指标是对外贸易依存度。对外贸易依存度是一国或地区进出口总额占该国或地区国内生产总值的比重，反映该国或地区经济的发展与对外贸易的关系。改革开放以来，我国对外贸易依存度主要经历了四个阶段：第一阶段为我国外贸发展的成长阶段，时间为 1985—1990 年。在此期间，我国对外贸易总额不断增长，国际贸易对我国经济发展的影响不断加深，对外贸易依存度快速增加。我国的外贸依存度由 1985 年的 23.1% 增长到 1990 年的 30%，并且在此期间进出口逐步由逆差转变为顺差。第二阶段为稳定发展阶段，时间为 1991—2000 年。此阶段，由于我国实行了出口导向的经济发展政策，外贸发展速度大大高于经济增长速度。这一时期内，我国 GDP 年均增长 8.8%，但出口总额年均增长速度达到 12.4%，这导致了我国外贸依存度呈现不断上升的趋势，外贸尤其是出口对经济增长的贡献不断加大。2000 年，我国的外贸依存度达到 43.9%。第三阶段为我国外贸的快速增长阶段，时间为 2001—2008 年。这一时期内，由于我国加入了世界贸易组织，进出口贸易取得了飞速发展,国内经济增长对国际贸易的依赖程度也快速加深。2003 年，我国对外贸易依存度突破 50%，达到 51.9%。2006 年，我国对外贸易依存度达到 65%。第四阶段为外贸依存度下降阶段，时间为 2009 年至今。2008 年金融危机后，国际需求不振，我国实施扩大内需战略，在稳定外需的同时积极扩大国内需求，完善需求结构以促进经济持续稳定发展，使我国经济增长对出口的依赖稳步下降，对外依存度下降到 50% 此后，至 2013 年，我国对外依存度降为 45.4%。[①] 总体上看，改革开放以来，尤其是近十年来，我国对外依存度呈现先上升后逐步下降的趋势，如图 3-1 所示[②] 。

改革开放以来，我国不仅进出口商品总额不断上升，而且进出口商品结构也不断优化。首先，出口商品结构中低附加值的初级产品比重不断下降，高附加值的工业制成品不断上升。根据《中国统计年鉴》，1980 年，我国出口商品总额中，初级产品出口额为 91.14 亿美元，占出口总额比重为 50.3%，工业品出口额仅为 90.05 亿美元，占出口总额为 49.7%。到 2013 年，我国出口总额中，初级产品和

---

① 张蕾 . 浅析我国的对外贸易依存度 .[J] 劳动保障世界，2014（9）（下）.

② 杨鹏，吴崇宇 . 劳动力成本上涨背景下我国对外贸易展望 .[J] 河北大学学报（哲学社会科学版），2015（1）.

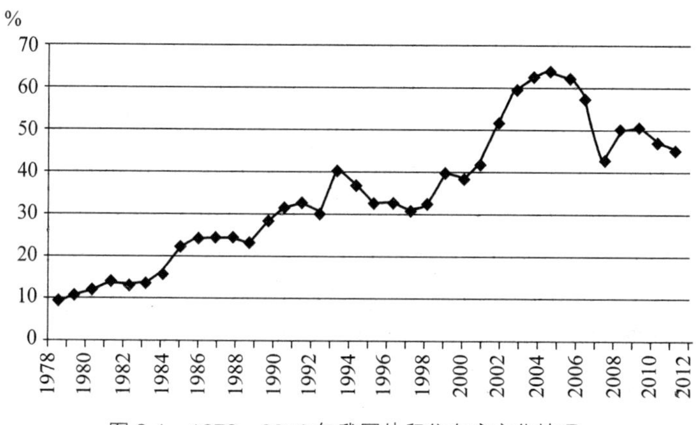

图 3-1 1978—2012 年我国外贸依存度变化情况

工业制成品所占份额为 4.86% 和 95.14%。其次，进口商品中工业制成品绝对额逐年上升，但比重不断下降。20 世纪 80 年代中后期，我国进口总额中，工业制成品占比达到 80% 以上，2009 年工业制成品进口绝对额为 1980 年 54.8 倍。① 虽然我国工业制成品进口绝对额逐年快速增加，但 2004 年后，在进口总额中，初级产品进口比重不断上升，工业制成品进口比重不断下降。到 2013 年，我国进口货物中初级产品和工业制成品比重分别为 33.75% 和 66.25%。目前，我国进出口货物都以机械类产品为主。

虽然我国进出口商品结构不断优化，但在对外贸易方式方面，加工贸易为我国外贸第一大贸易方式，使我国对外贸易存在附加值低、对国内技术水平提升和经济增长促进作用弱的问题。此外

① 马章良 . 中国进出口贸易对经济增长方式转变的影响分析 .[J] 国际贸易问题，2012（4）.

我国对外贸易的区域结构也不合理，导致我国出口市场过度集中，抗风险能力较差，对外贸易纠纷频发。2013 年，我国对外贸易总额最大的国家为美国、日本和韩国。其中对美进出口总额分别为 1 523.42 亿美元和 3 684.06 亿美元，对日本进出口总额分别为 1 622.45 亿美元和 1 501.32 亿美元，对韩国进出口额分别为 1 622.45 亿美元和 911.65 亿美元。总体上，我国对欧美发达国家呈现贸易顺差，而对发展中国家和新兴国家呈现贸易逆差。其原因为我国相对于新兴国家和发展中国家，生产条件相似，比较优势较弱。

二、出口的经济效应

出口是总需求的重要组成部分，根据西方主流经济学理论，消费、投资和出口是拉动经济增长的“三驾马车”。改革开放 30 多年来，我国年均经济增长率达到 9.8%，创造了世界经济增长奇迹，劳动、资本形成和出口是我国经济增长的主要动力来源。根据林毅夫、李永军的研究，20 世纪 90 年代后，外贸出口每增长 10%，推动我国 GDP 增长 1%。① 改革开放后 30 多年，除了 2009 年由于金融危机，外贸对我国经济增长贡献为负外，其他各年外贸对经济增长贡献率都为正。1980—2010 年期间，我国外贸贡献率和拉动度平均为 23.17% 和 32.17%。特别是 2001 年加入 WTO 后，我国外贸对经济增长贡献更加突出。2001—2010 年，

---

① 林毅夫，李永军 . 出口与中国的经济增长：需求导向的分析 .[J] 经济学（季刊），2003，2（4）.

外贸贡献率和拉动度平均为 46.12% 和 47.17%，其中 2006 年我国外贸贡献率达到高点 60.19%，2010 年外贸拉动度达到 93.43%，详见表 3-2。[①] 金融危机后，我国实行扩大内需战略，外贸对经济增长贡献有所降低，但仍然是经济稳定增长不可或缺的重要支撑。2014 年，我国外贸对经济增长贡献率约 10.5%，直接带动就业 1.1 亿人。

出口不仅直接拉动经济增长，而且对就业、技术进步等具有重要的促进作用。

作为一个人口大国，就业问题是我国面临的一个基本问题，仅在城镇我国每年必须解决约 1 100 万新增就业人口的就业问题，并且我国农村还长期存在大量剩余劳动力。改革开放以来，出口对我国解决城镇人口就业和农村剩余劳动力转移就业问题作出了巨大贡献，可以说没有出口的繁荣，就不可能有如此大的农村剩余劳动力转移规模，我国城镇职工和农民工的实际收入也不可能达到目前的水平。出口对就业的促进作用来源于出口商品的量和结构两个方面：一方面，由于我国出口量不断增长，带动出口部门的产量和用工需求快速增加；另一方面，我国以加工贸易为主的出口商品结构也加大了出口对就业的促进作用。两头在外的加工贸易在一定程度是一种劳务输出形式。外贸加工制造业企业的快速发展，不仅创造大量适合农村剩余劳动力的普工岗位，成为农村剩余劳动力转移的主要渠道，而且还增加的报关、翻译、营销、

① 马章良 . 中国进出口贸易对经济增长方式转变的影响分析 .[J] 国际贸易问题，2012（4）.

表 3-2　1980—2010 年中国外贸依存度、外贸贡献率和拉动度　　亿元，%

年份	中国 GDP	进出口总额	出口总额	进口总额	依存度 YCD	贡献率 GXL	拉动度 LDD
1980	4 545.62	570.00	271.20	298.80	12.54	—	—
1981	4 891.56	750.76	375.29	375.46	15.35	30.09	21.55
1982	5 323.35	787.51	422.43	365.08	14.79	10.92	13.63
1983	5 962.65	861.80	439.20	422.60	14.45	2.62	3.88
1984	7 208.05	1 246.11	608.28	637.83	17.29	13.58	26.45
1985	9 016.04	2 043.87	803.16	1 240.71	22.67	10.78	15.65
1986	10 275.18	2 549.55	1 068.30	1 481.25	24.81	21.06	14.66
1987	12 058.62	3 076.69	1 468.00	1 608.69	25.51	22.41	31.74
1988	15 042.82	3 825.95	1 768.74	2 057.20	25.43	10.08	16.86
1989	16 992.32	4 204.86	1 978.18	2 226.68	24.75	10.74	7.02
1990	18 667.82	5 521.73	1 969.89	2 551.84	29.58	59.19	50.87
1991	21 781.50	7 223.72	3 827.99	3 395.73	33.16	16.65	27.5
1992	26 923.48	9 128.32	4 684.10	4 444.22	33.90	16.65	27.5
1993	35 333.92	11 276.23	5 286.06	5 990.18	31.91	7.16	11.71
1994	48 197.86	20 393.57	10 429.49	9 964.08	42.31	39.98	61.16
1995	60 793.73	23 454.62	12 424.62	11 030.00	38.58	15.84	15.51

1996	71 176.59	24 101.20	12 558.60	11 542.60	33.86	1.29	1.06
1997	78 973.03	26 955.11	15 152.93	11 802.19	34.13	33.28	24.99
1998	84 402.28	26 820.14	15 209.53	11 610.61	31.78	1.04	0.73
1999	89 677.05	29 854.03	16 136.89	13 717.14	33.29	17.58	17.08
2000	99 214.55	39 263.62	20 629.77	18 633.85	39.57	47.11	85.18
2001	109 655.17	42 183.73	22 025.10	20 158.63	38.47	13.36	14.63
2002	120 332.69	51 381.13	26 949.91	24 431.22	42.70	46.12	47.17
2003	135 822.76	70 439.68	36 273.88	34 165.80	51.86	60.19	87.32
2004	159 878.34	95 559.79	49 107.91	46 451.88	59.77	53.35	82.85
2005	184 937.37	116 477.78	62 416.66	54 061.12	62.98	53.11	55.32
2006	216 314.25	140 335.25	77 241.61	63 093.68	64.88	47.25	59.16
2007	265 810.31	165 290.13	92 599.69	72 690.46	62.18	31.03	48.95
2008	314 045.43	178 094.96	99 404.55	78 690.41	56.71	14.11	13.75
2009	310 505.87	150 818.79	82 094.13	68 724.66	44.29	-65.42	-35.89
2010	397 983	201 243.70	106 815.94	94 427.76	50.57	43. 01	93.43

资料来源：根据《中国统计年鉴》和2010年国家统计公报上1980—2010年度GDP数据和进出口数据经整理得到。其中进出口额是根据年鉴上以美元表示的数据按当年年平均汇率换算成人民币金额

物流、管理等各类专业人才的需求。如 2006 年，仅港资加工贸易企业就吸纳 1 300 万名劳动力就业。[①] 根据商务部数据，2014 年，我国外贸直接带动 1.1 亿人就业。同时，出口不仅增加就业量，而且随着就业量的增加带动居民收入和工资的增加。

出口对于技术进步的促进作用，一方面，表现为出口创汇为我国进口先进设备和技术提供必要的外汇支持。引进、消化、吸收是我国技术进步的主要方式，要从国外引进先进设备和技术，首先要有足够的外汇支付手段。改革开放初期，我国外汇奇缺，1978 年，我国外汇储备不到 2 亿美元。20 世纪八九十年代，出口创汇是我国外贸部门的最主要任务。2013 年我国外汇储备超过 3.8 万亿美元，外汇储备规模为世界最大，增加的外汇储备中 2.1 万亿美元是由出口部门的顺差积累形成，详见表 3-3。

另一方面，出口还通过先进企业的设立、促进竞争和扩大市场规模促进国内技术进步。我国的出口部门中很多企业为外资企业，这些企业设立的同时带来了国际上先进的设备、技术和管理经验，出口部门先进企业的“干中学”效应是促进我国技术进步的重要途径。同时，出口促使国内企业参与国际竞争，进而迫使企业进行技术创新。出口部门的技术进步还具有外溢效应，进而促进非出口部门的技术创新，提高整个经济系统的质量和效益。最后，一定的市场规模是企业技术创新的前提条件之一，出口使我国企业技术创新突破了国内市场需求的限制，扩大了企业创新的市场前景和潜在经济效益，进而促使企业投入更多资源进行技

① 李玲慧 . 外贸出口对中国经济增长影响分析 . 科学决策，2010（3）.

表 3-3 1978—2013 年中国国家外汇储备变动一览

年份	金额 / 亿美元	同比增减 /%	年份	金额 / 亿美元	同比增减 /%
2013	38 213.15	15.39	1995	735.97	42.57
2012	33 115.89	4.10	1994	516.2	143.50
2011	31 811.48	11.72	1993	211.99	9.03
2010	28 473.38	18.68	1992	194.43	–10.45
2009	23 991.52	23.28	1991	217.12	95.73
2008	19 460.3	27.34	1990	110.93	99.87
2007	15 282.49	43.32	1989	55.5	64.99
2006	10 663.44	30. 22	1988	33.72	15.36
2005	8 188.72	34.26	1987	29.23	41.07
2004	6 099.32	51.25	1986	20.72	–21.63
2003	4 032.51	40.80	1985	26.44	–67.83
2002	2 864.07	34.99	1984	82.2	–7.65
2001	2 121.65	28.14	1983	89.01	27.41
2000	1 655.74	7.05	1982	69.86	157.98
1999	1 546.75	6.70	1981	27.08	–308.95
1998	1 449.59	3.62	1980	–12.96	–254.29
1997	1 398.9	33.19	1979	8.4	402.99
1996	1 050.29	42.71	1978	1.67	—

注：以上数据均来源于中国人民银行网站，中国经济网整理制表

术创新。而且市场规模的扩大本身有利于分工的形成和深化，而分工的深化又必然会促进企业创新的发生和效率的提高。

三、我国出口的发展趋势

改革开放以来，我国外贸出口在人口红利、制度红利和全球化红利的综合作用下快速发展，但随着国际环境的变化和我国人口与资源条件的变化，出口呈现新的发展趋势。

首先，经过30年的高速增长，我国出口呈现增长放缓的趋势。1978—2008年，我国出口总额的年均增长速度达到18.1%。但2009年后，国际需求不振，我国出口增长速度明显放缓，2009—2013年，我国出口总额的年均增长速度降为6.4%。2014年，我国出口总额较2013年仅增长6.1%，如图3-2所示。虽然我国经济对外依存度较以前已经大大降低，但出口仍然占总需求相当比重，出口增速放缓，使经济增长下行压力进一步加大。

其次，我国出口商品结构发生变化。我国出口商品结构变化的总体趋势是初级产品比重不断下降，工业制成品比重不断上升，出口商品结构持续改善。具体而言，一是资源类产品出口下降。如2014年我国原油出口4.91亿美元，同比下降66.3%。二是劳动密集型产品出口增速放缓。如2014年我国服装、塑料制品和箱包制品出口增长速度分别为5.22%、5.09%和–1.68%，较2013年分别下降6个百分点、6.71个百分点和10.7个百分点。三是机电产品和高技术产品出口基本稳定。机电产品技术含量和附加值较高，自20世纪90年代以来，我国机电产品出口平均增长速度为23%，大大超过同期我国出口总额增长速度和GDP增长速度，导致我国机电产品占出口的比重不断上升，连续多年一

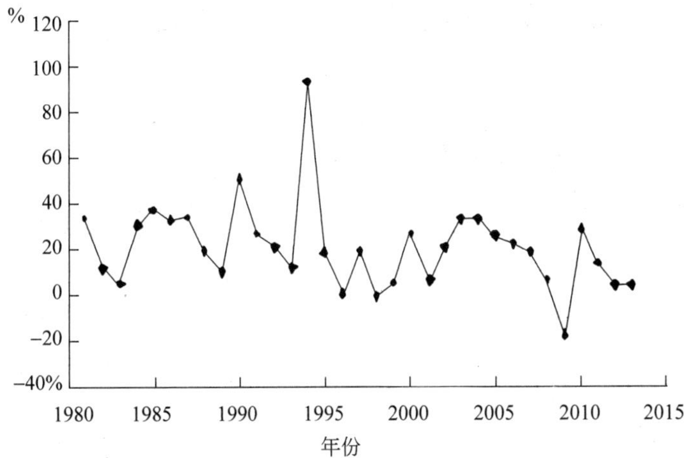

图 3-2 1980—2015 年出口总额年均增长率

直是我国第一大出口商品。2014 年，我国机电产品出口总额达到 13 109 亿美元，同比增长 3.7%。高新技术产品出口总额达到 6 605.3 亿美元。

最后，一般贸易比重上升，加工贸易增速放缓。加工贸易比重过大是我国出口结构的一个重要问题，反映了我国廉价劳动力资源丰富这一资源禀赋的重要特征。加工贸易在 20 世纪 90 年代快速发展，自 1996 年起成为我国对外贸易的主导方式。但目前，随着我国产业结构的升级优化，一般贸易比重不断上升。2014 年，我国一般贸易出口总额达到 12 041.1 亿美元，较 2013 年增长 10.68%。加工贸易总额为 7 938.8 亿美元，较 2013 年增长 3.3%。①

① 刘慧君，洪泳 . 新常态下我国外贸发展的思考及建议 . 宏观经济管理，2015（2）.

第二节　传统出口比较优势不复存在

一、什么是比较优势

比较优势理论起源于亚当·斯密的绝对优势理论，根据斯密1776年在《国富论》中阐述了分工的思想，一国若根据其自然或后天优势进行专业化生产，而后通过国际市场交换，就可以使各国的资源和要素得到最有效利用，从而实现总体的福利最大化。国家间分工的基础是产品生产的绝对成本差异，各国生产绝对成本最低的、具有绝对优势的产品，进口不具有绝对优势的产品。根据该理论，要参与国际分工，一国应至少在一种产品上具有绝对成本优势，而现实中许多国家是无法满足这一要求的。

1817年，李嘉图在斯密绝对优势理论的基础上提出了比较优势理论，指出即使一个国家在所有商品生产上都不具备绝对优势，仍然能参与国际分工和国际贸易，并因此提升整体福利水平。一国只要出口那些生产率具有相对优势，进口那些生产率具有相对劣势的商品，就会从国家分工和贸易中获益。此后，到了20世纪30年代，瑞典经济学家赫克歇尔和俄林又在比较优势理论的基础上提出了要素禀赋理论，指出国际分工要按要素丰裕度进行，即资本丰裕的国家生产资本密集型产品，劳动力丰裕的国家生产劳动密集型产品。影响比较优势的主要因素从经济学角度考察主要有劳动、资本和技术，从社会整体角度考察则取决于政治、经济、文化和国际文化等。

比较优势理论是一种静态理论，发展中国家在国际贸易和经济发展中，如果过于强调静态的比较利益，过度集中于生产和出口初级产品与劳动密集型产品，会导致产业结构升级停滞；在与发达国家的国际贸易中，虽然能获得短期利益，但贸易条件会逐步恶化，长期处于不利地位，从而落入“比较优势陷阱”。其原因为比较优势理论建立在完全竞争条件下，强调国际贸易利益的共享，但现实中，竞争往往是不充分的，发达国家和发展中国家贸易地位的不平等致使发达国家占有绝大多数国际贸易利益，进而抑制发展中国家的发展。

在国际贸易中，比较优势只是一种潜在的优势，真正决定一国产业竞争力的是竞争优势。比较优势是竞争优势的基础，竞争优势是一国现实的经济优势，只有把潜在的比较优势转化为现实的竞争优势，进而转化为产品的竞争力，才能真正实现本国的比较利益。美国竞争力专家波特的竞争优势理论是对比较优势理论的有力补充，根据竞争优势理论，决定一国整体竞争优势因素主要有：生产要素、需求条件、相关产业和支撑产业的表现、政府作用、机遇和企业的战略、结构与竞争等。其中生产要素可进一步分为基本要素和高级要素。基本要素包括非熟练劳动力、自然资源和地理位置等。高级要素包括高技术、知识、熟练劳动力等需要经过长期资本投资才能形成的要素。

罗伯特·J. 凯伯认为，政府部门可以通过制定政策促进比较优势变化，集中熟练劳动力、资本和技术出资创造一个产业的比较优势。此过程即为动态比较优势。[①] 动态比较优势理论为一个经济体选择是专注于现有比较优势部门生产，还是进入可通过生产率增进获得新比较优势的生产部门提供了理论依据。促进动态比较优势形成的机制主要有：一是依托要素禀赋的动态变化推进比较优势升级。要素禀赋动态变化包括分工与贸易推进要素价格的均等化过程、要素跨国流动导致的要素禀赋外生动态变化和经济发展、资本积累、人均资本存量导致要素结构提升带来的要素内生动态变化。二是产品技术与要素密集度变化推进比较优势的动态变化。三是政府干预促使产业比较优势发生变化。政府干预的关键是内生比较优势的培育，政府和企业可以通过投资知识积累、技术积累和人力资本积累创造动态比较优势。

长期以来，廉价劳动力一直是我国主要的比较优势，但廉价劳动力只是一种基本要素，我国不能过度依赖这种低级的比较优势，否则就可能落入比较优势的陷阱，造成经济发展停滞。当前我们应充分利用我国的人力资源优势和相对于其他发展中国家的资本和技术优势，加大培育高级生产要素的投资力度，努力形成新的比较优势和竞争优势。在此过程中要注重以比较优势为基础打造竞争优势，通过提升整体竞争优势来提高产业竞争力，进而最大程度获取我国的国际贸易比较利益。关键要做好两点：一是促进比较优势向竞争优势转化；二是不断提升比较优势层次，促进低级要素优势向高级要素优势转变，推进动态比较优势形成。

---

① 徐建伟，等．比较优势、国际分工与发展战略．经济地理，2012（5）．

二、我国比较优势的断档风险

2010 年，我国人均 GDP 超过 4 000 美元，按当年世界银行的标准进入中等偏上收入国家行列。根据国际经验，进入中高收入国家后如果不能成功跨入高收入国家，则落入“中等收入国家陷阱”的风险就会加大，进入社会和经济发展停滞和社会矛盾多发时期。而要完成中高收入国家向高收入国家的转变，从比较优势演化的角度来看，就必须实现比较优势的突变。一国落入中等收入国家陷阱，深层原因在于出现比较优势的断档，其传统比较优势的产业由于受其他发展中国家的冲击失去比较优势，而新的具有比较优势的产业尚未形成，进而形成比较优势断档期。①

随着我国农村剩余劳动力无限供给结束、人口老龄化和劳动力成本的上升，我国在传统劳动密集型产业的比较优势不断受到东南亚等地区低收入国家的冲击，传统竞争优势日渐萎缩。但同时，在资本和技术密集型行业，发达国家在金融危机后纷纷实施了各自的再工业化战略，我国要在这些行业建立起新的比较优势，向发达国家发起挑战，形成突破，尚任重而道远。在低收入国家和发达国家的两头挤压下，如果我们不能实现比较优势的演化升级，我国的经济发展就会落入比较优势断档期，导致经济增长停滞甚至衰退。

一国比较优势的基础是资源禀赋，劳动年龄人口绝对数量下

---

① 张其仔．比较优势的演化与中国产业升级路径的选择．中国工业经济，2008（2）．

降和人口老龄化趋势，决定了我国传统廉价劳动力比较优势不可持续，必将逐渐削弱。根据国家统计局发布《2013 年国民经济和社会发展统计公报》，2012 年、2013 年我国连续两年出现劳动年龄人口下降，其中 2012 年国内劳动年龄人口为 93 727 万，比 2011 年减少 345 万人。2013 年，劳动年龄人口较 2012 年减少 244 万人。

除了劳动力数量，在劳动力结构方面，传统劳动密集型企业比较优势的资源禀赋基础是大量青壮年劳动力，但近年来，我国的农村剩余劳动力 40 岁以上约占 50%，16~30 岁之间的不足 20%。[①]而多数传统劳动密集型制造业需要的是年龄在 40 岁以下的青年操作工，这也是我国许多农村剩余劳动力一过 40 岁便返乡的原因，他们很难在工厂找到工作，若留在城市他们要么自主创业、要么进入建筑等其他行业。根据全国老龄工作委员会办公室发布的《中国老龄事业发展报告（2013）》指出，2012 年我国老年人口数量达到 1.94 亿，老龄化水平达到 14.3%。报告还特别指出，我国高龄老年人口将继续增长，从 2012 年的 0.22 亿人上升到 2013 年的 0.23 亿人，并且年均增长 100 万人的态势将持续到 2025 年。随着我国人口老龄化的发展，我国劳动力的年龄结构正在逐渐上移，传统劳动密集型企业的招工难问题将越来越突出。

我国商品出口的主要贸易方式是加工贸易，本质上加工贸易是劳务输出的一种形式，而我国加工贸易发展的最重要基础就

---

① 马晓河，马建蕾．我国农村劳动力到底还剩余多少．国家发展改革委宏观经济研究院《调查研究建议》，2007（49）．

是劳动力成本低廉。但适龄劳动力供给数量的下降和经济发展水平的提高会双重推高我国的劳动力成本。进入 21 世纪后，无论我国是城镇职工工资还是农民工工资都呈现加速上涨的趋势，劳动力成本上涨成为我国传统劳动密集型产业比较优势削弱，相关产业产品出口竞争力下降的主要原因。我国城镇单位就业职工工资自 1978 年以来就一直处于上涨之中，但 2002 年后出现加速上涨趋势，2002—2012 年间，我国城镇职工实际平均工资共上涨 275%，如图 3-3 所示。而据杨鹏、吴崇宇（2015）两人对 27 个 OECD 主要国家实际工资测算，同期其实际平均工资增幅仅为 5%~150%，都大大低于我国。[①]

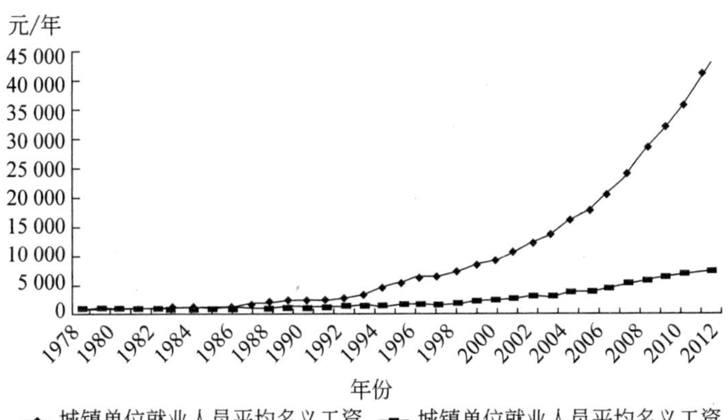

图 3-3 我国城镇单位就业人员平均工资

注：城镇单位就业人员实际平均工资为通过对城镇单位就业人员名义平均工资进行了以 1978 年为基期的价格平减得到

① 杨鹏，吴崇宇 . 劳动力成本上涨背景下我国对外贸易展望 . 河北大学学报（哲学社会科学版），2015（1）.

农民工工资方面，根据卢锋（2012）对国家统计局统计资料、学术界与企业的各项专题研究数据和农民工个体访谈调查数据综合研究表明：1978 年以来农民工名义工资（见图 3-4）和实际工资（见图 3-5）都处于长期上涨之中，而实际工资在 20 世纪 80 年代前期上涨较快外，80 年代后期和整个 90 年代几乎没有上涨，但 2001 年后农民工工资上涨明显加快。2001—2010 年，以 1978 年物价衡量的不变价格计算，农民工实际工资年均增长约 10%。[①]

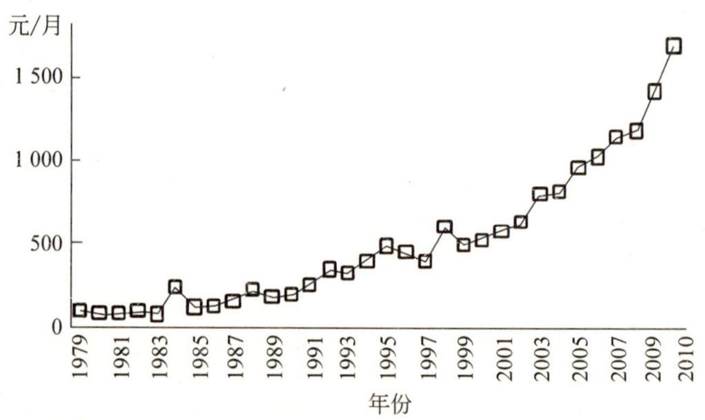

图 3-4　中国农民工名义工资估测结果（1979—2010）

随着劳动力成本的快速上升，不少在我国投资的劳动密集型产业开始向劳动力成本更低的国家和地区移，如向越南转移。不久前，日本京瓷办公信息系统株式会社宣布，该公司计划在 2018 年 3 月之前将旗下越南打印机年产量增长 4 倍，至 200 万台。目前，京瓷公司已经把中国的部分业务转移到越南海防市，越南

① 卢锋．中国农民工工资走势：1979—2010. 中国社会科学，2012（7）.

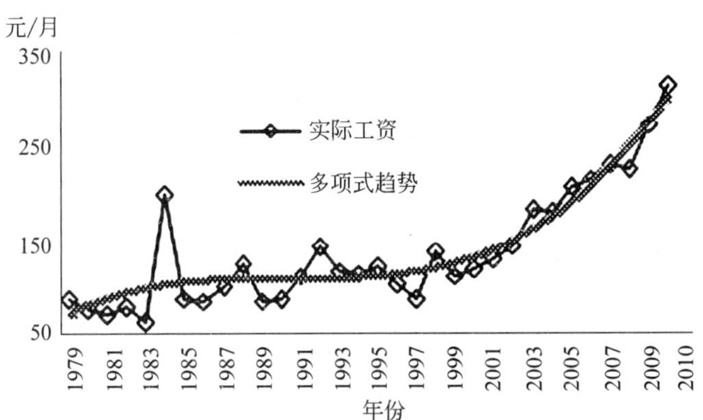

图 3-5 中国农民工实际工资估测（1979—2010 年，1978 年不变价）

数据来源：卢锋对图 3-4 农民工名义工资采用国家统计局居民消费物价指数平减得到实际工资。

已经成为京瓷公司打印机最大的制造基地。据国际劳工组织计算，2013 年，越南平均月工资为 197 美元，中国为 613 美元。另有学者研究预测，2019 年我国制造业的每小时劳动力成本将是越南制造业每小时劳动力成本的 177%，而 2012 年仅为 147%。[①]

第三节 培育新的比较优势

一个国家要实现经济持续稳定发展，在经济发展的不同阶段，必须沿着土地、劳动力、资本、技术知识的轨迹逐步实现生产要

---

① 赵昌文，王忠宏．从制造大国转向制造强国．时事报告，2015（5）．

素升级，必须逐渐摒弃建立在非熟练劳动力、土地、自然资等初级和基本要素禀赋上的比较优势，培育技能型、知识型人力资源、现代化基础设施等高级生产要素。正如波特在《国家竞争优势》中提出的："当国家把竞争优势建立在初级和一般生产要素时，它通常是浮动不稳的，一旦新的国家踏上发展相同的阶梯，也就是该国竞争优势结束之时。"① 当前，经济全球化和产业地区化深刻改变了产业的贸易模式，国际贸易形式由产业间贸易主导转向产业内贸易主导，也推动产业的比较优势发生变化。产业的新比较优势将主要来自于那些新的高级要素，如差异化的产业技术、地区位置、发达的产业组织及其相关产业政策、产业链的整体成本优势等。② 全球化背景下，我国要参与国际分工，必须在更多、更高端的产业培育新的比较优势。

根据产业升级和比较优势演化的规律，培育新比较优势，可以遵循三个思路：一是改造升级传统优势产业，培育发掘传统产业新比较优势；二是促进传统比较优势演化升级；三是打造新高级比较优势。

一、升级传统廉价劳动力优势为新人力资本优势

我国传统廉价劳动力比较优势以非熟练劳动力为基础，随着我国农村剩余劳动力转移规模缩小和第一代农民工年龄增加，传统廉价劳动力比较优势正逐步消失。但是，虽然廉价劳动力比较

① 赵昌文，王忠宏．从制造大国转向制造强国．时事报告，2015（5）．

② 徐康宁．全球化、地区化与中国产业的新比较优势．江海学刊，2002（2）．

优势消失了，作为世界人口大国，人力资源依然是我国最突出的资源禀赋，建立和培育新的比较优势，必须依托我国最重要的禀赋条件，即人力资源丰裕度高。为此，我们比较优势升级的着眼点首先应该提升原来的廉价劳动力优势为人力资本新优势，通过加大人力资本投入，加强技能型、知识型人才培养，把作为初级生产要素的非熟练劳动力转变为高级生产要素熟练劳动力与技能型、知识型人才，把传统人口红利升级为人才红利。并以人力资本新比较优势为基础推进产业升级，打造新的具有国际竞争优势的产业。

推进比较优势升级要和高校毕业生就业紧密结合。根据《国家中长期教育改革和发展规划纲要（2010—2020）》的数据，2009 年、2015 年、2020 年，我国高等教育在学总人数分别达到 2 979 万人、3 350 万人和 3 550 万人。近年来，我国每年高校毕业生数量约 700 万，高校毕业生就业压力逐年加大。高校毕业生问题每年都引起社会广泛关注，事实上，如果我们换个角度思考，庞大的高校毕业生群体的出现是我国要素禀赋结构升级的一个重要表现，标志着我国人力资源结构正由廉价劳动力为主向熟练劳动和人力资本为主的高级结构转换，是实现比较优势升级的重要基础条件。同时，高校毕业生可以为我国的现代服务业特别是生产性发展提供不可或缺的人力资本，打造我国服务贸易的比较优势。最后，大量高校毕业生的充分就业能在各个行业产生更广泛的知识溢出效应，进而更有效提高我国的整体劳动生产率和技术水平。因此，我们应该把促进高校毕业生充分就业和比较优势升级结合起来，努力实现两者的良性互动。

当前，造成高校毕业生就业困难的主要原因有以下几点：一是我国高等教育体制与市场经济脱节。如高校专业设置不符合市场需求、高校毕业生由于长期接受应试教育而缺乏创新能力和实践能力、高校毕业生就业市场化和信息化程度不高；二是现代服务业发展滞后，特别是金融、保险等现代服务业国有比重高，民营企业进入困难，大学生自主创业难度大；三是地区发展不平衡，一线城市经济发达但竞争激烈、生活成本高，中西部中小城市经济发展滞后无法产生足够人才需求；四是不同所有制和类型企业发展不平衡，高校毕业生缺乏在各类企事业单位流动的渠道。

通过促进高校毕业生充分就业培育新人力资本比较优势，重点要采取以下措施：一是通过产业结构优化升级，改善岗位结构、提高就业容量。一方面要促进劳动密集型、资本与技术密集型产业协调发展，增进适合高校毕业生的技术岗位供给。另一方面要大力发展现代服务业。服务业相对于工业具有更高的就业系数，能够吸纳更多的劳动力。当前，尤其要注重科研、社会服务、金融、房地产、现代物流、咨询等行业的发展，降低外资和民营企业的进入门槛，促进我国服务贸易的出口，为高校毕业生创造更多的适合的就业岗位。二是创造良好的就业环境。要完善社会保障体系，对各类就业人员一视同仁，执行统一的社会保障标准，享受同等的社会保障服务。加快社会保障全国统筹进程，同时加快人事制度、户籍制度改革，减少各类人才在不同地区、不同所有制和类型企事业单位流动的障碍。三是建立政府、企业和个人合理分工的人才培养机制。要完善鼓励企业人力资本投资和人才培养的财税制度，加大各类继续教育、职业教育的公共投入，完善企业用人机制，减少企业人才培养的后顾之忧。力争从整体上提升我国的人力资本比较优势。①

培育人力资本新比较优势除了增加高等教育投入外，还要充分重视职业技术教育和职业培训。技能型熟练劳动力短缺是制约我国产业升级的一个重要因素，要实现产业结构高端化，在高端产业形成新的比较优势，充足的中高级技能型、知识型劳动力供给是基础条件。目前，我国高技能劳动力仅占技能劳动力的5%，中级技能劳动力占35%，初级技能劳动力占60%，而发达国家高、中、低技能劳动力占比分别为35%、50%和15%。造成我国技能型劳动力缺乏的一个重要因素是我国的多数劳动力特别是农民工缺乏必要的职业技能培训。根据国家统计局《2012年全国农民工监测调查报告》数据显示：约69.2%的农民工没有接受过农业或非农业职业技能培训。为此，我国要在高端产业建立的新比较优势必须进一步加大职业教育和职业技能投资力度，完善职业教育体制机制，加大职业培训覆盖面，要尽快把缺乏技能的非熟练技能型劳动力转化为熟练劳动力和中高级技能型劳动力，通过劳动力质量的提高抵消劳动力数量减少和劳动力年龄老化的影响，继续保持并不断提升我国总体人力资本比较优势。

二、培育重点行业资本技术新比较优势

随着由中低收入国家步入中高收入国家，我国资本积累和技术创新能力明显上升，企业经营管理和投资管理能力不断提高，

① 叶海燕．高校毕业生充分就业与我国传统比较优势提升．商业时代，2008(2).

基于资本和技术的新比较优势也不断增强。

首先，我国的资本积累优势逐步显现。总体上我国资金由过去的短缺转变为相对富余。对外开放方面，也由过去单方面强调引进外资、鼓励出口，转为在积极引进外资和推动出口的基础上，鼓励企业积极开展对外投资和进口,追求国际贸易平衡。2011 年，我国成为世界最大的债权国和资本净输出国。人均资本存量方面，我国规模以上企业人均固定资产净值于 1980 年仅为 0.8 万元，而 2010 年则上升到 22.13 万元。产业结构方面，资本密集型产业占比迅速提高。

其次，随着我国基础设施投入的不断加大，我国基础设施条件明显改善，基础设施比较优势已经形成。发展基础设施，需要巨大的资本投入和强大的组织、实施效率。多数发展中国家即缺乏发展基础设施的必要资金，也没有建设基础设施所需的执行效率。而部分发达国家虽然有充足的资金，但在整体实施效率上相对较低。基础设施建设是我国少数同时对发展中国家和发达国家都具有一定比较优势的行业。完善的基础设施是我国吸引外商直接投资的一个重要因素，同时由于我国的基础设施建设规模大、自然条件复杂，即使我国在高铁建设等众多基础设施建设领域的技术水平达到世界先进水平，也使我国具备其他国家没有的大规模运营管理经验和成本优势。

最后，技术进步优势逐步增强。虽然我国与发达国家还存在一定技术差距，但是经过改革开放以来，30 多年的较大规模资本投入和人力资本积累，我国总体技术水平相对于其他发展中国家已具有较大优势，在部分领域对发达国家也具有一定比较优势，已经具备技术创新的市场需求和供给条件。[①]

培育我国资本技术新比较优势，当前可以重点培育中等资本、技术密集型行业的比较优势。这类行业，我国原来多处于比较劣势地位，但随着我国经济发展和技术水平的提高，目前比较劣势多大幅下降或正逐步转变为比较优势行业。中等资本技术密集行业包括电子及通信设备制造业、电器机械业、仪器仪表业、普通机械制造业、机电产业、交通设备制造业、化纤制造业等。[②] 培育重点行业的动态比较优势关键是突出研发设计、关键零部件设计制造、关键工艺流程创新突破、关键设备研发制造和在企业经营管理和供应链、产业链及创新链管理等。

总体上，在未来一段时期，我国的资本技术密集产品在技术水平方面还将低于发达国家，但我国产品在性价比方面具有一定优势，在新兴经济体市场上也具有较强竞争优势。尽管全球经济增速趋缓，但新兴经济体仍将保持较快增长，其快速推进的工业化、城市化进程，将对中国生产的电力设备、交通运输设备、移动通信设备等资本技术密集产品产生强劲需求。[③]

三、培育产业集群和产业链新比较优势

当前，经济全球化和产业地区化正在改变产业比较优势要素的构成。经济全球化促进了全球性产业的形成，全球性产业指产

---

① 王岳平．培育我国产业动态比较优势研究．宏观经济研究，2012（6）．

② 同上．

③ 徐康宁．全球化、地区化与中国产业的新比较优势．江海学刊，2002（2）．

业链及产业相关活动已经逐步超越一国的界限，拓展至全球范围，劳动、技术、资本、信息等产业发展要素逐渐在全球范围内自由流动，产业政策和消费选择也逐步呈现全球趋同的趋势。全球性产业的形成使产业内部全球性分工深化，产业链的各个环节逐步分离，在不同国家和地区形成研发、创意基地和生产制造基地等，使国际间产业内贸易份额不断上升。伴随全球性产业形成，产业地区化趋势也更加明显。产业地区化是指产业的空间聚集现象，即某些特定产业或行业集中于一些地区，使该地区在这些产业要素投入和产出占一国或行业相对较高比重，形成以专业化分工为基础的地区产业高度集中的资源配置格局。美国经济学家克鲁格曼指出，行业分工深化程度越高，产业地区化特征越明显。波特认为产业地区化能够产生群聚效应，有利于获得专业化信息、相关配套产业和公共产品支撑，促进行业创新，进而提高产业整体效率。他强调企业要充分利用产业地区化产生的比较优势。①

全球性产业的形成和产业地区化使传统基本生产要素对产业生产效率的影响下降，各种要素和条件的组合对效率生产决定性影响，进而使技术、知识、人力资本、产业组织、市场需求、资源的自由流动和政府作用等高级要素构成新比较优势的决定性要素。在劳动力成本上升后，相对于其他低劳动力成本发展中国家，我国在产业地区化和集群化发展方面具有明显优势，早在 20 世纪 80 年代，我国珠三角、长三角地区发展了家电、毛纺等产业集群，目前珠三角、长三角地区又发展形成了世界规模最大、配

① 徐康宁 . 全球化、地区化与中国产业的新比较优势 . 江海学刊，2002（2）.

套最齐全的电子信息产业集群，奠定了我国电子信息产业比较优势的坚实基础。充分发挥产业集群发展带来的整体效率提升作用，能够有效对冲劳动力成本上升对产业吸引力的影响，从而促进传统优势产业转型升级。一方面，在长三角、珠三角等经济发达地区要继续重点培育具有世界竞争力的通信、电子等高端产业集群；另一方面，在东部发达地区向中、西部地区转移传统产业的过程中，要积极引导集群式转移、集群式发展。产业集群优势是我国打造新比较优势的重点。

随着全球性产业的形成，整合全球资源对形成产业竞争优势的作用越来越重要。目前，我国在整合全球资源、打造产业链新比较优势方面处于难得的战略机遇期。我国外汇储备充足，企业盈利状况较好，各类企业国际化经营的动力与能力不断增强。而欧美国家，2008 年国际金融危机后，又爆发欧洲债务危机，经济复苏缓慢，企业资本缺乏、经营不佳，市场价值低估。我国企业可以抓住机遇，积极通过对外投资并购或直接设立研发中心，掌握先进技术、研发能力、品牌和国际销售渠道，积极打造全球性产业新比较优势，促进我国的全球性产业发展。

第四章

CHAPTER 4

产能过剩与供给不足
——优化升级产业结构

改革开放30多年来，我们党以巨大的政治勇气锐意推进各项改革，经济体制改革成效尤其突出，成就举世瞩目。通过这30多年的发展，中国经济高速增长，人民物质文化水平显著提高。当前，中国已基本建立了完善的工业体系，成为一个真正的制造业大国。但是，在中国经济快速增长的同时，也带来了产业之间以及产业内部结构的不平衡、产能过剩与供给不足并存等一系列问题。特别是，产能过剩与供给不足这两个问题比较突出，已成为今后一段时间内国家宏观调控的重要内容，同时也是优化升级产业结构的重点任务。

2012年，党的十八大报告中，将大力推进经济结构调整确定为当前最重要的战略任务之一，并将产业结构调整确立为最核心的内容。另外，在2014年中央经济工作会议部署2015年经济工作任务中，中央又提出："推动全面创新，更多靠产业化的创新来培育和形成新的增长点，把创新成果变成实实在在的产业活动。"从这个意义来讲，中央政府是高度重视产业调整和产业结构优化升级。实际上，产业结构升级问题一直是宏观调控的重要内容：从1953年第一个国民经济五年计划开始，到目前的"十二五"规划，以及正在拟定的"十三五"规划，都不同程度地隐含着优化升级产业结构的思想。既然产业结构调整和优化升级如此受到政府的重视，那么，我们很有必要来探究一下产业结构到底是怎样的一个演变趋势，当前中国的产业结构到底面临什么样的问题，以及世界上主要发达国家在产业结构优化升级中有哪些特征，对我们有什么启示，如何优化我们自身的产业结构等问题。

第一节 产业结构演化趋势

随着科技的进步和发展，经济增长与产业结构两者之间的联系不断显现，产业分工日益细化，部门之间以及部门内部的资本流动、劳动力流动以及商品流动等越来越复杂。大量的劳动力、资本投资虽然是经济增长的必要条件，但并非充分条件。从经济增长的结构主义观点来看，经济增长是结构转化的一个方面，劳动和资本从生产力低的部门向生产力高的部门转移能够提高经济增长率。为了更好地推进我国经济持续健康增长，很有必要先来了解一下产业结构演变的一些理论以及产业结构演化的一般规律。

一、产业结构演变规律的理论研究

综观各国的经济发展史，产业结构的演变具有一定的规律性。这种规律性表现在产业结构总是不断地从低级向高级演进。很多学者对这一规律做了相关研究和探索。其中比较有代表性的理论有配第—克拉克定理、库兹涅茨法则、霍夫曼定理、钱纳里标准产业结构以及筱原三代平的基准等。

（一）配第——克拉克定理

17 世纪，著名的英国经济学家威廉·配第发现，产品结构的差异导致了经济发展的不同。他在其代表作《政治算术》一书中比较了英国与荷兰两个国家的农民、制造业者和商业人员的收入状况，最后提出了工业比农业的收入多，而商业又比工业的收入多的观点。虽然配第这种直观的论证不是很充分，但是已经隐含了产业之间劳动力结构变化的趋势，这为后人研究经济发展规律指明了方向。配第的这个观点被命名为“配第定律”。

英国经济学家柯林·克拉克则证实了配第的这一观点。克拉克对这一观点的印证是建立在三次产业分类法的基础上。所谓三次产业分类法，就是将所有的经济活动划分为第一产业、第二产业和第三产业。其中，第一产业主要是农、林、牧、渔业；第二产业为制造业、建筑业等工业部门。第一、第二产业都是有形物质财富的生产部门，第三产业被解释为有形物质财富之外的无形财富部门，也就是广义的服务业部门。其实，早在20世纪30年代，澳大利亚经济学家费希尔鉴于第一、第二产业并未包含全部的产业活动，就将除第一、第二产业之外的所有产业统称为第三产业。所以，三次产业分类法事实上是由费希尔确立的。

克拉克继承了费希尔的研究成果，1940年，他在《经济学的条件》一书中，研究了40多个国家不同时期的三次产业的劳动力收入与产出资料，他发现：随着人均国民收入水平的提高，劳动力首先从第一产业向第二产业转移，当人均国民收入水平进一步提高时，劳动力开始转向第三产业。所以，劳动力在产业之间的分布状况是，第一产业减少，第二产业和第三产业是逐步增加的。

由于这一规律是对配第所揭示了产业间相对收入不同的印证，因此后来的研究者将配第定律和克拉克发现并列起来，统一称为“配第—克拉克定理”。

（二）库兹涅茨法则

继配第、克拉克之后，美国经济学家西蒙·库兹涅茨收集了几十个国家的资料，从劳动力和国民收入两方面对产业结构的演化进行了深入研究。这种深入表现在以下方面：第一，在研究变量中，库兹涅茨除了利用劳动力分布指标之外，还利用了国民收入指标，他从劳动力和国民收入在产业间的分布两个方面来进行研究。第二，在研究方法上，库兹涅茨使用了现代经济学中的统计分析法，对统计数据进行了横截面分析，从而得出了更加一般的结论。第三，在研究深度上，与配第、克拉克相比，他的研究深入产业内部。

库兹涅茨通过对产业结构演变的实证分析，得出以下结论：随着经济的发展，第一产业实现的国民收入在整个国民收入中所占的比重随着时间的推移是不断下降的，劳动力占全部劳动力的比重也是如此，也就是说农业在国民经济增长中所发挥的作用是不断下降；第二产业实现的国民收入在整个国民收入中所占的比重随着经济的发展大体上是略有上升，而劳动力比重则是大体不变或略有上升，这说明工业对经济增长的贡献越来越大；第三产业实现的国民收入的相对比重是大体不变或略有上升，而劳动力占全部劳动力的比重在所研究的国家中几乎都是上升的。由此可见，库兹涅茨不仅证实了配第—克拉克定理，而且更进一步阐释了产业结构变化的趋势。库兹涅茨的这一发现也被后人称为“库兹涅茨法则”。

（三）霍夫曼定理

在西方经济学家中，霍夫曼当属研究工业结构演化规律的开创者之一。1931 年，在霍夫曼出版的《工业化的阶段和类型》一书中，他依据 20 多个国家的经济统计资料，对制造业中的消费资料工业和生产资料工业进行了研究。实际上，这个比例关系是消费资料的净产值比生产资料的净产值，后人将这一比例关系称为霍夫曼比例。通过研究，霍夫曼认为，在工业化的进程中，霍夫曼比例是不断下降的，即这就是“霍夫曼定理”。霍夫曼本人将工业化进程划分为以下四个阶段：第一阶段，消费资料工业的生产占有绝对的统治地位，生产资料工业不发达，这一阶段霍夫曼比例为 5；第二阶段，生产资料工业已经取得一定的发展，但是相对于消费资料工业依旧有一定差距，该阶段霍夫曼比例为 2.5；第三阶段，生产资料工业的发展已经与消费资料工业达到相当的程度，该阶段霍夫曼比例为 1；第四阶段，生产资料工业的发展超过消费资料工业的发展程度，该阶段霍夫曼比例小于 1。具体详见表 4-1。

表 4-1　霍夫曼的工业化进程四阶段分布特征

阶段	霍夫曼比例	特　征
第一阶段	5	消费资料工业的生产占有绝对的统治地位，生产资料工业不发达
第二阶段	2.5	生产资料工业已经取得一定的发展，但是相对于消费资料工业依旧有一定差距
第三阶段	1	生产资料工业的发展已经与消费资料工业达到相当的程度
第四阶段	小于 1	生产资料工业的发展超过消费资料工业的发展程度

需要指出的是，霍夫曼所谓的生产资料工业和消费资料工业与今天相比已经有了很大不同。因为在霍夫曼定理提出的那个年代，消费资料工业基本上是轻工业的同义词，生产资料工业基本上是重工业的代名词。可是，随着经济的发展，重工业结构已经发生了很大变化，重工业与生产资料工业已经很不一致。追本溯源，霍夫曼对消费资料工业和生产资料工业的划分，实际上大致相当于今天的轻工业和重工业的划分。所以，大概可以这样理解霍夫曼定理的含义，在工业化的进程中，轻工业所占的比重会下降，重工业所占比重趋于上升。

（四）钱纳里标准产业结构

受前人研究的影响，钱纳里通过对历史数据的统计归纳，对产业结构转换的主要变量进行考察。他将人均 GNP 和人口作为外生变量，并将这两个变量代入建立的市场占有率模型，得出了标准产业结构。标准产业结构模型对揭示产业结构变动方向具有重要价值，因此，成为分析产业结构变动的一种重要方法。

最初，钱纳里建立的国民生产总值市场占有率模型如下：

$$X_1=\lg\beta_0+\beta_1\lg Y+\beta(\lg Y)^2+\beta\lg N$$

其中，X_1 为第 1 产业粗附加值市场占有率；

Y 为人均 GNP；

N 为人口。

依据上述模型，他对 1 000 万人在不同的 GNP 下测算了标准产业结构，最终发现：在人均 GNP 从 100 美元到 1 000 美元，第一产业附加值的市场占有率从 52.82% 下降到 13.8%；而第二产业则从 12.5% 上升到 34.7%；第三产业的市场占有率不断上升；另外，对于第二产业而言，人均国民收入 300 美元是一个临界点，从此，第二产业超过第一产业而不断发展。

后来，钱纳里又对上述模型进行了改进，改进后的模型又增加了三个变量，也就是资源分配的投资率（I/GNP）、初级产品输出率（E_p/GNP）以及工业品输出率（E_m/GNP）

根据修改后的模型，钱纳里通过对 1950 年到 1963 年 50 多个国家的数据分析，得出以下结论：第一，当人均 GNP 上升时，第一产业和第二产业的市场占有率都呈现下降，而第三产业的市场占有率上升；第二，当人口上升了，第一产业和第二产业的市场占有率上升，而第三产业趋于下降；第三，初级产品输出率上升时，仅第一产业市场占有率上升，第二产业和第三产业的市场占有率下降；第四，资源分配的投资比例增长时，第一产业和第二产业的市场占有率上升，而第三产业的市场占有率趋向于下降；第五，工业品输出率增长时，第一产业呈现出下降趋势，而第二产业和第三产业呈现上升趋势。

钱纳里根据上述研究，揭示了所研究国家产业结构变动的一般趋势。值得注意的是，尽管钱纳里的标准产业结构模型具有很大的局限性，但是这一模型对于揭示产业结构变动之间的关联性具有重要的意义，为后来的研究打下良好的基础。

（五）筱原三代平基准

1957 年，筱原三代平在一桥大学的《经济研究》杂志第 8 卷第 4 号上发表了题为《产业结构和投资分配》一文，文中提出了规划日本产业结构的两条基准：一是收入弹性基准；二是生产率上升率基准。收入弹性是指在价格不变的前提下，产业的产品需求增长率与人均国民收入之比，反映了该产品的社会需求随着人均国民收入的增加而增长的趋势。而生产率是指产出对全部投入要素之比。技术进步是生产率上升的重要原因。哪一个产业部门的技术首先获得重大进展，哪一个产业部门就会迅速发展。作者认为，这两个指标比较高的产业，在未来有比较好的发展前景，应该列为战略产业。于是，后人就将这两项指标称为"筱原三代平基准"。值得注意的是，收入弹性和生产率上升率是相互关联的，对于战略产业的确定来说，两者缺一不可。从需求的角度来看，仅仅有很高的收入弹性，但是受技术的制约，生产很难跟上需求增长的步伐，那么该产业也无法成为战略产业。相反，从供给的角度来说，若一个产业仅有高的生产力上升率，但是销售环境跟不上，那生产力上升率也会受到影响。筱原三代平的这两个基准简明有效，在 20 世纪五六十年代日本经济政策中发挥了重要作用。

总之，无论是配第、克拉克、库兹涅茨、霍夫曼、钱纳里还是筱原三代平都是采用实证分析的方法，提出了自己的理论。尽管产业结构的变化在很多国家存在例外，但是在大多数国家还是存在共同的趋势。因此，这些从经验中总结出的理论还是具有一定的普遍意义。

二、产业结构演化的一般规律和趋势

根据以上理论的阐述以及世界各国产业结构演化的经验总

结，产业结构演化的一般规律和趋势表现在以下三个方面。

（一）产业结构演化与工业化发展阶段相关

产业结构的演进有如下几个时期：前工业化时期、工业化中期、工业化后期和后工业化时期四个阶段。在前工业化时期，第一产业在三次产业中的比重不断缩小，其地位是不断下降的；第二产业有较大的发展，工业重心从轻工业主导型逐渐向重工业主导型转变，第二产业占主导地位；第三产业虽然有一定的发展，但在国民经济中所占的比重偏低。在工业化中期，工业重心由重工业向深加工工业转移，第二产业依旧占主导地位；第三产业在国民经济中的比重逐渐上升。在工业化后期，第二产业在国民经济中具有绝对的支配地位；第三产业发展也非常快。在后工业化时期，产业逐渐向知识化、科技化发展，第三产业在三次产业中占主导地位。一般来说，产业结构的演化就是这样逐渐从低级向高级迈进的，如图 4-1 所示。

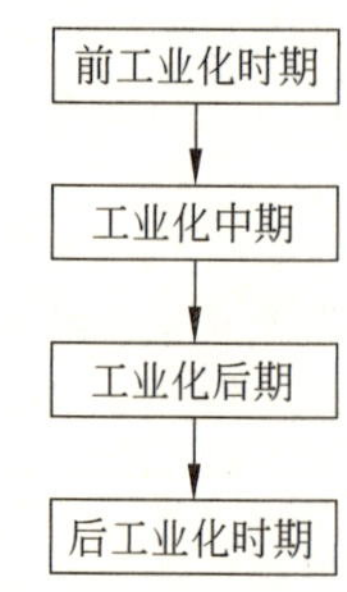

图 4-1　工业化演进的四个阶段

（二）主导产业的转化过程具有一定的顺序性

综观世界各发达国家的发展史，大体看来，产业结构的演进由以农业为主导、轻工业为主导、原料工业和燃料动力工业为重心逐步向重化工业为主导、初级型加工工业为主导、高级型深加工工业为主导、第三产业为主导、知识信息产业为主导等转变。

（三）产业结构变迁的阶段区间具有一定的可塑性

产业结构由低级到高级阶段发展是难以逾越的，但各阶段的发展过程是可以缩短的。从产业结构演进的角度来看，后一阶段的发展必须以前一阶段的充分发展为前提。只有第一产业劳动生产力充分发展了，第二产业的轻工业才会有应有的发展，第二产业的发展是建立在第一产业充分发展的基础之上的，比如重化工业的发展是建立在轻纺工业、燃料动力工业充分发展之上的。同理，只有第二产业生产率大大提高了，才能为第三产业的发展提供充分条件。当然产业结构演进可以超前发展，但是不可忽视的是，超前发展会带来一定的后遗症。

第二节　产能过剩与供给不足并存

经过改革开放 30 多年的发展，中国经济取得了举世瞩目的成绩。然而，值得注意的是，本轮经济高速增长是以大量使用廉价劳动力，使用矿产、土地、水等自然资源以及出口低附加值的初级产品为主要特征，以第二产业重工业发展为主导，这直接导致了我国产业结构不合理，产能过剩和供给不足并存等问题的出现。

一、基本概念的界定

在阐释产能过剩和供给不足形成原因之前，有必要先来界定一下产业结构以及产能过剩与供给不足的含义。

（一）如何理解产业结构

一般来说，“结构”是指事物的各个构成部分的组合及其相互之间的关系。产业结构是指国民经济中产业的构成以及各产业之间的联系以及比例关系。调整产业结构就是改变各产业部门之间的比例以及各产业内部的构成。所以，调整产业结构可以从多个层次来理解。从宏观来看，产业结构调整就是调整产业之间的比例关系；从中观来看，产业结构调整就是改变产业大类内部之间的比例关系；从微观来看，产业结构调整就是调整某一产业内部的企业行为，严格来说，这一部分属于产业组织研究的范畴。所以，大多数情况下，产业结构调整是指宏观和中观意义上的调整。这样，在我国产业结构调整主要涉及三次产业间的比例关系的调整和产业内部的结构升级两个问题。需要注意的是，产业结构的调整不管是调整产业之间的比例关系，还是调整产业内部结构最终归根到底是调整市场微观经济主体的行为。产业结构调整目标的实现最终还是落脚到企业行为上。产业结构调整虽然是一个宏观经济问题，但最后还是需要微观政策来完成（见表 4-2）。

表 4-2　关于产业结构调整的概念

层面	定　义
宏观	宏观上就是调整产业之间的比例关系
中观	中观上就是改变产业大类内部之间的比例关系
微观	微观上就是调整某一产业内部的企业行为

（二）如何认识产能过剩与供给不足

实现资源的优化配置是经济学研究的最基本问题，同时也是市场经济运行的目标。然而在现实的经济中，只有在极少数情况下可以达到帕累托最优的资源配置水平，而像产能过剩、供给不足等资源的非有效配置则经常发生。

从社会效益的角度来看，一般而言，一定程度的产能富余对经济社会将会产生正、负两方面的影响。从正面效应来看，产能富余有利于市场竞争机制的充分发挥，促进企业优胜劣汰，提升消费者福利，调节需求波动等。从负面效应来看，过度的产能富余可能会导致资源的浪费以及非效率配置，产品价格下降，甚至有可能会导致系统性金融风险。因此，从一定程度来说，过剩产能超过一定限度对经济社会发展的负面效应大于正面效应时，也就出现了所谓的“产能过剩”。与产能过剩相对应的一个概念就是供给不足。从供需的角度简单来理解，供给不足也就是一些行业的生产能力和规模远远不能满足市场的实际需求。

二、产能过剩与供给不足的形成原因与微观基础

我国经济高速增长的同时也出现了增长粗放、产业结构不合理，甚至在部分行业同时出现产能过剩与供给不足的“矛盾”现象，要实现科学、合理、持续的发展，加快推进产业结构调整势在必行。

（一）我国产能过剩与供给不足的现状

在社会主义市场经济条件下，供给适度大于需求是市场竞争

机制充分发挥的前提，有利于调节供需，促进技术进步以及管理创新。但是当供给严重超过需求，或是供给远远满足不了需求时，换句话说也就是产业结构失衡时，会导致社会资源的极大浪费，阻碍产业结构升级。

受国际金融危机深层次的影响，国际市场持续不景气，国内需求增长迅速放缓，我国部分行业供给明显超过需求。特别是近几年，我国的传统制造业钢铁、水泥、平板玻璃、煤化工、电解铝等都出现了严重的产能过剩。国际上通常认为，产能利用率一般为 79%~90% 属于正常的产能过剩，当其降为 78% 甚至更低水平时即为严重的产能过剩。从国内权威部门相关统计数据来看，2013 年年底，我国钢铁的产能利用率仅为 75%，水泥为 77%，电解铝为 69%，平板玻璃为 72%，船舶为 65%。普遍低于国际通用水平。近几年来，钢铁、电解铝、船舶等行业利用水平大幅度下降，企业普遍面临着经营困难的局面。另外，光伏、风电等战略性新型产业也存在产能过剩问题。当前光伏产能的利用率不到 60%，风电产能的利用率不到 70%。需要注意的是，无论是传统制造业，还是战略性新兴产业，这些产能严重过剩行业依旧有一些是在建、拟建的项目，产能过剩呈现出不断加剧之势。

我国产业结构一方面面临着严重的产能过剩挑战，另一方面又存在着供给不足的难题。由于科研投入不足、技术水平落后等原因，不少高端生产环节存在严重的供给不足问题，甚至在一些产能过剩的产业也面临这样的问题。比如，上文已经提到，我国的钢材产能严重过剩，但是在一些高端钢材上却供给不足。根据国家统计局发布的数据，仅仅2013年我国就进口钢材1 408万吨，金额达1 705 246万美元。[①] 又如，芯片产业关系到整个国家的安全，但是我国90%的芯片依赖进口，每年的进口额甚至超过石油。再如，机械工业是决定工业竞争力的基础性行业，但是我国在发动机、液压和控制技术等关键性零部件的生产方面技术水平欠缺，每年同样需要大量的进口。

（二）关于产能过剩成因的主流解释

当前关于产能过剩的成因有多种解释，概括起来，主流解释大多是从市场失效、体制失灵两个方面来阐述。下面笔者对产能过剩成因的两种主流解释以及相关研究评价做简单表述。

（1）市场失效假说。这方面主要是理论上的研究，有以下三个方面：第一，信息不完全引起的产能过剩。比较有代表性的研究是林毅夫等人对这个问题的探讨。林老师认为，在发展中国家，除了经济周期波动会导致产能过剩之外，信息不完全也会引起产能过剩。因为，发展中国家的企业所要投资的产业常常都是技术成熟、产品市场已经存在或者是已经处于世界产业链内部，这样大家很容易对有前景的产业形成共识，非金融企业和金融企业出现了“羊群效应”，企业将投资和资金开始涌向少数成功的项目，这样不可避免地造成“潮涌现象”或者说是“产能过剩”。换句话说，企业在信息不完全的情况下投资设厂，导致投资完成后很可能形成过剩产能。第二，企业垄断导致产能过剩。关于这方面的研究

① 数据来源：《中国统计年鉴2014》。

相对而言国外的研究较多，国内几乎没有相关的文献。企业垄断导致的产能过剩属于长期性的产能过剩，在社会主义市场经济条件下，由于垄断企业在整个国民经济中所占的比重不是很大，所以这一类型的产能过剩并没有引起学界的广泛关注。第三，经济危机引起的产能过剩。经济一旦出现危机，定会出现与产品过剩相伴的产能过剩。但是，这时政府部门大部分精力关注的只是如何救市，以此来摆脱危机，而基本上不会关注产能过剩。

但是，有几点值得商榷：首先，无法证明企业在识别“有前景的产业”上具有完全信息，正如经济学中所说的“利润来源于不确定性”，一旦企业意识到其他企业也会作出正确的判断，这时它可能会考虑投资所带来的风险，而很可能不会出现“潮涌现象”。其次，虽然垄断产能过剩在西方国家非常普遍，也具有长期性，但是，国外对垄断企业行为进行严格限制，这样垄断产能过剩行业在整个国民经济中所占的比重也不会太大，其对整个国民经济的影响也是非常小。另外，无论是从国内还是从国外来看，研究经济危机也就是说经济周期性的波动对产能过剩的影响并不多，这也从一个侧面表明，经济危机并不是产能过剩的重要原因。因此，综合来看，市场失效说也不大具有解释力。

（2）体制失灵假说。体制失灵说，认为产能过剩源于体制方面的扭曲。这种观点认为产能过剩可能是体制方面的因素造成的，比如，软预算约束、地方政府以 GDP 论英雄的政绩考核体制、体制扭曲带来的财政分权以及投资激励等。理论界有学者认为，财政分权加剧了地方政府之间的竞争，无形中刺激了地方政府参与经济，再加上“不正确”的产业政策的引导，各地方产业结构极易趋同，这样产能过剩问题必然会严重。这些观点注重从市场之外的体制因素来解释产能过剩的原因，同时他们认为因为体制扭曲所带来的企业投资激励，从而导致企业微观行为发生改变是产能过剩的微观基础，从而对中国式产能过剩有了更加清晰的解读。值得注意的是，这些观点虽然清晰地解读了中国式产能过剩，但是依照这些观点的逻辑，从地方政府的 GDP 论英雄观以及财政分权等体制扭曲,我们看到的应该是全面的“中国式产能过剩”，而不是像现在一样某个特定的产业或者行业的产能过剩。所以，产能过剩的体制失灵假设也有待进一步完善。

不可否认，上述市场失效假说和体制失灵假设部分解释了中国产能过剩的问题。但是，仔细思考一下，为什么在某些行业中，产能过剩问题屡控不止，而且在某些行业中反复发生？这是因为：阻碍市场资源配置功能发挥的政府对市场经济的过度干预，特别是旨在促进产业发展的产业政策执行中的偏差，很可能是产能过剩的重要原因。因此，下文将从政府干预以及产业政策两个方面阐述企业行为的扭曲。

政府干预对企业行为的扭曲，突出表现在以下几个方面：

第一，审批机制和寻租行为导致投资过度。审批机制是政府干预自由市场的一种重要手段，理论上来说通过政府审批可以有效控制企业进入市场的行为。如果政府干预得当，并不会出现产能过剩。但通常情况下，政府远远没有市场精确，这样较高的进入壁垒，促使在位企业极易形成合谋形成垄断利润。在垄断利润驱使下，将会促使原本不打算进入的企业也会考虑进入市场。所以，审批机制等类似的行政性壁垒错误地激励了企业行为。另外，审批机制在当今的国情下也会滋生寻租行为，这进一步扭曲了企业的投资决策，产能过剩问题必然发生。

第二，政府补贴错误地激励了企业的投资行为。要素价格是企业投资的重要参考指标。在市场经济条件下，要素价格能够充分反映出要素的稀缺程度。政府补贴直接扭曲了要素价格，企业的成本结构以及供给曲线将会发生改变，促使原本无利可图的投资却因政府补贴也可能会出现。

第三，政府干预对企业退出决策形成的扭曲激励，尤其是政府干预形成的高退出壁垒给企业退出带来障碍。一般来说，很多产能过剩行业固定资产投资较大、资产专用性较强。一旦企业经营面临困难，很难转作其他产业。另一方面地方政府为了保持当前经济增长、就业以及税收等目标会阻碍企业的退出，甚至会再次进行补贴，这样就形成了“产能过剩—无法退出市场—政府补贴—产能过剩加剧”的恶性循序局面。

值得注意的是，除了政府干预之外，产业政策对产能过剩也有影响。产业政策在扶持弱质产业、优化产业结构、提高产业质量中确实起到重要作用，但是产能过剩也是产业政策实施不当的一个附属品。在产业政策执行中，产业政策可以通过扭曲企业的行为而导致产能过剩，体现在以下几个方面：

首先，产业政策的“政策性优惠”导致企业潜在的过渡性进入。一般来说，在新兴产业刚刚起步之时，政府通常会制定产业政策助推其发展。先验事实表明，这些产业政策大多都是政策性优惠。所以，理性投资者在投资决策时往往会偏向政策性优惠产业。但是较之市场自身，政府对市场容量的判定略逊一筹。在产业政策制定之初，一般都没有考虑市场容量大小的限制，从而有产业政策激励的产业更可能产能过剩。

其次，产业政策的“政策性优惠”导致企业实际的过渡性进入。在产业政策执行中，对鼓励发展的企业，政府一般会在土地、财政、金融等领域给予与产业政策实际相关的优惠，这些优惠可以抵消企业的某些成本，从而促使更多的企业进入，进而可能导致企业实际投资行为过度而形成产能过剩。

最后，产业政策也会扭曲企业的退出决策。特别是，产业政策中关于企业退出的不当规定和引导是导致产能过剩的重要原因。在产能过剩的情况下，生存艰难的大企业退出市场通常会引发政府的担忧，因为一旦企业退出，政府可能会面临就业、税收等一系列难题，这时很多政府往往会选择对其收购国有化。如上所述，政府介入的国有化企业退出是一个更大难题，对被国有化企业来说，只要有一息尚存空间，就不会退出。从长期来看，产能过剩问题将会更加严重。新兴产业中的光伏产业就是一个很好的例子。

（三）关于产能供给不足的成因分析

如上所述，当前中国面临着产能过剩与供给不足的严重矛盾。关于产能过剩的可能原因笔者已经做过分析。下面尝试探讨产能供给不足的成因。本书认为，产能供给不足的最直接表现就是供给结构升级缓慢。

联合国根据恩格尔系数的大小，对世界各国人民的生活水平有一个划分标准。也就是一个国家的恩格尔系数大于60%为贫穷；50%~60% 为温饱；40%~50% 为小康；30%~40% 为相对富裕；20%~30% 为富裕；而 20% 以下为极度富裕。根据国家统计局公布的数据，2013 年我国城镇居民恩格尔系数为 35%，农村居民的恩格尔系数为 37.7%，也就是说当前我国居民的恩格尔系数为 30%~40%，处于相对富裕的状态，居民消费结构不断提升，接近发达国家水平。恩格尔系数大小与生活水平状况关系详见表 4-3。在我国，平均 10 万元以上家庭比比皆是，资产过亿的富豪不断涌现。在收入水平、消费水平不断提升的情况下，虽然我国当前存在大量的低水平产能过剩，产品供给总量还是处于过剩状态，但是供给结构并不能适应需求结构的变化，高端供给产能依旧不足。导致这种情况有如下原因：

表 4-3　恩格尔系数大小与生活水平状况关系

恩格尔系数 /%	生活水平状况
≥60	贫穷
50~60	温饱
40~50	小康
30~40	相对富裕
20~30	富裕
≤20	极度富裕

1. 全社会创新投入不足

根据世界银行的数据，2012 年，我国研发经费占 GDP 的比重为 1.98%，不足 2%。而美国、德国的研发经费占 GDP 的比重都接近 3%，日本更是突破了 3%，高达 3.39%。[①] 事实上，从《中国统计年鉴 2014》中，我们可以看到 2013 年，我国规模以上工业企业中有研发经费活动的企业所占比重仅为 14.8%。仅有这些开展研发活动的企业中，企业将大部分的精力投放在一些实用型专利活动，而科技含量较高的专利发明只占 36.57%。因此，相比较而言，中国全社会创新方面的投入不多。全社会创新投入不多，将直接导致社会整体技术水平不高。另外，再加上我国在产权方面的相关法律法规不是很完善，导致很多企业不愿意花费很多资金在技术研发上。因为一旦有一家企业研发出某项技术，其他企业就会竞相模仿，而在产权相关法律不是很完善的情况下，模仿成功的企业往往成本会大大降低，而真正花重金做研究的企业却不一定收益最大，这样就会削弱企业参与研发的积极性。

二是市场监管不到位。产能供给不足，从“投入”的角度来看是社会创新投入不足，技术水平低下严重抑制社会的消费需求；从“产出”的角度来看是即使有了相关的技术水平，如果我们的市场监管不到位，那么生产出来的产品也不可能受大众欢迎。市场监管不到位，轻则导致产品市场价格上涨，因为市场监管不到位可能会导致产品在市场上流通不畅，进而提高流通环节成本，促使产品价格上涨。根据供求理论，在其他条件不变的情况下，产品价格上涨，消费需求下降。市场监管不到位，重则导致假冒伪劣产品充斥整体市场，这对消费者的生产生活将直接构成威胁。例如，当前在我国市场经济秩序还不完善的情况下，由于市场监

---

① 数据来源：世界银行数据库。

管的问题，导致毒奶粉、虚假药品等劣质商品在市场上横行，这直接抑制消费者对国内产品的需求。

第三节　优化升级产业结构

美国、日本以及韩国的经济发展阶段与其产业结构升级的快慢有着非常重要的联系。研究这些国家的产业结构升级实践，对我国经济发展具有重要的借鉴意义。

一、世界主要国家优化升级产业结构的特征

（一）美国优化升级产业结构的特征

美国能从一个英属殖民地国家一跃成为世界的头号强国，其优越的自然资源是一个重要的因素，但对美国的发展来说，符合规律的产业结构和符合国情的发展方式显得更加重要。

1. 美国产业结构发展的主要历程

美国建国 200 多年来，产业结构多次发生了重大变化，其产业结构的演进大体上可以划分为四个阶段。

第一阶段，以农业为主导产业的阶段。这一阶段为 1776—1884 年。美国在独立战争胜利之后的一段时间完全是一个农业国，仅存在极少的家庭手工业，工业品完全从国外进口。在第二次独立战争（1812—1814）之间，美国工业品的进口被迫切断，这时美国自身不得不发展自己的工业，先是发展棉纺织业，之后制

造钢铁业、食品加工业以及机器制造业等工业逐步兴起。在美国南北战争之后，其工业迅速发展，并迅速完成了产业革命，逐步从农业国过渡到工业国。其中到 1889 年时，美国的工业生产总值占国民生产总值的比重已经超过了农业的这一比重。

第二阶段，以工业为主导产业的阶段。这一阶段从 19 世纪末期到 20 世纪 50 年代。可以将这一阶段划分为两个时期：一是从 19 世纪末期到 20 世纪初的第二次产业革命。这一阶段美国在钢铁、重化工、重型机械等主导产业的带动下第一产业比重下降到 28%，第二产业上升到 53%，成为主导产业，第三产业占比 19%；二是从 20 世纪初到 20 世纪 50 年代的第三次产业革命。这个阶段美国在汽车、炼油等主导产业的带动下，第一产业下降到 13.5% 左右，第二产业占比也下降了，降到 36.5%，第三产业占比 50%，这时产业结构已经向服务经济过渡。

第三阶段，以高科技产业为主导的阶段。这一阶段从 1950 年到 1973 年。这一阶段在电子计算机、空间技术等产业带领下，第一产业占比进一步下降，达到 3%，第二产业稍有下降，达到 35%，第三产业则上升到 63%。可以看出，第二产业中高科技产业占比较大，并且服务经济的特征已经很明显了。

第四阶段，以知识和服务经济为主导的阶段。这一阶段是从 20 世纪八九十年代至今。在信息技术的推动下，第一产业下降到 2% 以下，第二产业下降到 20%，第三产业上升到 75% 以上。此时，第三产业成为名副其实的主导产业。在这一阶段，传统的三次产业得到彻底改造，顺应世界经济一体化趋势，出现了网络化的经营方式、全球化的服务以及多样化的服务项目。

美国产业结构演进的主要历程详见表 4-4。

表 4-4 美国产业结构演进的主要历程

阶　段	时　间	主 导 产 业
第一阶段	1776—1884 年	农业
第二阶段	19 世纪末到 20 世纪 50 年代	钢铁、重化工、重型机械等工业
第三阶段	1950—1973 年	电子计算机、空间技术等高科技产业
第四阶段	20 世纪八九十年代至今	知识和服务经济

综上所述，美国产业结构演进反映了如下规律：美国先后出现了以第一产业为主导产业升级到第二产业为主导产业，进而升级到以高科技产业为主导产业，现在开始出现以服务和知识产业为主导产业。

2. 美国产业结构升级的主要特点

总体来看，美国产业结构升级呈现如下特点：

第一，注重技术创新。美国的技术创新水平在全世界都是遥遥领先的。作为后起之秀，美国抓住第二次产业革命的机会，在钢铁、重化工以及重型机械的带领下，在 19 世纪末 20 世纪初超过“日不落帝国”一举成为世界头号强国。第二次世界大战之后，美国非常注重技术创新，在此期间，资本主义的重大发明中有 65% 是最先由美国研制的，并且 75% 是率先在美国得到应用。特别是在以电子计算机为主要标志的第三次产业革命中，美国在科研工作中更是投入了大量心血。据统计，美国用于研究的开支

1979 年是 1947 年的 58 倍。[①] 另外，据美国经济学家的估算，美国生产率的提高，其中 4/5 是由于革命技术与技术熟练程度达到的，只有 1/5 是靠追加生产规模投资实现的。[②]

第二，实施符合国情的产业调整政策。美国在经历的“二战”后几十年的高速发展之后，遭遇了 20 世纪六七十年代的“滞胀”以及 1979—1981 年经济的衰退和日本制造业的冲击。克林顿总统上台之后，为了推进美国产业结构调整，美国政府实施了一系列合乎美国国情的产业政策。美国政府通过广泛干预以高新技术引导产业结构优化与升级。著名的“信息高速公路”计划就是在这段时间实施的。同时，为开拓国际市场，美国政府积极干预对外贸易。另外，美国政府还注重同汽车等传统制造业合作，利用新技术开发新一代产品，来提高企业在国际市场的竞争力。通过这一系列产业政策的调整，美国在新技术上把竞争者远远甩在后面，再次取得领先地位。

第三，注重人力资本投资。20 世纪 60 年代初，美国著名经济学家舒尔茨就提出了“人力资本”理论，阐述了教育与经济增长的关联，强调教育在经济增长中的重要作用。美国非常注重教育在人力资本投资中的重要作用。据统计，美国高校在校生人数占同年龄组人口的比重，1960 年为 32.1%，1970 年为 49.5%。[③] 同时，为吸引更多优秀人才，美国高校为世界各国优秀学子设立丰厚的奖学金，各类科研院所也纷纷邀请有成就的学者、科学家

① 王保安 . 中国经济增长与方式变革 . 北京：人民出版社，1997:157.
② 储玉坤，孙宪钧 . 美国经济 . 北京：人民出版社，1990:46.
③ 薛伯英，曲恒昌 . 美国经济的兴衰 . 长沙：湖南人民出版社，1988:165.

到美国进修和工作。这些人力资本的投入大大增强了美国的科研实力。试想一下，如果没有这么多世界一流的人才，美国高新技术发展和产业结构升级将不会取得如此成就。

（二）日本优化升级产业结构的特征

第二次世界大战严重摧毁了日本的生产能力。战后，日本经济开始复兴和重建。经过近 70 年的发展，日本建立了完善的工业体系，农业和服务业也得到了相应的发展，产业结构经过几次调整与升级，经济发展水平已处于世界前列。在高速发展中，20 世纪 90 年代以来，日本经济也面临一些难题。

1. 日本“二战”后产业结构升级的主要历程

第二次世界大战之后，日本产业结构升级经历以下四个阶段：

第一阶段，经济恢复重建时期（1945—1950）。这一阶段以农业为中心，重新建立产业结构，以恢复到“二战”前或“二战”时的最高水平。并且从 20 世纪 50 年代初期开始，为了使日本产业结构更加合理，日本政府将产业结构逐步从轻工业——农业主导型向重化工业主导型转变。在经济恢复时期，日本重点抓住了农业和轻工业，使得农业、轻工业、农业机械工业的发展比重工化业要快一些，这样很好地缓和了粮食和生活必需品的紧张，为现代化建设创造了良好的条件。到 1950 年，日本第一、第二、第三次产业之比为 26%：31.8%：42.2%。

第二阶段，日本产业结构合理化与高级化并行实现阶段（1951—1970）。这一阶段日本制订了一系列计划。比如“钢铁第一次合理化计划”“汽车合理化三年计划”“煤炭合理化三年计划”“化肥合理化五年计划”“造船合理化计划”以及“电源开发五年计划”等。通过对这些规划的落实，到 20 世纪 70 年代，产业结构的重工业化在日本基本实现。1970 年，日本第一次产业占比为 5.6%，第二次产业占比为 39.4%，第三次产业占比为 57.1%。

第三阶段，日本向“知识密集型”产业结构转变阶段（20 世纪 70 年代到 90 年代初期）。进入到 70 年代后，由于国际石油危机，导致日本经济增长率下降，物价大幅上涨，其经济发展进入一个稳定增长期。1971 年，日本产业结构审议会在咨询报告中提出了发展知识密集型产业的四个方向：一是研究开发工业，如电子计算机、飞机、电气机车、产业机器手、原子能、精密化学、海洋开发等；二是高级装配工业，如数控机床、防止公害机器、工业生产住宅、自动仓库、高级成套设备等；三是时兴型工业，如高级服装、高级家具、电气音响等。四是知识产业，如信息处理服务、信息提供服务、系统工程、咨询服务等。[①] 以此为发展方向，到 1990 年，日本第一次产业占比下降到 2.5%，第二次产业占比为 39.3%，第三次产业占比为 58.2%。

第四阶段，日本向知识经济过渡阶段（20 世纪 90 年代至今）。1994 年 6 月，日本政府提出了“新科技立国”政策，同年 11 月，日本政府发表《科技白皮书》，决定将运用于高新技术领域的经费增加一倍，并注重基础研究。日本工业调查会认为，光电产业、信息通信产业、健康以及福利产业、环境和新能源产业为 21 世纪具有代表意义的产业。《科技白皮书》的发表，表明日本政府

---

① 刘健．中国产业结构升级论．北京：中国言实出版社，2000:61.

注重发展高新技术产业，重视基础研究。2003年，日本第一产业、第二产业以及第三产业的占比分别为1.3%，30.4%和68.3%。

日本产业结构演进的主要历程详见表4-5。

表4-5　日本产业结构演进的主要历程

阶　　段	时　　间	主导产业
第一阶段	1945—1950年	农业和轻工业
第二阶段	1951—1970年	重工业
第三阶段	1971年到20世纪90年代初期	开发工业、高级装配工业、时兴工业以及知识产业
第四阶段	20世纪90年代至今	光电产业、信息通信产业、健康产业、福利产业以及新能源产业

2. 日本产业结构升级的主要特点

“二战”后，日本经济快速发展，产业结构不断优化，其产业结构升级呈现以下主要特点：

第一，产业结构有较强的对外依赖性。作为赶超型的后发国家，日本国民财富积累时间比较短，再加上日本国内市场需求有限，“二战”后日本迅速崛起的制造业，比如小汽车、电视机、照相机等工业制成品都必须依靠国外市场。为此，日本政府采取了一系列措施促进外贸发展，并取得了良好的成绩。有数据显示，1951—1970年，世界贸易的平均增长幅度是3倍多，而同期日本出口却增长了10倍多，进口也增长了7倍多，进出口水平明显高于世界平均水平。以出口为导向的产业政策，克服了国内大规模生产与需求不足的矛盾，为产业结构升级提供了重要动力。

第二，注重对新技术的引进、消化、吸收以及再创新。在经济发展中，日本非常注重技术创新。但是，在自然资源匮乏，技术水平落后的条件下，日本选择了积极引进国外先进技术为基础的发展战略。日本企业积极从国外引进新技术，并注重技术的消化、吸收和再创新。通过引进、消化、吸收、再创新的模式用较快的速度和较低的成本缩短了与欧美发达国家的差距。统计显示，1950—1975 年，这 25 年的时间，日本共引进了 26 000 多项先进的技术，而为此支付的外汇总额不到 60 亿美元，所付代价仅为国外研究和开发这些技术成本费用的 1 / 30。[①] 实践证明,引进、消化、吸收以及再创新的发展模式为日本赶超发达国家以及产业结构升级发挥了不可低估的作用。

第三，国家在产业结构升级中发挥了重要作用。在日本产业结构升级过程中，政府发挥了重要作用。主要体现在以下几个方面：一是在市场配置资源失效之时，政府通过制定合理的产业政策加以干预。其中，最突出的是政府制定的产业结构政策。二是政府注重在制定产业政策过程中的利益协调。在产业政策制定过程中，市场机制是基础，日本政府仅仅起到利益协调者的角色。通过官民反复沟通、协商、研讨，最终形成共识，这样使得日本的产业政策在实施过程中都显得比较顺利。

---

① 中央财经领导小组办公室 . 中国经济中长期风险和对策 . 经济研究参考，2010（13）:14.

（三）韩国优化升级产业结构的特征

从第二次世界大战至今 70 年的时间里，韩国由一个落后的农业国一跃成为新兴的工业国，成为备受瞩目的“亚洲四小龙”之一。综观韩国近 70 年产业结构演进，我们发现与日本一样，韩国产业结构升级也有其特点。

1. 韩国产业结构升级的主要历程

第二次世界大战之后，韩国产业结构升级主要经历以下五个阶段：

第一阶段，经济恢复重建期（1945—1961）。1953 年朝鲜战争停战后，在美国和联合国的支援下，韩国经过近 3 年的恢复，于 1956 年基本完成恢复重建工作，并控制住恶性通货膨胀。总体来看，这一阶段以农业为主，是工业化前期的准备阶段。

第二阶段，韩国经济自立发展阶段（1962—1971）。这一阶段，韩国经历了两个五年发展计划。第一个五年发展期间，韩国重点发展能源、交通和通信等社会基础设施，并建立肥料、水泥和纺织等进口替代工业部门。第二个五年发展期间，韩国重点发展钢铁、石油工业，以增强本国产品在国际市场的竞争力。经过这十年的发展，到 1970 年，第二产业占比已超过第一产业。

第三阶段，重化工业[①] 发展阶段（1972—1981）。这一阶段在不平衡增长战略的指导下，1973 年韩国制订了重化工业发展计划，将造船、汽车、钢铁以及有色金属作为重点投资对象。此

① 重化工业是资金和知识含量都较高的基础原材料产业，如电力、石化、冶炼、汽车等。它是一个地区经济的“脊梁”，但会污染环境。

阶段韩国产业结构向工业化迈进了一大步，但出现了工业设备运转率过低等问题。

第四阶段，结构调整阶段（1982—1991）。20 世纪 80 年代初期，韩国即面临国内重化工业失控的局面，又有石油危机的挑战。在此种情况下，韩国采取了贸易自由化和产业结构调整的策略。同时，韩国还制定了“技术立国”的发展目标。通过主动调整产业结构，推进产业结构向技术、知识密集型转变。

第五阶段，进入发达国家行列（1992 年至今）。1994 年，韩国人均国内生产总值突破万元大关。1996 年，韩国成为 OECD（中文名称为经济合作与发展组织）成员，这标志着韩国进入了发达国家行列。

韩国产业结构演进的主要历程详见表 4-6。

表 4-6 韩国产业结构演进的主要历程

阶 段	时 间	主 导 产 业
第一阶段	1945—1961 年	农业
第二阶段	1962—1971 年	能源、交通、通信、钢铁以及石油等
第三阶段	1972—1981 年	造船、汽车、钢铁以及有色金属
第四阶段	1982—1991 年	向技术、知识密集型产业转变
第五阶段	1992 年至今	技术、知识密集型产业

2. 韩国产业结构升级的主要特点

韩国产业结构升级主要呈现以下特征：

第一，结构转换频率高。韩国仅仅用了 17 年的时间就实现了第二产业占比超过第一产业占比。仅仅花费 15 年时间，重工业就全面超过轻工业。仅仅用 20 年时间，韩国就从工业化准备阶段到工业化完成。在几十年的时间里，韩国顺利实现由农业为主导产业向以轻工业为主导产业转变，由以轻工业为主导产业向重化工业为主导转变，由重化工业为主导向产业结构高级化过渡。

第二，高度注重技术创新。在韩国产业结构升级中，技术进步是一个非常重要的因素。早在 1962 年，韩国就提出了“技术立国”方针，为此韩国也实施了一系列措施保证政策的落实。从 1962—1985 年，韩国一共引进了 35 272 次技术，这对韩国产业结构升级起到重要作用。20 世纪 80 年代，为了发展战略产业，韩国实施了产业技术开发为重点的政策。90 年代的时候，为摆脱东亚金融危机，韩国进一步实施“科教兴国”战略，注重对高等教育和高科技产业的发展。

第三，产业结构对外依赖性强。韩国产业结构对外依赖性主要体现在两个方面：一是资源的对外依赖性。韩国本土资源比较匮乏，其重化工业发展所需原材料和能源都依赖进口，这样国际原材料和能源市场只要有些风吹草动，对其将会产生不小的影响。二是技术的严重依赖性。由于韩国是后期国家，为赶超美、日等发达国家，韩国必须依赖美、日等发达国家产业结构调整的机会，推进其自身产业结构升级。

二、我国优化升级产业结构的对策

为顺利实现产业结构的优化，基于上述对产业结构演化规律的理论阐述、结合我国当前产业结构中产能过剩与供给不足并存的实际情况、在借鉴美、日、韩等发达国家成功经验的基础上，本书提出了以下优化升级产业结构的可行性建议。

（一）从宏观上看

从宏观来看，我们要以转变经济发展方式为契机，逐步改善产能过剩与供给不足的现状；建立和完善创新激励机制，形成政府主导下产业结构升级支撑体系；着力解决地方市场同构，鼓励和引导企业跨区域优化产业调整。

首先，以转变经济发展方式为契机，逐步改善产能过剩与供给不足的状况。

根据宏观经济学理论，经济增长是由“投资、消费以及出口”这“三驾马车”拉动的。改革开放以来，出口一直是拉动经济增长的一个重要因素。但是出口对一国经济增长具有不可持续性，一旦国际市场有些变化，那整个国内市场将会受到很大影响。比如，自2008年国际金融危机以来，整个国际市场不景气，导致我国沿海地区的外贸企业经营困难，很多企业也因此而倒闭。因此，我们要将经济增长模式由出口导向型转变为内需拉动型。

内需的来源主要有两部分：一部分是消费拉动；另一部分是投资拉动。从消费拉动方面看，我国居民的消费结构正在形成过程中。对住房、汽车、手机等大众消费品需求巨大。所以，这时政府关键要采取措施促使这种消费预期趋向稳定，让消费者释放出真实的消费需求。因此，下一步在积极推进各方面体制改革方面，着力提高居民收入显得非常重要。而从投资方面来看，由于投资有一个适度的规模，当投资占比过高时，单位投资拉动经济增长的收益将减少，投资的单位产出效率必然会降低。因此，政府这时要合理控制相关产能，同时要引导企业向新产品的研发上集中，并对高风险研发项目给予支持。

其次，建立和完善创新激励机制，形成政府主导下产业结构升级支撑体系。

技术创新是实现产业结构升级的关键，是决定制造业发展诸多因素中最重要的一个因素。美国、日本以及韩国等国家在经济发展的过程中都高度重视技术创新，并制定了鼓励产业技术开发的政策，建立并完善了创新激励机制。而如今，我国劳动力成本、土地成本、原材料成本、能源成本以及环保成本等都在不断攀升，初级生产要素的累积式发展已经越来越不能适应经济社会发展的要求，我们必须逐步向技术创新的集约方式转变，也就是说我们要建立创新驱动型的产业结构。

从发达国家的经济发展经验来看，创新驱动型产业结构升级的一个重要特征是经济发展出现了“非物质化”，知识、技术以及人才等因素才是经济发展的新动力。但是，知识、技术以及人才这些东西“看不见、摸不着”，并具有较强的“公共性”，所以，仅仅依靠企业来支持是远远不够的。再加上我国正处于产业结构升级的重要关口，“政府推一把”显得非常必要。让人欣慰的是，我国已经提出了自主创新的发展战略，相关方面的科研投入、知识产权保护以及人才培养等工作正在逐步完善。未来国家需进一步扩大相关方面的服务范围，提高工作的时效性，在全社会建立起以政府主导、企业为主体的知识、技术以及人才的多元服务体系，为我国产业结构优化升级提供强有力的支撑。

最后，着力解决地方市场产业同构，鼓励和引导产业跨区域优化产业调整。

伴随着经济全球化、科学技术迅猛发展，世界经济逐步形成一个“你中有我，我中有你”密不可分的整体。我国幅员辽阔、各地区资源禀赋不同，这决定了我国未来产业结构升级将是多元化的体系。不过，这种互补性的产业结构组合有利于降低和规避产业结构风险。所以，未来我国产业结构调整的方向和重点是根据我国各地区资源禀赋特点，通过加强区域空间布局，引导产业布局向合理化和高级化发展。

另外，在发展区域经济、优化升级产业结构的过程中，我们必须淡化行政区划，更加重视经济区划。当前，全国与地区产业结构、地区与地区之间的产业结构目标的冲突始终存在。地方保护、重复建设等阻碍资源自由流动和跨地区的经济合作，地区之间的产业同构以及低水平的重复建设经常会出现。这些将直接影响全国产业结构优化升级的整体效率。所以，要注重地区间的产业协调发展、在提高地区互补性的同时，也要打破地方保护主义，降低产业之间跨区域流动的费用，努力形成一个结构多元、布局合理、通畅有效的产业结构。

（二）从微观上看

从微观来看，为把产业结构升级落到实处，我们要推进中央企业的产权制度改革；完善和优化企业进入和退出市场机制。

推进中央企业产权制度改革。在世界经济一体化的驱动下，全球产业竞争激烈，为了增强本国竞争力，由大企业来推进产业结构升级是众多发达国家首要选择。这是因为无论是从技术创新的角度，还是从产业优化方面来看，大企业都拥有绝对的优势。从技术创新角度来看，大企业拥有雄厚实力，它们既是产业创新的主体，也是技术创新核心力量。从根本上说，只有这些大企业通过一系列的研发和投资活动增强自身的创新能力，才能提升整个国家的技术创新能力。从产业结构优化这方面来看，可以说，大企业是产业结构升级的主导力量。因为只有大企业才具备通过技术创新实现产业结构升级的平台，也只有大企业才有能力解决产能过剩和供给不足的矛盾，推动产业结构优化升级。综合来看，大企业才是产业竞争力提升的主体。所以，我们要积极推进中央企业的相关方面改革，尤其是中央企业产权制度改革，这样才能为产业结构升级提供强劲动力。

完善和优化企业进入和退出市场机制。企业自由进入和退出某一行业是市场机制发挥作用的重要条件。对于自由进入行业，政府需要改革现行的行政审批制度。从长远角度来看的话，需要降低企业的进入障碍，在市场准入方面，逐步将“审批制”向“注册等级制”改革。同时，我们还需要逐步引入一个动态的竞争环境，使在位企业不能仅仅因为先入该行业而获得大量垄断利润。而在一些对国民经济发展非常重要的行业，特别是产业政策涉及的行业，依旧需要严格的审批，但现行情况下，该行业产能过剩依旧非常严峻，这说明在企业退出方面，我们存在不少问题。所以，从短期来看，要化解产能过剩必然减少企业的退出障碍，为企业退出创造一个良好的环境，要引导产能过剩企业有序退出，这样更有利于资源的优化配置。

第五章

CHAPTER 5

未富先老与经济空心化——创新驱动发展转向

第一节　人口老龄化与经济空心化

一、人口老龄化

（一）什么是人口老龄化

根据世界卫生组织的定义，16~64 岁为劳动人口，65 岁以上为老年人。在一个国家或地区的人口结构中，如果 65 岁以上的老年人占总人口的比重达到 7%，那么就说该国家或地区进入了“老龄化社会”。如果这个比例大于 14%，那么就叫作“严重的老龄化”；如果比例超过 20%，就叫作“超老龄化”。

“人口老龄化”，或者说“人口老化”，静态地说，指的是一个国家或地区的人口结构进入“老龄化社会”；动态地说，则是指老年人人数的相对增加，以及随之而来的中年人口的增加。

人口老龄化由三个基本的衡量指标：出生率、人口死亡率和净人口迁移率。人口预测表明，出生率的变化左右着人口的年龄结构。因为即使人能长生不老，高出生率也能产生出比较年轻的人口。至于人口迁移，由于多具有非持久性的特点，所以只会对一国或一个地区的人口的年龄产生短暂的影响。一般认为，全球老年人口的增加是人口从高出生率和高死亡率转变到低出生率和低死亡率的结果。

（二）人口老龄化的经济影响

关心人口老化的经济含义主要是 20 世纪的现象，在人类大部分的历史阶段中，低预期寿命和高出生率使得 65 岁以上人口仅能占一小部分。20 世纪初，西欧出现了人口增长的递减，人口老化开始引起了人们的注意，关注的焦点主要集中在“可能支助比”（PSR）这个概念及其所带来的后果上。

“可能支助比”衡量的是老年人口（65 岁及以上的人口）数除以工作年龄人口数（16~64 岁的人）的比率。“可能支助比”也可以叫作“被赡养的老年人口的比率”。[①] “可能支助比”显示的是每个劳动人口所赡养的退休人口的数量，也表示在职劳动者的产出向退休人员做必要转移的情况。这个比例随着人口的老化而提高。所以有许多问题与经济学意义上的这一比例相关。在经济分析中，有时还会用到“可能支助比”的倒数，也就是工作年龄人口数（16~64 岁的人）除以老年人口（65 岁及以上的人口）数所得的比例，该比例表示的则是一个社会中平均要由几个劳动年龄人口来赡养一个老年人。

直观地说，人口年龄结构老化，一方面表现为劳动人口的相对减少，另一方面则表现为劳动人口的总产出中需要转移至养老基金的部分增加。无论是劳动力供给减少可能带来的产出减少，还是产出转移带来的产出可用于积累部分的减少，都可能会影响国民储蓄率以及经济增长率。不过，若要确切地说明人口老化在宏观经济意义上对国民生产率和经济增长率的影响，还是要首先明确各个年龄组的生产率，以及由此引起的投资、消费和储蓄行

① 与“可能支助比”类似的一个概念是“被赡养人口的比率”，指的是受赡养人口数（15 岁及以下和 65 岁及以上的人）除以人口数或者工作年龄人口数（16~64 岁的人）的比率。

为的相关变化。

（三）全球性的人口老龄化问题

人口老龄化目前已经成为一个全球性的问题。2000 年，联合国发布了一份《世界人口老龄化：1950—2050》的调查报告，在该报告中，全球的人口老龄化现象可以归结出以下几个显著特点：

第一，人口老龄化现象是前所未有的，在人类历史上从来没有发生过类似的情况。

第二，人口老龄化已经成为一个普遍存在的全球现象。全球各国人口中老年人群，无论是绝对数字，还是相对于工作年龄人口来说的相对数字，都在稳步增多。

第三，人口老龄化现象经久不衰。报告中预测，20 世纪中老年人口比例的持续增长的现象将会在 21 世纪继续存在。

第四，人口老龄化的趋势大体上是不可逆转的。这是因为，其一，老年人口的增加是人口从高生殖率和高死亡率转变到低生殖率和低死亡率的结果，过去年轻人口的情况是不可能再度发生；其二，老年人口本身也在老龄化，世界上增长最快的年龄组是 80 岁或以上的年龄组。

第五，人口老龄化产生的影响是深刻的，它波及人类生活的诸多方面。在社会层面，人口老龄化影响了保健和医疗照顾、家庭组成及生活安排、住房与迁徙问题。在经济领域，人口老龄化将对经济增长、储蓄、投资与消费、劳动力市场、养恤金、税收及世代间转接发生冲击。在政治方面，人口老龄化会影响投票模式与代表性。

第六，发展中国家的人口老龄化的速度快于发达国家。这种情况的结果是发展中国家没有太多时间调整适应人口老龄化，更何况发展中国家的人口老龄化发生在比发达国家更低的社会经济水平之上。

国际评级机构穆迪于2014年发布的报告显示，报告中涉及的112个国家和地区中，有68个已于2015年进入老龄化。日本、意大利和德国已经进入了超老龄化，2015年芬兰和希腊将加入这一行列。2020年将会有13个国家和地区进入超老龄化。目前，老龄化程度较高的主要是欧洲国家，但一些新兴市场国家也正在快速老龄化。比如中国、俄罗斯、巴西、阿根廷等已经步入老龄化社会。

（四）中国的人口老龄化问题

根据国家统计局的数据进行分析，中国的人口老龄化趋势主要表现在以下几个方面：

（1）我国从2000年开始步入人口老龄化社会。从2000年开始，我国65岁以上的老年人占总人口的比重达到并超过了7%(见表5-1)。

表5-1 1982—2014年部分年份中国人口年龄结构 万人

年份	年末总人口	0~14岁人口	15~64岁人口	65岁及以上人口
1982	103 000	35 602	62 517	4 881
1995	121 121	32 218	81 393	7 510
1996	122 389	32 298	82 245	7 845

续表

年份	年末总人口	0~14 岁人口	15~64 岁人口	65 岁及以上人口
1997	123 626	32 093	83 448	8 085
1998	124 761	32 064	84 338	8 359
1999	125 786	31 950	85 157	8 679
2000	126 743	29 011	88 847	8 821
2001	127 627	28 716	89 849	9 062
2002	128 453	28 773	90 302	9 377
2003	129 227	28 559	90 976	9 692
2004	129 988	27 947	92 161	9 879
2005	130 756	26 543	94 144	10 068
2006	131 448	26 027	95 037	10 384
2007	132 129	25 633	95 794	10 702
2008	132 802	25 232	96 547	11 023
2009	133 450	24 688	97 419	11 343
2010	134 091	22 259	99 898	11 934
2011	134 735	22 231	100 243	12 261
2012	135 404	22 342	100 334	12 728
2013	136 072	22 316	100 557	13 199
2014	136 782	22 569	100 398	13 815

数据来源：根据国家统计局网站的人口统计数据计算整理得出

（2）从 2000 年步入人口老龄化社会以来，我国老龄人口占总人口的比重仍然是逐年上升，并且增长的速度较快，见表 5-2。从 1982 年 65 岁及以上年龄人口数为 4 881 万，到 2014 年的 13 815 万，老年人口的年平均增长率[①] 约为 3.4%。

表 5-2　中国老年人口占总人口的比重　　%

年份	占比	年份	占比	年份	占比	年份	占比
1995	6.2	2000	6.96	2005	7.7	2010	8.9
1996	6.4	2001	7.10	2006	7.9	2011	9.1
1997	6.5	2002	7.3	2007	8.1	2012	9.4
1998	6.7	2003	7.5	2008	8.3	2013	9.7
1999	6.9	2004	7.6	2009	8.5	2014	10.1

数据来源：根据国家统计局网站的人口统计数据计算整理得出

（3）从图 5-1 中可见，中国老人人口数的增加与 0~15 岁人口数的减少同时存在。以此为前提，虽然在我国 16~64 岁劳动年龄人口的数量有所增加，但是在该年龄组中，中年人的比重也将增加，所以是动态体现了我国的人口老化。

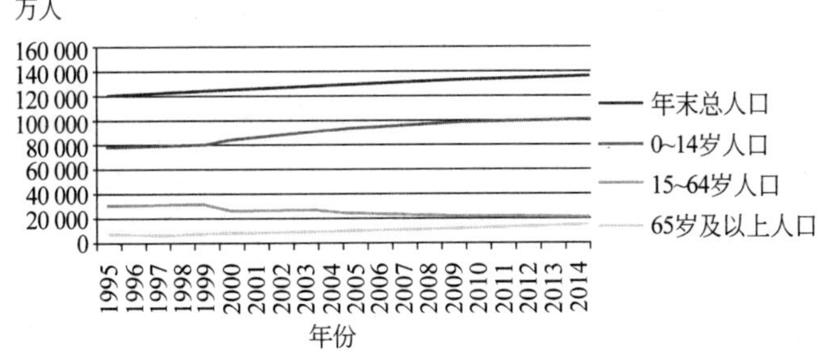

图 5-1　1995—2014 年中国三个人口年龄组变化趋势

数据来源：根据表 5-1 制图所得

① 年均增长率 =【N 次根号下（末年 / 首年）】−1，N= 年数 −1。

（4）从表 5-3 中可见，中国劳动年龄人口供养老年人的负担在加重。从 2000—2011 年，中国老年人口的可能支助比从 0.104 8 提高到 0.133 3。也就是说，在 2000 年，中国平均每 9.5 个劳动年龄人口赡养一个老年人，而到了 2013 年则降至平均 7.5 个劳动年龄人口赡养一个老年人。照此速度计算，到 2030 年，中国平均每 4.2 个劳动年龄人口就要供养一个老人。

表 5-3　2000—2013 年部分年份的中国人口年龄结构

年份	0~15 岁 / 亿元	16~64 岁 / 亿元	65 岁及以上 / 亿人	总人口 / 亿人	65 岁及以上人口占总人口的比重 /%	可能支助比	可能支助比的倒数
2000	3.05	8.49	0.89	12.43	7.1	0.104 8	9.5
2010	2.39	9.75	1.19	13.33	8.9	0.122 1	8.2
2013	2.39	9.90	1.32	13.61	9.7	0.133 3	7.5

数据来源：根据国家统计局网站的人口统计数据计算整理得出

（5）未富先老。德国、意大利、芬兰、希腊、日本等国家是发达国家中人口老龄化较为严重的几个国家，中国、俄罗斯、巴西、阿根廷等国则是发展中国家中人口老龄化社会的典型代表。从图 5-2 和图 5-3 中可以看到，相对于其他老龄化国家，我国的人均 GDP 水平低，这就意味着我国在一个较低的经济发展水平上提前进入了老龄化社会。

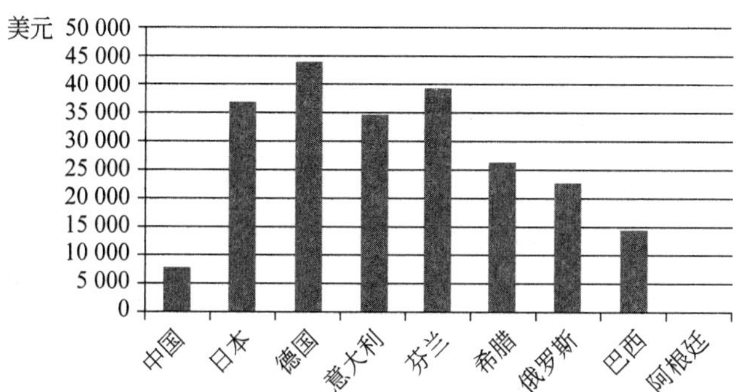

图 5-2　2012 年中国与部分典型的老龄化国家的人均国民收入总值

数据来源：根据国家统计局网站的统计数据计算整理得出

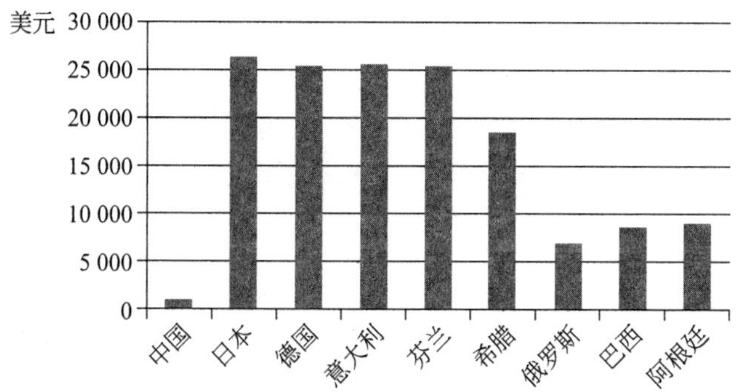

图 5-3　2000 年中国与部分典型的老龄化国家的人均国民收入总值

数据来源：根据国家统计局网站的统计数据计算整理得出

二、经济空心化

（一）什么是经济的空心化

“空心化”又称“空洞化”，最早来源于英文单词 Deindustrialization。从字面上看，deindustrialization 是 industrialization（工业化）的相反面，它描述的是这样一种现象：在一个国家或地区，由于工业能力或者工业活力（尤其是重工业或制造业）的转移或衰退对经济和社会带来了负面影响。

一个地区或一个国家制造业份额降低的原因有很多，对于一个健康的经济体来说，如果是因为制造业的生产效率提高，其他相关制成品的成本则降低，从而带来制造业在经济总产值的份额则相对减少（因为制造业通常提供的都是相对缺乏需求弹性的产品和服务）；更进一步地说，外包等形式也会降低制造业的规模；而一国或一个地区的现代服务业更是发展的大势所趋。那么，这个过程就不会对经济体带来空心化的负面影响，反而会增加经济体的活力和效率。

相反的，产业空洞化的本质在于一个旧的产业发生了转移或消亡后，没有新的产业来予以替代或弥补，而“新”与“旧”的本质区别则在于技术。试想一下，虽然产业的空洞化会表现为制造业向服务业[①] 或本地区制造业企业向其他地区或其他国家的转

① 这里的服务业，指的是广义的服务业，包括现代金融业。从实体经济与虚拟经济的关系角度上讲，“制造业的总产出下降前提下向服务业的资本转移”是比“实体经济空心化”更为精确的表述。

移，但是如果转移出去的是低技术附加的产业，而本地反而新兴或者留存了高技术附加的产业，那就不能说本地区发生的产业空洞化。如美国，它在 20 世纪实施经济全球化战略，将劳动密集型产业转移至亚洲等发展中国家，而其本土经济则由高端的信息技术产业来替代支撑；再如经济腾飞之后的中国台湾，它虽然也剥离了劳动密集型制造业，但是却将企业的总部留在了本地；再如，在运输、通信和信息技术的突破性进步中，一个要融入全球经济的经济体会鼓励外国直接投资、资本和劳动力的流动。现代经济学理论强调专业化，以形成本国的要素禀赋，这样一来，部分制造业便会向低成本的地区转移，而在原来的城市地区替代制造业的便是服务业。

制造业向外地转移形成的产业空心化现象多发生在产业结构过度依赖于某一产业甚至某一企业的地区，究其根源，这反映出的是该地区的制造业存在发展的内因性缺陷。同样的，一个国家或地区的资本大量地从实体经济转向虚拟经济，也通常是经济体中虚拟经济平均利润率大大超过实体经济平均利润率的结果，而这其中体现的则不仅仅是制造业本身的问题，更多的应是经济体制不完善和长期以来的经济增长模式出现固有弊病的体现。

在一国或一地区一旦出现了产业空心化问题，通常会有这样几种经济后果：第一，本地工人大量失业，失业工人或者是由于家庭等各方面的原因而不能迁移，并且本地工人的平均年龄越高这一状况就越发严重，或者是其素质技能不符合其他岗位的用工要求，从而失业工人再就业的困难重重。第二，经济效益的持续低下与产业空心化二者互为因果，从而形成恶性循环——失业人口的大幅增加，制成品贸易份额下降，这就使得本地区的经济内部与外部平衡都遭到了破坏，持续性失业状态与贸易份额的减少使得一个国家或地区没有能力支付支撑国内或本地区生产的必要的商品交易，从而引发经济的螺旋式衰退；而随着本地经济的恶化，财政资金匮乏，不仅帮助企业和劳动力转型的能力有限，并且由于产业配套等原因，本地重新吸引新产业入驻也大有难度，至此恶性循环，本地区的发展前景堪忧。第三，在虚拟经济快速发展的经济社会中，通货膨胀问题不可避免，而通货膨胀一方面会侵蚀资本密集型的企业的资本金，并降低其利润，所以经济体中的通货通胀也会加剧产业的空心化趋势；通货膨胀另一方面又会主张虚拟经济的泡沫，使得虚拟经济相较于实体经济而言对资本更具有吸引力，这也会加剧产业的空心化趋势。

（二）中国经济的空心化

我国的经济也存在空心化的问题，归结起来，中国经济的“空心化”主要出现在两个领域：一是集中在珠三角地区制造业的区域空心化；二是从实体经济与虚拟经济的关系角度观察的制造业空心化，也叫作实体经济空心化。

1. 珠三角地区的制造业外迁

2007—2008 年，在我国参与经济全球化的主体区域珠三角地区，工业企业的外迁现象致使关于该地区关于产业空心化的讨论越发热烈；而在2008年的全球性经济危机之后，由于外需疲软导致的珠三角地区出口萎缩的情况更使得对该地区经济空心化的担忧加剧。

2008年2月22日的《华尔街日报》报道："珠三角——二十几年来低端产品的世界工厂——正在失去数以千计的企业。不断增加的成本和日益严格的规范正在削减这个地区的竞争力。新的《劳动合同法》《企业所得税法》，以及严格的环境规范和人民币的升值正在挤压玩具、服装和家具等劳动密集型企业的生存空间。"国内媒体也有众多的相关报道："面对恶化的商业环境，有些鞋业、纺织、家具等劳动密集型企业选择了迁移。走在繁荣的珠三角，不难发现昔日繁忙的厂房有的现在已空无人影。"①

但是，如果继续深入了解，我们就会发现真实的逻辑并非仅仅是企业因为税收、汇率、融资、土地等问题选择了迁移这么简单。

第一，转移是企业家基于企业利益最大化的理性选择。无论是内资企业，还是外资企业，如果迫于劳动力等成本压力，企业可能会考虑迁往相较于珠三角地区而言劳动力价格较低的广东省内的其他地区，或者是东南亚地区，这与美国制造业迁往东南亚和中国大陆是一个道理。

---

① 珠三角产业可能面临空心化．中国报道，http://www.texnet.com.cn 2008-06-18 09:18:06.

第二，在经济空心化的讨论中，我们有必要区分一下外资企业与本土企业。在以外向型经济为主要特点的珠三角地区，外向型企业主要包括两种类型：一种是外资企业，是发达国家为了追求较低的人力成本、原材料成本来到中国投资建立的企业，为了防止技术的外流，这类企业通常以独资形式为主。相较于本土企业，外资企业的特点是作为其母公司全球产业链的一部分，投资建厂的目的性明确，在中国的根植性弱，一旦发生转移，只会留下一块块的工业飞地，对中国经济的长足发展裨益不大。另外一种企业是本土民营企业，珠三角外向型经济中的本土企业的经营方式是来料加工、贴牌生产。这就使得本土民营企业具有这样两个典型特征：一是外资企业是当地的经济主体，本土民营企业配套于外资企业而产生；二是本土民营缺乏具有知识产权和核心技术的自主产品。这样，一旦外资企业发生了搬离，本土企业的生存能力就面临了巨大的考验。在许多媒体采访中，许多珠三角的本土企业家纷纷表示，珠三角的 12 个城市在多年的经济腾飞中，已经发展出了较为完善的基础设施等产业配套，作为本土企业，如果有了政府部门更多的技术和人才方面的支持，相较于离开本土，他们更倾向于扎根于本土，为本地的经济发展作出贡献。确实，在 20 世纪八九十年代同样是以加工贸易为经济支柱的中国台湾地区，之所以在之后顺利地完成了产业的转型升级，其中一个很重要的原因，就在于台湾拥有 90% 以上的本土民营企业。根植于本土的民营企业，才是产业转型升级的主体，才是本土经济发展壮大的基础。

第三，在珠三角产业转移的过程中，政府采取了积极的措施。“腾笼换鸟”是珠三角地区政府部门目前的产业规划。所谓“腾笼换鸟”，主要包括三条主线：引进一批改变产业增量——引进一批高端制造业和生产性服务业；提升一批调整存量——建立自主产权，实行自动化生产，发展高附加值产品，提升企业档次；转移一批激活流量——将高耗能、高污染和低附加值的产业转移到欠发达地区。在实践的过程中，一批产业园区纷纷成立，各地区的发展目标日益明确。[①] 但是，在这样一个发展思路中，我们发现了一些认识上的不足。其一，单方面的排斥劳动密集型产业，即认为高端、高附加值与劳动密集型不相关。而许多国外的发展经验证明，无论是看起来多么简单的产品，都有追加高附加值的空间。单纯地转移出劳动密集型产业，引进所谓高技术产业，仍然不能改变问题的根本，即当地企业处于价值链的低端环节。最近一段时间，日本小商品遭到中国游客抢购，便是产品在品质、用途等多方面的高附加值优势得到消费者认可的有力证明。其二，产业转移对迁出地能够盘活土地资源，改善环境条件，实现产业升级；对于迁入地，能够直接带动当地经济发展；从宏观上看，能够促进地区互动，减少经济发展不平衡。因此，上到中央，下到地方，政府对产业转移都普遍持鼓励态度。但是，党的十八届三中全会中提出，社会主义市场经济要让市场起决定性作用，地

① 蔡惠君，徐德昭．陈恩认为东莞可借鉴台湾“腾笼换鸟”的经验并吸取其教训．东莞日报，2008-04-29（A08）．

方政府若以释放土地的短期利益为目的，强行干预产业转移，反而会认为造成本地工人失业等人为的经济空心化，被扰乱的经济秩序也为本地的产业转型升级增添了困难。其三，借转型升级、产业转移之机，将污染性的企业从经济较为发达的地区统统转移到经济落后地区。其结果是被转移地区环境质量得到了改善，但是经济落后地区则又重蹈了经济较发达地区的“先污染后治理”的覆辙。

总之，产业转移是企业的理性行为，是企业家在市场经济下自主决策的表现，但是，产业转移却带来了我国珠三角地区的经济空心化问题，究其原因，这是我国经济发展阶段中问题与困境的必然结果。面对这个问题，解决途径就是产业优化升级。在这里需要进一步强调的是：产业优化升级的主体应当是本土企业，包括国有企业，更包括万万千千的民营企业；产业优化升级的根本方式则是创新驱动，各级政府的职责就在于创造有利于创新的政治、经济和社会环境。

2. 温州实体经济的空心化问题

2009—2011 年，在温州高价拿下住宅地块的开发商，按现在楼盘销售价格测算，如今多数只能勉强保本或大幅亏损。值得关注的是，这些地块资本构成中，大多数为温州规模以上的大中型民营制造企业。之前，温州民企大规模进军房地产，出现“大企业造楼，小企业炒房”现象，这被视为温州“产业空心化”的主要佐证。①

① 温州产业空心化 . 商周刊，2012-09-03.

浙江省工商联研究室主任周冠鑫曾经这样分析：大部分大型民营企业的资本配比基本实现“三三制”，即主业、房地产、金融证券投资三分天下，而且后两块投资比例越来越高，进一步限制了对主业的投资。

在温州，很多企业家都表示，近些年，大家早已不愿做实业。从实体经济出来的钱，一部分集中于炒房、炒股、炒资源上；另一部分则进入高利贷、私募基金、资本运作等领域。

2010 年，乐清市政协曾经做过这样一项调查，被誉为“低压电器之都”的柳市镇，全镇规模以上的企业，70% 以上利润是来自其他投资而非电器。温州市人民银行的一项调查显示，从2003年起，温州市企业家对实体经济扩大再生产的信心严重不足，更多的企业都把实业当作融资平台，并借力民间借贷，参与投资外省市项目。①

温州的实体经济空心化是我国实体经济空心化的一个缩影。与珠三角地区制造业的空心化相比，虽然实体经济空心化的形成中有虚拟经济过分膨胀的因素，但是，如果单纯从实体经济自身寻找原因，那么我国实体经济的空心化与珠三角地区制造业的空心化成因是一致的，那就是我国制造业的主体技术仍处于低端水平，缺乏自主研发、设计和营销能力。

我国是制造业大国，根据美国经济学家根据经济发展的长期过程中对制造业内部各产业部门的地位和作用的变动的考察，我

① 温州产业空心化 . 商周刊，2012-09-03.

国大部分地区处于工业化的中后期阶段① 。但是，我国的经济空心化现象却恰恰在提醒着：我国目前的产业结构存在着内在的缺陷，也就是中国的制造业还没有走出微笑曲线的底部。所谓微笑曲线，如图 5-4 所示，指的是一条产业链的形状，即附加值较多地体现在曲线朝上的两端，即设计研发和销售环节，而曲线的底部则是产业链的中间环节，也是附加值最低的制造环节。一般的制造、

---

① 美国经济学家钱纳里从经济发展的长期过程中考察了制造业内部各产业部门的地位和作用的变动，他利用第二次世界大战后 9 个准工业化国家（地区）1960—1980 年的历史资料，建立了多国模型，提出了标准产业结构理论，即根据人均国内生产总值，将不发达经济到成熟工业经济整个变化过程划分为三个阶段六个时期。钱纳里认为，从任何一个发展阶段向更高一个阶段的跃进都是通过产业结构转化来推动的。第一阶段是不发达经济阶段。产业结构以农业为主，没有或极少有现代工业，生产力水平很低。第二阶段是工业化初期阶段。产业结构由以农业为主的传统结构逐步向以现代化工业为主的工业化结构转变，工业中则以食品、烟草、采掘、建材等初级产品的生产为主。这一时期的产业主要是以劳动密集型产业为主。第三阶段是工业化中期阶段。制造业内部由轻型工业的迅速增长转向重型工业的迅速增长，非农业劳动力开始占主体，第三产业开始迅速发展，也就是所谓的重化工业阶段。重化工业的大规模发展是支持区域经济高速增长的关键因素，这一阶段产业大部分属于资本密集型产业。第四阶段是工业化后期阶段。在第一产业、第二产业协调发展的同时，第三产业开始由平稳增长转入持续高速增长，并成为区域经济增长的主要力量。这一时期发展最快的领域是第三产业，特别是新兴服务业，如金融、信息、广告、公用事业、咨询服务等。第五阶段是后工业化社会。制造业内部结构由资本密集型产业为主导向以技术密集型产业为主导转换，同时生活方式现代化，高档耐用消费品被推广普及。技术密集型产业的迅速发展是这一时期的主要特征。第六阶段是现代化社会。第三产业开始分化，知识密集型产业开始从服务业中分离出来，并占主导地位：人们消费的欲望成现出多样性和多边性，追求个性。

组装企业就是所谓的低附加值产业，附加值体现的是企业的获利潜力，所以，对于低附加值的企业来说，只要市场萎缩，或者成本上升，或者产品价格下降，产品销售不再增长，企业马上就会面临生存的危机。

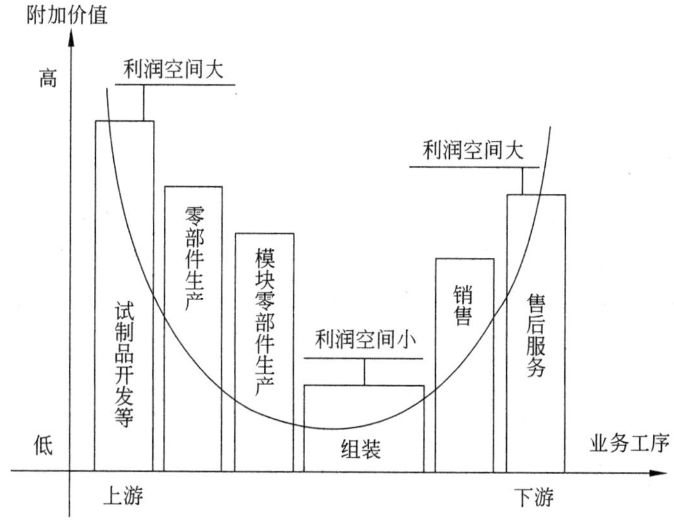

图 5-4 微笑曲线①

（三）人口老龄化与经济空心化并存对中国经济发展的影响

人口老龄化与经济空心化并非孤立的经济现象，二者并存对

① 图片来源: http://baike.baidu.com/link?url=4zvSoFxXi0daF1zA0BQAlZ_5Gsn9pK5h8CtGNggdahO 9m4lm2D893Ap DuXvljsCEjJWWbRifqMJPnmkNxVCTG_.

中国经济发展的要素动力产生了威胁。具体来说，人口老龄化与经济空心化并存对中国经济发展的影响主要表现在以下几个方面：

（1）人口老龄化的直接经济影响便是劳动力总量的减少；

（2）一般来说，年龄增长，对风险的厌恶程度也在增长。所以，人口年龄结构老化还会由于风险意识偏于谨慎而导致社会创新力量的不足与创业活动的减少。

（3）经济转型绝非一朝一夕能够完成，而是需要一个较长的过渡时期。人口年龄结构老化，也会降低对抗经济转型的能力与持久力。

（4）我国具有子女养老的文化传统，所以人口老龄化会直接加重劳动力个人的经济负担，而在劳动力总量减少的情况下，必将导致劳动力成本上升，从而加重了企业的成本负担。社会成本的升高，为经济的转型升级增添了阻力。

（5）人口老龄化与经济空心化的问题阻碍经济增长，社会财富积累随之减少，养老问题更加恶化，国民经济甚至出现负储蓄，这将大大削弱经济转型的内在动力；

（6）从财政角度讲，经济发展脚步放缓，那么税收收入下降，而由于人口老龄化，健康与养老方面的财政支出则会增加，一减一增，财政储蓄减少，那么用于提高生产力的公共投资能力减弱，不利于产业的转型升级。

总之，在经济下行的背景下，中国的经济空心化问题越发严峻；而人口老龄化则削弱了经济发展的内生动力，一方面它会加剧已有的经济空心化；另一方面则不利于经济的转型升级。面对这两项发展中的难题，国际历史经验证明，政府在减轻人口老龄化与经济空心化共存对经济带来的冲击方面，可以扮演重要的角色。体制改革、提供更好的教育成果可能会大大增强经济发展的人力资本动力；创新驱动战略则可能会促进完成产业结构升级，消除经济空心化。

第二节　提升人力资本质量

主动适应经济发展新常态，通过转方式调结构，提高经济发展质量和效益是国家的最高决策层无论是在每年一度的中央经济工作会议，还是在党的代表大会的战略部署中已然形成的共识。为了应对人口老龄化与经济空心化并存的问题，尤其强调要转变我国生产要素的相对优势，即由劳动力数量多、成本低的优势转化为人力资本质量的新优势，由引进技术和管理的优势转变为创新形成技术进步的新优势。

人口老龄化是世界主要经济体的共性问题，但是，由于国情不同，更具体地说是每个国家的劳动力状况不同，各国遭受人口老龄化问题的受力点也会大有不同。比如说，面对人口老龄化问题，保加利亚政府需要着力解决的是年轻人口和女性的低就业率问题、家庭低储蓄率问题、终身学习计划的参与率过低的问题、毕业生加快适应工作岗位需求的问题等[①]；而同样是严重的人口

① The World Bank. Mitigating the Economic Impact of an Aging Population Options for Bulgaria. 2013-09: 25.

老龄化，斯里兰卡政府面对的则是绝大部分老年劳动力从事非正规部门的工作，并且工作时间长，收入低于年轻工人的问题[①]；而在中国，在人口老龄化的冲击下，劳动人口结构与数量优势减退，人均劳动人口养老负担加重的情况下，劳动者素质技能相对较低是主要矛盾所在。

换句话说，在我国，由于人口老龄化的直接冲击，以劳动力数量多、成本低为基础的“人口红利”将不复存在，农村的富余劳动力也亟待转型，解决这问题的根本措施就在于提升人力资本的质量。提升人力资本质量，一方面有助于提高我国人口的生产潜力，即提高劳动人口的人均生产率；另一方面则有助于挖掘老龄化过程中的积极因素，例如，适应市场需求，开发老年经济。最终将劳动力的规模经济转化为人力资本的规模经济，将“人口红利”转化为“人才红利”。具体来说，促进农村剩余劳动力转型、提升大学生从学校到工作岗位的适应性、大力发展职业教育、培育创新型人才、激励企业岗位培训的常态化、优化政府教育投资的重点等几个方面是提升我国的人力资本质量的关键环节。

一、破除限制身份的体制性障碍，促进农村剩余劳动力的转型

进城务工人员，为中国的城市建设和工业化作出了巨大贡献。这个庞大的群体选择意愿暂时或者永久放弃农村生活来到城市，

---

① Milan Vodopivec, Nisha Arunatilake. Population Aging and the Labor Market: The Case of Sri Lanka. 2008-08: 48.

目的只是要提高自身的收入水平，提高自身或者家庭的生活水平，是市场经济下人口流动的必然规律。

作为劳动人口大军，如何在国家经济转型的过程中也共同转型为人力资本，这对于我国经济转型升级是极为重要和关键的一环。但是，不同于城镇人口，农村剩余劳动力的转型的首要环节不是素质技能的提升，而是在城镇的生存问题。

2013 年，北京师范大学发布了《2013 年人本发展报告：民工状态》中对进城务工人员的总体生存状态，包括城市间流动态势、目前就业工作状态、个人家庭生活情况及城市社区融入状况四个方面的调查报告显示：

（1）“城乡边缘化”困境，即进城务工人员实现“身份市民化”的难度大、时间漫长。尤其是在“80 后”“90 后”新生代农民工成为主力群体、举家流动趋势明显的情况下，进城务工人员对于“身份市民化”的要求就更为迫切。“城乡边缘化”的直接后果就是虽然进城务工人员的生活状况有所改善，但生活水平普遍较低，生活动荡，城乡分居，留守老少赡养负担沉重；被排除在城市福利制度之外，透支着体力挣钱、存钱，为了是满足就医、住房、子女上学与婚嫁的基本生存需求。

（2）当前进城务工人员的从业困境主要表现在两个方面：一是就业渠道和方式单一，主要从事一线底层体力性操作工作，职业发展上升空间有限；二是劳动合法权益普遍受侵害，工作及加班费被拖欠克扣现象时有发生，基本劳动权益难以维护。造成这种状况的原因还是在于多年来城市劳动力市场中的二元多重体制性分割。

不解决生存就无法提及发展，只有在这支就业大军基本生存需要得以满足的前提下，他们才有精力去考虑然后致力于提升自身的素质技能；而从国家宏观经济的角度来考虑，由这支已经为中国经济作出了突出的贡献的就业大军构成的长期低成本劳动力的“人口红利”时代也已经终结,人口老龄化趋势明显，今后经济发展的动力与后劲之一就在于这个群体向人力资本的转化。所以说，解决这支大军的生存问题迫在眉睫。而他们的生存问题归根到底就是一个身份的问题，而身份问题的根源又在于体制性障碍，这就是要彻底革除造成城乡居民身份性二元分化、劳动力市场城乡多重制度性分割的体制障碍，让农村剩余劳动力实现自由流动，免除挡在他们自身发展道路上的一切不平等之忧。

二、创新高校教育模式，提升大学生从学校到工作岗位的适应性

从教育经济学的理论讲，教育是培养和发展知识、技能、智力、品德等的过程。教育又有直接收益和间接收益之分，所谓间接收益，用马歇尔的话来说，“良好的教育……促进工人的智力活动，养成他聪明好奇的习性，使他在普通工作中更聪明、更敏捷、更值得信任。它提高他工作时间和业余时间的生活情趣……”，而直接收益则是受教育者利用所接受的教育运用到工作岗位中，并为自身、为雇主创造出经济价值与社会价值。

改革开放 30 多年来，我国的高等教育体系取得了举世瞩目

的辉煌成就，[①]为国家现代化建设培养了大批优秀人才，在国家经济建设、科技进步和社会发展中发挥了重要作用。但是，也有许多指标说明许多中国大学提供的教育与劳动力市场要求的技能脱节。2006年中国的大学毕业生未就业人数达到75万，比前一年增加22%。经济发展人才资源匮乏与高等教育毕业生失业状况同时存在，这就要求政府采取相应的措施，提升大学生从学校到工作岗位的适应性与衔接性，让知识资本顺利转化为生产能力。

教育主管部门与高校肩负着为国家培育人才的责任，针对知识资本向生产力转化率较低的突出问题，教育主管部门高校应当在以下几个方面有所改革和创新：第一，明确高等教育各专业类别的培养目标，实现基础理论与专业针对性双具备的分层次教育；第二，灵活专业选择制度，让学生在了解了自身偏好与能力的基础上，自主选择一种或多种专业；第三，弹性学期制度，允许学生选择在读期间休学工作，高等教育是学生今后一生的起点，所以在校学习不可以是唯一的学习渠道，弹性学制可以为学生提供明晰未来发展方向的充分的自主空间，所谓特色人才，只要每个人充分发挥自主能动性，那就是特色人才；第四，高等学校应加强与企业等社会部门的横向合作，这既可以为高等学校带来资金支持，提升学生实践能力和竞争能力，又能为企业提供可以快速

① 1979年，全国高等学校仅633所，在校生102万人，到2010年，全国普通高等学校和成人高等学校共2 723所，高等教育总规模达到3 105万人。高等教育毛入学率达到26.5%，每年高校输送的毕业生达到600多万人。在2005年前后，我们超过了美国，总规模居于世界第一。

创造产值的高素质劳动力，可谓双赢。

三、借鉴德国经验，改革职业教育体系

职业教育是现代教育体系的重要组成部分，职业教育和企业培训是除高等教育之外的最主要的人力资源培育渠道。但是，经过 30 多年的发展，相较于高等教育，我国的职业教育仍处于办学环境差、教育水平有限、社会认可度低的初级水平，对国家经济发展的人力资源培养的贡献潜力巨大。

德国的职业教育全球闻名，德国工人的技能素质与其制造业的发达息息相关。在德国，职业教育与高等教育并驾齐驱，享有着崇高的社会声望。与中国的职业教育独立于正规教育体制不同，德国模式的特点在于分流。以一名德国学生为例，他 6 岁入学，进行为期 4 年的小学基础教育之后，他将面临第一次分流选择：以上大学为目标的文理中学或者是以上职业学校为目标的实科中学和主要中学。如果选择第二条道路（这也是大部分学生的选择，占约 2/3），那么，读完 5 年的实科中学或者 4 年的主要中学，他就升入中等职业技术学校。这一阶段，便开始了企业与学校共同办学（企业承担主要部分）的职业技术教育。每周他有一天或者两天的时间在职业学校学习，其余三天到四天则在企业中接受培训。①

在分流之后，职业教育以企业为主要角色的办学模式也具有

① 陈莹．“职业性”——德国职业教育本质特征之研究．华东师范大学，2012.

缺陷，比如所培育出来的学生适应性较窄。而由于这种职业教育模式建立在德国成熟的工业体系的基础之上，所以如果照搬至中国，也必定有其不适应性。本书认为，我们可以从以下两个方面获得启发，重建中国的职业教育体系。第一，重视职业教育。若要转变接受职业教育是“没有出息”的社会观念，那就要让公民看到职业教育发挥出其本应发挥的创造经济价值和社会价值的能力，强化公民对于多样性教育的选择性。在我国当前的工业发展阶段，职业教育还应当以政府主导，将职业教育与高等教育放置在同样重要的地位上，用学位授予、证书授予等行政手段提升职业教育的规范性和社会地位。第二，借鉴德国的办学经验，在职业教育的建设中，大力吸收企业力量，企业既是人力资源的需求方，又是职业教育教师资源的主要供给方，企业的参与才能让职业教育体现出其教育的目标性。这有助于实现在企业主导的特殊技能的职业教育与政府主导的一般技能的职业教育共同发展的健康局面。

四、把握基础教育，培育创新型人才

在资本主义经济的早期阶段，一方面，由于当时的工业革命背景下，劳动力的供给从来都是源源不断，无须担心的，所以几乎没有经济学者将人力资本作为经济增长的主要源泉；另一方面，还有部分经济学家将人力资本包括在资本的范畴之内，即强调人的技巧和他所学到的能力的价值，而往往忽略了人自身的价值。

在中国，几千年儒家传统使得社会文化达到了罕有的“具体一致”，那就是治学的方式是后辈模仿先辈们的模式，治学的目的在于参与国家管理，或者成为统治者的参谋。知识的学习趋向于对已有知识的积累、传播和提炼，而创造，则是一种挑战。但是，在现代文明高度发达的今天，我们不得不承认，世界是多元的，世界中的人也是多元的。古语有“术业有专攻”“行行出状元”，当今社会的职业已经远远超过 365 行，所以就更要求发挥每个人的个性。中国女性白手起家的数量远远多于大多数发达国家和亚洲国家，这就是中国女性获得了更广阔的个人空间的积极反映。

培育创新型人才的核心在于激发人的活力，发挥个性与自主性。在培育创新型人才的过程中，对于儿童的基础教育是不容忽视的起点。基础教育可以分为家庭教育和学校教育两个部分。家庭教育方面，应该侧重于孩子们三个方面的培养——人格的培养（既有独立思考与行为的能力，又有与人交往、合作的能力）、身体素质的培养和自我保护能力的培养；学校教育方面，学校应该侧重于获取感性材料技能的培养、由感性认识升华至理性认识的方法的培养、理性认识指导实践的能力的培养（即思维方式的培养），让现有的基础教育摒弃有标准就等于有标准答案，有规矩就等于畏惧权威的思维定式。

五、优化政府的教育投资结构

从经济学的角度看教育，教育对于国家，是一种公共产品，也是一个产业部门（知识的生产与分配）。我国改革开放30多年来，无论是教育、就业，还是医疗、社会保险，国家都投入了大量的财政资金，为人才的培养提供了可靠的资金支持。但是，任重而道远，政府在教育与就业方面的投资与发达经济国家相比还有很大的差距。今后，投入资金的增加是必然选择，但并不是唯一途径，优化教育投资结构，提高财政资金的投入能够使受教育群体和经济社会获取更大的教育收益。

以下是本书提出的几点思路性政策建议：

（1）多样性原则。无论是幼儿教育、义务教育、高等教育，还是职业教育，无论是教育内容、办学机构、办学方式还是考核机制，政府的教育投资都要致力于多样性，为受教育者提供广阔的自主选择的空间，从而有利于受教育者个性的培养。

（2）优化教师队伍的资源配置。教师资源是教育产业的基石，政府部门有责任和义务引导教师资源的优化配置。尤其是在教师资源较为匮乏的地区，通过提高教师的工资报酬，引导教师资源流入；对于条件过于艰苦的地区，则要形成教师资源的流动机制，目的是让贫困地区的儿童始终都能接受到不间断的教育。

（3）促进教育公平。有实证研究显示，在中国，家庭背景与教育程度之间存在着紧密联系；重点高校贫困学生的比例下降；农民工子女入学困难重重等，诸多现象都意味着中国社会存在着受教育机会不均等的现象，而收入分配则会随着受教育机会的不均等而日益变得不平等。

（4）形成尊重知识、追求事实、客观严谨的社会文化氛围。教育是一个广义的概念。我国是世界上人均读书最少的国家之一。[①]要形成全民崇尚读书的良好风气，政府部门一是要增加图书馆的数量和开放程度；二是要从新审视国内现有的出版业和广播电视业等大众文化传播形式，让国民有好内容可以读、可以看。无论是出版业，还是广播电视业，把关的重点应当在于是否有助于提高公民了解事实、追求真理的标准，不同于科幻剧、穿越剧，发挥的不是想象力，而是虚妄的联系；历史剧可以演绎，但是不可以完全抛弃历史，肆意扭曲，冠之以空虚的价值体系；商业剧、畅销书适应其市场需求而生，但是不可以让浮躁的心态充斥整个文化业，使得内涵禁不起成本压力，日益萎缩，直至消亡。所以，具有公益性质的文化传播途径需要政府财政的大力支持，目的是在国内形成尊重知识、追求事实、客观严谨的社会文化氛围。

（5）激励企业岗位培训的常态化。企业对职工的培训，对社会来说，具有正外部性，所以，需要政府部门给予适当的激励和补贴。企业对职工的培训主要分为一般性培训和特殊性培训两种。所谓一般性的培训，即对现任职业和其他职业都能有适用价值的知识和技能，而特殊性的培训，即其适用性仅限于本岗位的培训。无论是哪一种培训方式，都是提高劳动者技能素质的有力途径，更是促进企业转型升级的必备功课。

---

① 中国新闻出版研究院组织的第九次全国国民阅读调查显示：2011 年我国人均读书仅为 4.3 本，远低于韩国的 11 本，法国的 20 本，日本的 40 本，犹太人的 64 本。

第三节　让创新成为驱动发展的新引擎

一、创新驱动发展的理论基础

（一）创新驱动发展与创新型社会

党的十八大报告提出实施创新驱动发展战略。改革开放以来，我国经历了 30 多年的快速增长，成为世界第二大经济体。目前，我国经济增长正步入换挡期，原先支撑经济发展的要素条件已发生变化。要素成本上升，产业结构不合理、技术创新能力不强，资源环境约束加剧，发展中不平衡、不协调、不可持续的问题突出、制约科学发展的体制机制障碍较多。但无论是形成新技术、新产品、新业态、新商业模式的投资机会，形成个性化、多样化的消费模式，让小型化、智能化、专业化成为产业组织新特征，提升人力资本质量，形成质量型、差异型为主的市场竞争模式，还是创建绿色低碳循环的资源环境，最终都将归结于“创新”二字。可以说，实现创新驱动发展，是推进经济结构战略性调整，加快经济发展方式转变的必然选择，也是主动适应经济新常态的主动性所在。

那么，什么是创新驱动，创新驱动发展的特征是什么？哈佛著名管理学家迈克尔·波特从研究国家竞争力的角度将发展划分为四个阶段：要素驱动阶段、投资驱动阶段、创新驱动阶段以及财富驱动阶段。所谓要素驱动阶段，波特认为是经济发展的最初阶段。在这一阶段，国家竞争力主要依靠廉价劳动力和丰富的自然资源，本地企业的技术主要来源于模仿或引进生产力，以生产初级产品和低端产品为主，相关产业缺乏竞争力。第二个阶段是投资驱动阶段，在这一阶段，国家的竞争力主要依靠政府和企业的投资能力和生产要素的改善，通过规模化生产增加供给和提高效率。但本地企业的技术主要来源于引进技术，相关产业配套能力较弱，尚未形成比较优势和完整的产业链。第三个阶段就是创新驱动阶段，这个阶段的主要特征是：国家竞争优势主要取决于技术和产品的差异型，企业除了引进和改进国外技术、生产方式以外，已经具有创造力。在这个阶段，高技术产业发展较快，配套产业链和重点产业集群基本形成，更高级的基础设施、科研机构和高水平大学已建成，人们生活已经从温饱过渡到小康生活。第四个阶段，波特将其定义为财富驱动阶段，其主要特点是投资者目标从积累资本转向保留资本，服务业的比重大大提高，经济活力下降，企业开始失去市场竞争力。①

对于第四个阶段的定义，波特颇为悲观，正确与否我们暂不讨论。但是对于前三个发展阶段，对比中国经济发展的轨迹，我们可见其规定的科学性。新中国成立以来，中国经济发展的奇迹确实主要依赖于以廉价劳动力和丰富的自然资源为主的要素驱动和政府部门的大规模基础设施投资驱动。而企业技术方面，则主要依靠引进，企业大多生存在国际产业链的最低端。为此，国家

① 吕薇，等．区域创新驱动发展战略制度与政策．北京：中国发展出版社，2014：3.

提出要建设创新型社会，即依靠创新驱动经济和社会发展，形成较强的自主创新能力，包括创造和学习知识的能力，以及将知识转化为财富的能力。

综合国际上对创新型国家的评价指标，判断一个国家或地区是否属于创新型社会主要从三个方面衡量：一是是否具有有利于创新的价值观体系、制度环境和社会氛围；二是创新要素和基础设施的积聚程度，创新要素和基础设施即国民受教育水平、人才、资金、研究机构、研发设施和 IT 基础设施等；三是创新活动情况，即创新投入、产出、创新绩效等。①

（二）全要素生产率

在 2014 年的中央经济会议再次突出创新驱动发展战略的内容中，首次提出了要“提高全要素生产率”的主张。

所谓全要素生产率（Totle Factor Productivity），在宏观经济学领域的“增长核算”中，它用于测度劳动和资本之外的对整个国民经济具有贡献的因素。这个概念的引入虽然在测度方法上存在一定的缺陷，但也切实为经济增长源泉注入了新的解释。全要素生产率中的投入包括规模经济、研究与发展费用、建立在创新基础上的技术进步以及劳动力的重新配置等。发达国家的发展经验也证明，那些迅速发展的行业经历了相对较高的全要素生产率和技术进步的增长率。

国内较早研究“全要素生产率”的经济学家胡鞍钢经过一

① 吕薇，等．区域创新驱动发展战略制度与政策．北京：中国发展出版社.2014：45.

系列的测算，发现，1978—1995年中国经济增长来源主要有四个方面：①劳动力保持较高增长（为2.6%）；②资本存量出现了较高增长（为9.3%）；③人力资本（按15岁以上就业人口平均受教育年限计算）增长率为2.2%；④全要素生产率由改革前（1952—1978）的-1.9%提高到3.3%~4.6%。[①] 可见，1978—1995年的改革时期，劳动力、资本、人力资本以及全要素生产力都对经济增长在一定程度上有所贡献。但是，在1995—2001年期间，根据胡鞍钢的测算，我国的经济增长源泉发生了如下变化：一是就业增长率明显下降，仅为1.2%，即中国经济吸纳就业能力下降；二是资本存量高增长，为11.8%，劳动人均资本增长率高达10.6%，即出现了资本替代劳动、资本排斥劳动的情况；三是人力资本高增长为2.8%，这主要是因为这一时期高中和高等学校扩招；四是全要素生产率明显下降，为0.3%~2.3%（按资本与劳动不同的权重计算），大幅度下降了2~3个百分点。[②] 这一列数据表明，在1995—2001年期间，中国经济增长主要来源于资本投入，而经济吸纳就业能力和全要素生产率则明显下降。

进入21世纪以来，结合国内的经济实际，诸多经济学者对经济增长的源泉进行了测算，综合他们的测算结果，可以得出以下这样几个共性的结论：

---

① 胡鞍钢，郑京海．中国全要素生产率为何明显下降．中国经济时报，2004-03-26.

② 同上．

第一，自 1995 以来，我国全要素生产率进入了长期的下降，[①]这期间虽然会有小幅波动，但整体水平没有显著的提高。

第二，总体来说，中国的经济增长依然是资本驱动型的增长模式。究其原因，20 世纪 90 年代以后，我国的高储蓄率为投资的扩张提供了保障；同时，我国凭借廉价的劳动力优势和巨大的市场优势吸引了大量国外直接投资，成为世界产品的集散地和组装中心。[②] 这两点原因使得经济增长越来越多地依靠资本而不是技术的进步。

第三，虽然 R&D[③] 投入强度和国外技术引进的合同金额都在增加，但是，由于这两项转化为全要素生产率的能力很低，只能或多或少留存一部分技术知识存量，所以它们对于提高全要素生产率的促进作用很小。

第四，无论是本国企业还是外国投资企业，都存在有形资本过度投入的问题，人力资本投入则相对不足；开发自然资源的企业和部门拥有大量的资源租金，受到过度开发的激励，降低了使用资源的效率，破坏了生态环境；收入差距进一步扩大，降低了经济增长对人民福利的作用；寻租性腐败、地下经济腐败、税收

---

① 王丽萍．我国全要素生产率的测算：1978—2010. 中国物价，2012-05；颜鹏飞，王兵．技术效率、技术进步与生产率增长：基于 DEA 的实证分析．经济研究，2004-12.

② 王丽萍．我国全要素生产率的测算：1978—2010. 中国物价，2012-05.

③ R&D（research and development），指在科学技术领域，为增加知识总量（包括人类文化和社会知识的总量），以及运用这些知识去创造新的应用进行系统的创造性活动，包括基础研究、应用研究、试验发展三类活动。可译为“研究与开发”“研究与发展”或“研究与试验性发展”。

流失性腐败、公共投资与公共支出性腐败使得社会治理成本与交易成本高企，降低了经济效率与社会效益。[①] 以上几点原因使得我国投资规模虽然庞大，但是效率却低下，这个阶段虽然实现了经济"增长"，但却没有实现高就业、收入分配公平，以及可持续的经济"发展"。

我国部分区域经济的空心化现象也正是过往经济增长模式弊病的体现，所以说，中国是时候放弃传统的、以投资为驱动的、片面地追求高增长的经济发展模式，而转为以追求经济增长的质量和效率，重视全要素生产率对经济增长的贡献，实现创新驱动发展。

二、创新驱动发展的政策思路

（一）重视传统制造业[②] 的转型升级

制造业是中国的优势产业，占全球制造业的比重达 20%，但是大多处于全球产业链低端环节，制造业转型升级势在必行。但是，在制造业转型升级的过程中，有一个误区应当澄清，那就是转型升级不等于抛弃劳动密集型的传统制造业，劳动密集型的传统制造业也是创新驱动发展战略的主体之一。

产业升级，即提高产品的品质与附加值，提高产品设计、生产、

① 胡鞍钢，郑京海．中国全要素生产率为何明显下降．中国经济时报，2004-03-26.

② 传统制造业主要包括食品制造业、纺织、服装制造业、皮革制品、家具、金属制品等，多为劳动密集型产业。

营销环节的技术水平和企业的管理水平。在市场竞争中，产品的市场寿命叫作产品的生命周期，也就是一种新产品从开始进入市场到被市场淘汰的过程。[①] 该理论的提出者认为，产品和人的生命一样，要经历形成、成长、成熟、衰退这样的周期。正是由于产品具有生命周期，就要求企业要适应市场需求，不断地进行创新，开发出新的产品。[②] 这个规律当然也适用于劳动密集型产业。

20 世纪 80 年代中期，日本的制造业出现了产业空洞化现象，纺织服装行业首当其冲。但是，纺织产地尾州地区却通过技术创新重新在全球化竞争的时代中抢得一席之地。比如说小池毛织公司在欧洲市场上推出了 GANSHIN 系列面料，这是一种在毛织物表面渗入树脂的新型材料，在保持毛织物性能的同时还能够提供不同风格的选择；IWANAKA 公司则通过设备改造一改之前不擅长长丝复合面料加工的劣势，重新获取了成本优势；缝制公司 MORIYA 的成功秘诀之一则是将传统的水平流水线改造为悬挂式流水线，又称“无褶皱流水线”，避免了半成品因堆积产生的褶皱，从而减少了熨烫的时间，大大缩短了商品交货期，还降低了生产成本。[③] 从日本纺织企业的案例中我们可以看出，高新技术从来都不避讳与传统产业的融合。传统产业，包括以劳动密集型为主的传统产业，若以多样化的技术创新为武装，那么就能够在残酷

---

① 产品的生命周期理论由美国经济学家雷蒙德 · 弗农提出。

② 从这个角度也可以看出，创新能力是评测一个企业、一个产业、一个国家生存能力和贸易地位的重要指标。

③ 周卫中，编译 . 日本纺织企业积极应对产业空洞化 . 中国服饰报，2009-02-06（A12）.

的全球竞争中游刃有余，并为本国经济发展继续作出卓越贡献。相反的，我国多年的代工贸易恰恰也证明，如果不能有效利用外资研发的投入，那么无论是多么精尖的高技术产业和跨国公司的研发投资，它们所进行的，就只能是对中国人力资源及其他有形资源的剥夺。

借用林毅夫的观点，中国的比较优势在于规模庞大的劳动人口，所以发展劳动密集型产业仍然是当前中国经济发展阶段的理性选择。确实，在改革开放 30 多年的进程中，由投资为主要驱动力的增长模式对于劳动力的吸收能力较弱，导致劳动者的收入水平的增长不能与国家经济的增长同步。在这种情况下，认识到劳动密集型产业充满了创新的可能，传统产业也充满了创新的可能，以创新促进传统产业的转型升级，为中国的经济发展增添活力。

（二）重视引进技术的“本土化”

1978 年，中国成为了一个开放的经济体，中国政府积极迈入世界经济轨道，并开始大量吸收国外直接投资、引进国外技术设备的战略实践。但是，我们不得不承认，通过开放吸收国外的先进技术没有错，但是这一举措对于直接增加我国国内的技术水平和创新能力的效果却并不明显。相比较于 20 世纪七八十年代的日本和韩国，它们也在追赶西方发达国家的过程中采取了技术引进的战略措施，而且积极效果明显，日本一跃成为世界科技强国，韩国也形成了诸多具有国际竞争力的大企业集团。探究造成这一反差的原因，我们会发现，中国在技术引进的同时，缺少了采取有效措施去吸收、消化和推广进口技术的措施，换句话说，技术没有实现“本土化”。中国大中型企业在技术本土化方面的资金投入还不到其进口设备总开支的10%，而韩国和日本的企业往往用两倍或三倍于购买设备的钱来吸收包含在设备中的技术并使其本土化。这并非不是一个惨痛的教训，重视引进技术的本土化，才能达成引进技术的真正目的，并为实现国内的技术创新奠定坚实基础。

（三）重视产业链的整体转型

从分工的角度讲，一条产业链包括产品的设计研发、制造和销售三个基本环节。在跨国公司的全球产业链中，我国的制造业长期处于附加值最低的、完全不拥有技术自主权的委托加工环节，这说明，无论是产品的研发、制造和销售的纵向角度，还是制造工艺内部的资源、技术、人力等横向角度，这些企业都不具备完整的产业链优势。

在我国创新驱动产业升级的战略中，应当重视产业链的整体转型，又称“产业链的内生拓展型产业升级”。它的路径是企业通过资本投入、技术创新等，不断增强产业链制造环节实力，并且逐步向研发、设计、营销、服务等附加价值高的环节拓展，逐步构建完整的产业链。这是一个长期的、不断进行创新升级的过程。实现产业链的整体转型，是一个国家形成具有全球竞争力的企业集团的重要方式，汽车制造业就是产业链整合升级的典型案例。

（四）尊重市场规律，让市场在资源配置中起决定性作用

企业实现创新驱动发展，其目的终究是要通过市场实现产品的价值，所以，尊重市场的力量，就是要求企业以市场需求为指引，建立与市场相适应的管理创新和产品创新，使得科技成果能够迅速转化为市场需求。

政府在采取政策措施推进创新驱动战略的过程中，也要尊重市场规律，无论是政策支持、项目选择，还是金融支持，都应以市场需求为导向，以创造公平、有序的基础发展条件为目标，减少对市场机制、价格机制、竞争机制的行政扭曲。比如说，长期以来，政府部门在创新支持方面往往更加青睐于国有企业，其结果是，生存于竞争机制之外的国有企业并没有成为国家创新的前沿，而迫于竞争压力亟需产业升级的民营企业却往往由于得不到资金支持而难以为继。

创新驱动发展应该摆脱在全球工业生产链条低级环节上为了微薄的利润而相互竞争的境地，企业需要建立与科研机构、金融机构、供应方、需求方的网络式联结，这种联结能够为企业提供新的知识、新的市场动向和资金支持，从而使企业开发出获得客户青睐的产品和服务，并且快速实现新技术的获取、吸收和转化。但是，这种联结往往由于地方政府为了追求特定的地方利益而形成了人为的阻隔，市场横向与纵向的统一性都遭到了破坏，全国工业企业的地方分割和重复建设类的浪费十分严重。

（五）深化改革，释放制度红利

无论是人才的培育，还是创新型社会的建立，都离不开国家制度的支持。我国著名经济学家吴敬琏认为，当前中国正面临经济增长动力切换的重要关口，必须从原来粗放型的依赖投资驱动转向今后依靠全要素生产率的提升。若想实现这种转换，唯有依靠改革。

政府工作报告在“以体制创新推动科技创新”方面，用多种方式保护创新创造者的积极性和利益，推动鼓励企业进行创新研发，理顺优化科技资源配置。政府工作报告提出，必须以经济体制改革为重点全面深化改革，并对包括简政放权、放管结合，投融资体制、价格、财税体制、金融、国企国资等在内的多个方面作出改革工作部署。

（六）培育熊彼特式的企业家的创新精神

奥地利政治经济学家约瑟夫·熊彼特的创新理论闻名于经济学界，在该理论中，熊彼特的核心观点是“实施生产要素新结合的企业家在资本主义经济中处于中心地位”，并以此来解释资本主义的经济周期。熊彼特式的企业家，是创新者、经济变革和发展的行动者，在他看来，企业家的行为决定了经济发展的脉络。因为创新是企业家行为的结果，而人的本质和社会组织的变化才是经济发展的内生因素，即内因。

另一位经济学家柯兹纳（Kirzner）概括了熊彼特关于企业家的精神特征：第一，对信息的警觉；第二，对存在的新机会的了解，等候得到通知；第三，对市场制度提供的可能性的反应。如果这个观点同市场的思想相结合，就成为不断进行的创造性的发明的过程。

熊彼特对于企业家决定性地位的规定和柯纳兹对于熊彼特式企业家精神的概括，都给予我们强烈的启示，那就是在现如今的中国，也就是社会主义市场经济条件下的中国，企业家精神和企业家才是发展经济不可或缺的元素，它们更是实现创新驱动发展战略的必然因素。

第六章

CHAPTER 6

诸侯割据与重复建设
——亟需建设全国统一市场

传统计划经济体制下，政府对经济管理采取行政命令和行政干预的手段，以财政包干为主要内容的财税体制改革又强化了各个部门和各个地区的利益关系，造成市场条块分割，商品市场、劳动力市场、土地市场、资本市场支离破碎，市场无法形成一个统一的体系，商品以及生产要素的自由流通无法实现。同时，由于土地、资金等要素市场还不完善，政府对生产要素还具有强大的控制力，要素的稀缺性不能通过价格机制体现出来，严重阻碍了全国统一市场的形成。

新常态下，市场竞争由过去的数量扩张和价格竞争，现在正逐步转向质量型、差异化为主的竞争，统一全国市场、提高资源配置效率是经济发展的内生性要求，必须深化改革开放，加快形成统一透明、有序规范的市场环境。

第一节　市场分割与地方竞争

市场分割与地方竞争是中国自改革开放以来在经济运行中一直存在的突出问题，其存在有着深刻的历史和现实根源。虽然初期市场分割在一定程度上促进了经济增长，但长期来看产生了许多不良影响。尽管政府和有关部门多年来采取了很多积极措施，但市场分割问题并没有在根本上得到解决。当前经济进入新常态，市场竞争方式已经发生改变，单纯依靠市场分割与地方竞争的经济发展策略不仅不能适应改革开放和经济全球化的新形势，反而成为阻碍要素自由流动和资源高效配置的屏障。打破市场分割与地方竞争，统一全国市场，对于我国进一步推动经济改革与发展，提高资源配置效率，具有重要的战略意义。

一、市场分割与地方竞争的实质及影响

市场分割指的是现有市场被条条块块分割，没有形成统一市场。市场分割的形成有其历史根源。我国市场经济发展的起点是广大农村自给自足的自然经济。在自然经济的范围内，不存在市场，因此也谈不上市场分割，而是一种非市场的封闭性分割。改革开放以后，农村经济得到了较大发展，社会主义市场经济初步建立，自给自足的自然经济基本上不存在了，但是长期以来的封闭和分割形成了一种路径依赖，给市场经济的发展打上了地区分割的烙印。市场分割还有其存在的客观原因，我国幅员辽阔，各个地区之间经济社会发展极不平衡。地方实际成了不同的经济单位和利益主体，各个地方的就业率、居民收入水平、公共产品的供给能力等与各地方的经济发展水平息息相关，因此，地方政府实际就成了这个经济单位和利益主体的代言人，地方政府之间的竞争决定了其经济职能主要体现在对本地市场的保护上，由此形成市场分割。

因此，这里所谓的市场分割指的是地方政府从自身利益出发，采取行政干预手段，对生产要素等经济资源在本地区的流进和流出进行限制，从而保护本地市场，形成地区间的市场分割，可以说是一种以政府强制力为基础的人为分割的市场格局。

纵观我国经济转轨过程可见，在不同的发展时期，市场分割呈现不同的特征。在 20 世纪 80 年代中期，也就是短缺经济年代，

市场分割主要表现为限制本地区的产品和服务流出；20 世纪 90 年代转向买方市场后，产品供给大于需求，生产要素供给不足，这时候的市场分割表现为对本地企业的保护，鼓励产品和服务的流出，限制外地产品的流入，限制竞争，鼓励劳动力、资本、技术等生产要素流入，限制要素流出。并且，市场分割的主要表现形式也发生了变化，由过去硬性的限制、禁止和垄断转变为软性的技术壁垒。现在，市场分割的表现形式更加多样和隐蔽，并渗透到市场体系的各个部分。

地方政府出于地方竞争和保护自身利益的目的，采取行政手段保护地方市场，割裂统一市场的做法在一定时期和一定程度上确实起到了提高本地企业的生存和竞争能力，提高地方财政收入，促进就业等作用。但从长远来看，由政府强制力造成的市场分割扭曲了市场正常的运行机制，降低了资源配置的效率，从而造成全国范围的市场失灵。因此，从长远和全局来看，是弊大于利的，是一种短视和局部行为。这是因为：

（一）市场分割扭曲了市场经济正常的运行机制

市场经济的运行机制主要包括价格机制、供求机制、竞争机制和风险机制。市场经济就是通过价格、供求、竞争等的相互作用，自动调节企业的生产经营活动，实现社会经济的良性发展。但是，在市场分割和地方竞争的环境中，这四大机制都不能很好地发挥应有的作用。

1. 价格信号失真

要素的稀缺性和产品的供求关系首先要通过价格高低和价格

变动体现出来。只有当价格信号能够成功地反映要素的稀缺程度时，生产要素才能在价格信号的指挥下流向需要的部门，企业才能够合理利用稀缺的要素资源。但目前，由于市场分割和地方保护主义，劳动力资源的自由流动受到户籍制度的限制，导致劳动力价格失真，传统部门劳动力价格偏低而新兴部门劳动力价格偏高，进城务工的农村劳动力也大多集中在传统部门，传统部门劳动力过剩，而一些新兴部门、新兴产业劳动力短缺。同样，资本的自由流动同样受到市场分割的影响，突出表现在国有企业，在政府地方保护主义下，落后的生产力受到保护，资本价格不真实，导致国有资本难以流向高收益的领域。价格机制是市场机制的核心，也是市场机制赖以运行的关键因素，价格是在市场竞争中形成的，价格机制发挥作用的前提是完全竞争的市场。但在人为分割的市场当中，要素价格扭曲，不能真实体现要素的稀缺程度，要素不能够自由流动，价格机制失去了作用。

2. 供求机制失效

供求机制是调节市场供给与需求，并使之趋于平衡的机制。供求机制与价格机制、竞争机制相互联系、相互制约，供求关系受价格和竞争等因素的影响并通过价格变动体现出来，反过来又引起价格的变动和竞争的开展。供求机制是市场内部矛盾运动的核心，其他一切要素都围绕供求机制的变动而变动。企业既是产品和要素的供应者，又是需求者，所以必须要通过市场的供求关系来调整自身的经营方向、战略目标、产品特性、技术水平、营销方式等，这也是企业能够适应市场需求，在市场竞争中避开风险的重要因素。市场分割条件下，地方政府从自身利益出发对产品和要素的供给与需求人为地加以限制，企业不能根据供求机制主动调整自身的供求结构，导致了产品和要素的供求失衡。同时，供求机制不能自发地对商品的价格、商品生产与消费的方向和规模、供求结构和消费结构进行调节，不能使供给与需求背离的时间、方向和程度自动趋于均衡，从而造成了总量、结构、时间以及地区之间的不平衡。

3. 竞争机制失灵

竞争是市场经济的本质属性，竞争机制是市场经济最重要的经济机制，指的是市场主体为实现自身利益最大化而采取的某些斗争手段。竞争包括买卖双方之间的竞争，也包括买者之间和卖者之间的竞争。商品的价值决定，价格的形成和供求机制发生作用，都离不开竞争，竞争机制是企业优胜劣汰的决定性因素。只有在竞争机制的作用下，企业才会不断地调整产品结构、改进技术、改善经营管理，提高劳动生产率以适应市场竞争，并使自己在市场竞争中立于不败之地。市场分割最直接的作用就是限制市场竞争。地方政府为保护本地企业，宁愿以牺牲市场竞争为代价。市场不能充分竞争，则价值表现为价格的这一价值规律不能发生作用，价格信号失真。生产者也不能按照市场需求组织和安排生产。同样的，没有竞争企业就失去了前进的动力。政府对本地企业或战略部门的保护，让这些企业失去竞争意识。诚然，政府的保护让一些弱小企业获得了生存和获利的机会，但从长远来看，却让这些企业失去了独自面对残酷的市场竞争的能力，一旦政府放手，这些企业必然会受到沉重的打击。

4. 风险机制失能

风险机制指的是企业盈利、亏损、破产之间相互联系和作用的机制。在市场竞争中，每一个企业都面临着盈利、亏损、破产等多种可能性，这也是企业在市场竞争中所必须承担的风险。正是有这种风险机制的作用，企业才会不断地鞭策自己改善经营、提高技术、加强管理，提高劳动生产率。对于供方来说，风险越大的产品，希望价格越高；而对于需方来说，风险越大的产品，希望价格越低，风险机制是与价格机制相联系的。市场分割中的企业，由于受到地方政府的保护，失去了盈利的诱惑和破产的压力这双方面的作用，自然竞争力就会下降。

由此可见，这四大机制发挥作用的前提都是统一的充分竞争的市场体系。在这个市场体系中，商品生产者和经营者都是独立的经济主体，有权决定自己生产的方向、生产和投资规模。同时，商品和要素的自由流动不受限制，市场竞争才能正常展开，企业在市场竞争中的利益能够受到保护，企业才具有竞争的内在动力。

（二）诸侯割据、重复建设、产业同构

市场分割和地方竞争加剧了政府的公司化行为，政府作为本地区利益主体的代表具有强烈的保护本地产业的动机，一味追求局部利益而忽视了国家的整体利益和社会的整体效益，在地区间人为地设置壁垒，以邻为壑，相互封锁，造成了诸侯割据的不良局面。

同时，由于地方政府之间各自为政，且由于地方分割造成价格扭曲，价格信号失真，受到保护的产业的投资就会日益增加，供给严重超过需求，形成多余的不必要的建设。政府在增加财政

收入的动机诱导下，不顾地区的实际情况，一味地上大项目。从本地区来看，生产能力超过社会需求，产品长期大量积压，却又在盲目建设同类企业。另外，重复建设还表现在政府主导的大型基础设施建设，包括政府规划或投入的道路、机场、港口等，造成资源浪费。

从全国来看，各个地区的产业自成体系，大型企业按照各地区各部门自成体系的要求建设，造成区域产业结构“大而全”“小而全”，区域间结构高度相似，短期内能使地区快速发展；但长期来看，这种产业结构的相似性使得区域内竞争激烈，影响区域之间的专业化协作，造成生产能力过剩以及经济资源和非经济资源的严重浪费。

由此可见，由市场分割和地方竞争造成的诸侯割据、重复建设和产业同构，造成了地区间不合理的投资结构，不合理的企业结构和产品结构，投资浪费。

（三）消费者剩余和社会净福利减少

社会福利净损失指的是当市场偏离竞争均衡时，所损失的消费者剩余和生产者剩余。社会福利的净损失是由于垄断、关税、配额、税收等因素，使资源得不到最佳配置而产生。消费者剩余指的是消费者消费一定数量的某种产品愿意支付的最高价格与商品的实际价格之间的差额。在市场分割条件下，本地企业由于受到地方政府的保护，要素和产品无法自由流动，使得本地产品价格高于外地产品，而外地产品又无法流入，本地消费者只能从本地购买高价产品，造成消费者剩余的损失超过生产者剩余的增加，减少了社会净福利。

同时，地方政府对本地市场的保护还体现在对一些制假售假行为和假冒伪劣产品的保护，优质名牌产品难以形成，质次价高的产品膨胀发展，产品积压，使得公共福利严重受到损害。

另外，市场分割还导致了企业寻租和官员腐败问题。在市场分割的环境中，企业在政府羽翼的保护下成长起来，把主要精力都放在了向政府寻租，以取得政府的保护。企业只要获得了地方政府的保护就意味着企业可以以更低的成本获取生产要素，并且也不会受到来自外地产品的竞争。因此，企业不是更努力去开拓市场、扩大规模、降低成本、技术创新、提高生产效率，而是想尽千方百计到政府去公关，这样一来，企业往往会采取行贿这一手段，这也是近年来官员腐败案件频发的重要原因。

（四）与对外开放的新格局不相适应

1. 不利于实现规模经济

由于市场条块分割，企业难以发挥价值链和产权链的作用，使得企业的纵向一体化受到制约，仅有少数企业在同一价值链上进行连续活动，企业的国际化经营水平较低，参与国际竞争显得势单力薄，在国外投资规模小，营业额不大，活动范围有限，整体实力不强。另外，由于政策原因，本土民营企业长期以来受到种种限制而步履维艰，而国有企业和外资企业却享受了很多优惠条件而迅速发展，民营企业只能在夹缝中求生存，很难做大做强，不论是战略部署、经营管理还是资源的利用都与跨国公司的国际一体化经营与国际战略联盟相比有很大差距。

2. 国内企业缺乏国际竞争力

我国加入WTO后，国内市场成为国际市场的重要组成部分，国内企业也参与到国际竞争中来。但是，国内企业长期生长在地方政府的保护之下，由于受到行政力量和价格扭曲的双重保护，使得规模经济、资本、技术专利等作用都无法发挥，市场优胜劣汰机制失灵，真正有国际竞争力的大规模企业无法出现。现有的国内企业也主要以价格为竞争手段，整体呈现出一种低端、无序的竞争状态，产品质量较差，假冒伪劣产品横行，国内企业无论是技术水平和管理方式与国际企业比起来都较为落后，最重要的是缺乏有竞争力的核心产品和品牌形象。

3. 扭曲的国际贸易

由于市场分割，流通体制不畅，各种生产要素和产品不能自由流动，区际贸易成本远远高于国际贸易成本，国内企业难以利用巨大的国内市场，致使这些企业纷纷转向国外市场，寻求新的发展机会。在国内企业被迫出口的同时，外资企业进入，并以其更先进的技术和更高端的产品占领国内市场。这种对外贸易不是市场经济发展的自然结果，而是国内企业面对市场分割的无奈之举，其结果是将国内的高端市场拱手让给外资企业，而大量中国企业则陷入低端制造的泥潭而难以自拔。[①]

---

① 叶广宇，卢星．经济转型期地方市场分割与企业对外贸易偏好．行业研究，2015（3）:16-18.

二、市场分割和地方竞争的原因

市场和计划是资源配置的两种手段。一般而言，市场应该在资源配置中起决定性作用，但现实中，由于收入分配不公、公共物品提供不足、负外部性等市场失灵现象的存在，计划和行政也是调节市场经济运行的必要手段。然而，政府在决策时存在信息不对称、决策者能力有限、执行成本过高以及对地区利益的强化等问题，行政干预不一定能提高经济效率，甚至某些情况下会产生一些不利影响。

从市场和计划两个方面看，市场分割也可以分为两类：一类是由市场自然形成，即作为非政府因素的市场流通渠道和组织造成的市场分割。随着规模的不断扩大，流通企业普遍开始采用“分枝状”的流通结构，使得区域性的代理商和经销商成为流通的主体，这种流通结构割断了地区之间的横向联系，使得生产商得以实行地区间的价格歧视。① 另外还有一些风俗习惯、运输费用等的影响也会造成市场分割。另一类则是由地方政府的竞争和行政干预形成，即体制机制的原因。地方政府竞争所衍生出的地方保护是市场分割形成的关键，而其根源在于行政分权。

1978 年以前，中国实行的是高度集权的计划经济体制和中央统收统分的财政体制，在这种体制下，地方政府没有自主财权，地方政府的资金由中央政府统一调配和划拨。这种体制的弊端体现为地方利益和企业利益全部被抹杀，在这种背景下，地方政府

① 王晓东，张昊．中国国内市场分割的非政府因素探析．财贸经济，2012（11）：85-92.

没有分割市场的动机。改革开放以后，为调动地方改革的积极性，提高国民经济活力，把放权让利作为了新一轮改革的突破口，打破过去“财权过于集中、分配统收统支”的局面。正是这一轮以行政分权为主要内容的改革成为市场分割的根源。此次财税体制改革的主要内容是在中央与地方的财政分配关系上实行“分灶吃饭”，从 1980 年起，先后推出“划分收支、分级包干”“划分税种、核定收支、分级包干”以及“收入递增包干、总额分成、总额分成加增长分成、上解递增包干、定额包干、定额补助”等多种不同的体制模式。①

从当时的实际情况来看，这种放权让利的财税体制改革基本上实现了改革的初衷。地方政府的积极性和主动性被调动起来，提高了地方政府通过财力分配调控区域经济的能力，一定程度上推动了市场体系的建立和发展。但同时也应该看到，行政分权成为市场分割和地方竞争的直接根源。

财政包干使得地方政府热衷于投资税收较高的大项目，造成盲目投资和重复建设。同时，地方政府受到财政指标的驱使，为防止税收外流，争取税源，普遍对本地市场进行行政干预，实行地区封锁和经济割据，设置进入和流出壁垒，保护本地企业发展。另外，由于在这一轮改革中国有企业的管理权限被下放到省一级，地方政府实际成为国有企业的控制人。政企不分、政资不分的现状，导致国有企业更多的是向政府寻求政策优惠以保持自身的垄断地位。国有企业实际上对地方政府具有很大

---

① 高培勇 . 从放权让利到公共财政 . 光明日报 , 2008-10-14.

的影响力，地方政府也常常迫于国有企业的压力，从而采取行动，限制竞争。

因为行政分权体制的弊端逐渐显现，1994 年之后，政府又先后进行了 4 次财税体制改革，但并没有从根本上改变市场分割的财税体制基础，即中央和地方企业所得税的分而治之以及国有企业的地方实际控制权。

除此之外，还有其他几个导致市场分割的重要原因。

1. 地方政府“唯 GDP”的绩效考核机制

当前，干部考核评价体系多是与其所管辖地区的经济发展水平相挂钩，且这个经济发展水平多以 GDP、财政收入、就业率、新建项目和开工企业等指标来衡量。地方政府负责人要想在激烈的政治博弈中脱颖而出，使自身政绩最大化，就不得不把大量的精力放在如何提高本地的经济发展水平上，也必然导致各级领导干部对本地市场的保护。

2. 地方政府竞争的囚徒困境

当其他地方政府对本地市场采取保护策略时，本地要想得到更高的经济增长，就必然被迫参战，引发地方政府之间连锁的针锋相对的行为，地方保护主义演变为政府间的非合作博弈，并成为囚徒困境，最终落得两败俱伤。

3. 传统经济体制的路径依赖

过去我国实行的是高度集中的计划经济体制，行政计划是配置资源的主要手段。改革开放以后，我国逐渐从计划经济向市场经济转轨。中国的经济体制改革不是简单地放开市场，让自由竞争来催生市场体系发育，而是利用计划经济体制中既有的政治、经济、社会组织，通过组织创新来确保改革的稳步推进。因此，从中央政府到地方各级政府，一直是市场体系培育和价格体制改革的设计者、组织者、监管者。虽然市场经济逐步建立，但对传统经济体制的路径依赖仍然在一定范围内存在，政府的经济职能依然较多地停留在对经济的行政命令和直接干预。再加上受到过去工业优先发展战略的影响，政府将更多的资源配置到本地的工业领域，形成“大而全”、“小而全”的工业结构。

第二节　市场竞争新特质弱化市场分割边际效益

当前，我国经济发展进入新常态，市场竞争呈现出不同于以往的新特质。全国政协委员、中国（海南）改革发展研究院院长迟福林在接受《瞭望》新闻周刊记者采访时，描述了其中情势之紧迫：一者，数量扩张和“价格战”的竞争模式，正在逐步转向质量型、差异化的新模式；二者，依赖税收和土地优惠政策乃至外资超国民待遇建立的竞争优势，面对统一全国市场、提高资源配置的新阶段中国经济内生要求，逐渐土崩瓦解。[①] 面对经济发展的新常态和市场竞争的新特质，市场分割给经济发展带来的副作用已经逐渐显现，市场分割的边际效益逐渐弱化。因此，要适应经济发展的新形势，就要加快深化改革的力度，加快构

① 迟福林．“经济新常态”趋势变化之六：地方竞争“让位”全国市场统一[EB/OL]. 中央政府门户网站， http://www.gov.cn/zhengce/2015-03/03/content_2824339.htm,2015-03-03.

建统一透明、有序规范的市场环境。

一、市场竞争新特质——质量型、差异化

改革开放 30 多年来，市场竞争主要拼的是价格、规模和政策。企业的发展方式较为粗放，市场竞争主要以价格竞争和数量扩张为主。一方面是通过地方政府的保护，利用当地低廉的劳动力和土地资源降低企业成本，将成本优势转化为价格优势；另一方面是企业靠着规模和数量的不断扩张，将那些缺乏资源和技术优势的小微企业驱逐出市场。

政府层面的市场竞争主要靠的是比政策、比优惠。诸侯割据、各自为战的市场分割格局，以及唯 GDP 和经济发展的政绩观，决定了地方政府将政策优惠作为吸引项目和投资的筹码，谁吸引的项目和投资多谁就能在竞争中占得先机。因此，地方政府普遍采用零地价、税收返还、财政补贴等方式来吸引投资，最终背上了沉重的债务包袱。

当前，这种竞争态势已经越来越难以为继。新常态下，市场竞争正逐步转向质量型、差异化为主的竞争，消费者更加注重品质和个性化，竞争必须把握市场潜在需求。

从企业的角度讲，质量型表现为产品质量的提升，差异化表现为产品的多元化和个性化。随着社会经济的不断发展和人民生活水平的逐渐提高，消费者对产品的需求越来越高，过去那种质次价低的产品已经不能满足消费者的需求。品质更高、更加能够体现消费者个性化的产品才能更加迎合消费者的口味。

从政府的角度讲，质量型表现为经济发展质量的提升。即经济发展由要素驱动、投资驱动转变为创新驱动，经济增长的能耗降低，污染减少，公共服务更加均等，人民生活水平稳步提升，经济发展与生态环境良性互动、协调发展，经济发展与社会发展同步迈进、互相促进。差异化指的是各个地区划分不同的侧重点。各地区首先对自身的产业基础要有一个清醒合理的认识，要认清自身的比较优势，找准自身定位，走一条差异化发展之路。

二、市场分割边际效益弱化

边际效益指的是每增加一单位产品和劳务的消费所比起上一单位的消费，所增加或减少的效益，如果该效益是增加的，则边际效益递增；反之，则边际效益递减。市场分割的边际效益指的是每一单位的市场分割的增加所带来的经济增长。市场分割本身并不能增加政府效用，而政府有采取市场分割政策的动机一定是因为政府可以从市场分割中获益，纵然市场分割可以带来财政收入的增长和提高就业率，如果没有经济增长做基础，这两个目标也是不一定能够实现的。因此，在改革开放初期，地方政府普遍采取市场分割策略，是因为市场分割确实带来了一定程度的经济增长。在改革开放初期，市场分割在一定程度上保护了弱小企业，提高了企业竞争力，促进了现代市场体系的建立，并带动了经济增长。但随着经济社会的不断发展，改革的不断深化，以及我国逐步融入全球竞争的大格局，经济增长越来越依赖于规模经济，市场分割的边际呈现弱化的趋势，所以，从长期来看，市场分割与经济增长呈“倒U形”关系。

1978年12月，党的十一届三中全会的召开是我国经济体制改革的一次伟大转折，从此，我国走上了一条“摸着石头过河”的渐进的、可控的改革开放道路。30多年来，伴随着我国的经济体制改革，我国的经济发展以及市场分割也呈现出不同的特征，并大体分为以下几个阶段：

1978年第一次明确提出了建设有中国社会主义理论，并提出了计划经济为主、市场经济为辅的原则。这个时期，财税体制改革的重点是放权让利，直接成为地方市场分割的根源。进入20世纪80年代中期，由于政府对资源的大量的行政控制造成了短缺经济。经济发展中资源、产品、服务的供给不能满足有支付能力的需求，资源紧缺、要素匮乏成为这个时代的主要特征。地方政府为了保证本地区的产品供应，普遍采取了限制本地区的产品和要素流出的地方保护主义政策。这时候企业也普遍存在着不断扩大再生产、追求产品数量的推动力，地方市场分割在一定程度上满足了企业囤积原材料和生产物资的需求，并且为企业争取尽可能多的投资份额，企业超支可以由国家财政补贴，投资风险主要由国家承担。因此，市场分割激励了政府发展本地经济的愿望，同时为本地企业扩大规模，增加产品数量提供了条件，使得这个时期我国经济取得了突飞猛进的增长。

20世纪90年代，随着社会主义市场经济的进一步发展，我国国民经济保持快速增长，有效供给能力显著增强，社会商品极大丰富，已由“卖方市场”进入了“买方市场”，国民经济发展过程中曾长期存在的短缺状态宣告结束。买方市场的特征是：产品供给大于需求，市场商品丰富，货源充沛，商品的市场价格呈下降趋势，卖者之间在市场上展开激烈竞争。同时，随着企业生产规模的不断扩大，劳动力、资金、技术等生产要素供给不足。此时的市场分割表现为：鼓励本地产品和服务的流出，限制外地产品的流入，限制竞争；鼓励生产要素流入，限制要素流出。一方面，为本地企业减少了来自外地企业的竞争，在供大于求的情况下，保护了本地产品的销路；另一方面，在资源竞争加剧的情况下，限制要素流出，保证本地企业能够获取满足生产所必需的要素。在供过于求的买方市场，企业在政府的保护下，依然为经济增长作出了一定的贡献。

同时，这个时期我国开始加大对外开放力度，经济开放加剧了国内竞争，又增加了政府干预的动机。外资企业在中国的直接投资持续增长，并迅速挤占国内市场。此时，企业为争夺有限的市场空间展开了更激烈的竞争，政府对本地企业的保护使得那些弱小企业，在面临激烈的市场竞争中获得了一定的成长空间。

世纪之交的中国经济发展取得了显著成果并进入全面、快速工业化阶段，经济持续高速增长，产业结构有所改善，对外开放日益扩大，市场机制在经济中的作用日益加强。但是也要看到，在取得巨大成绩的同时，也存在不少困难和问题，尤其是市场分割和地方竞争仍然在一定范围内和一定程度上存在着，并日益成为经济发展的障碍。

进入 21 世纪，以互联网为代表的第三次工业革命席卷全球，世界经济发生了翻天覆地的变化。面临着经济知识化和竞争全球化洪流的严重冲击，中国经济也进入了大调整、大转折、大变化和大发展时期，尤其是市场竞争方式和企业的增长方式发生了巨大变化。在产能过剩的市场态势下，扩大投资不一定能够带动消费增长，企业投资只有与市场需求相协调时才能产生经济效益。同时，随着社会主义市场经济体制的建设和推进，企业的增长方式由外延扩大再生产为主转变为内涵扩大再生产为主，企业将更加注重经济效益，企业竞争转向了质量型、差异化的新模式。过去依靠市场分割和行政干预人为压低劳动力、资本、土地的价格所带来的负面影响日益增多，企业的低成本优势逐渐失去，依靠市场分割支撑的经济增长已经不可持续，市场分割的边际效益逐渐弱化。

（一）企业进入一体化发展时代

面对激烈的市场竞争，企业将更加注重提升核心竞争力，提高经济效益，而通过实施一体化战略进行产业链和产权链的整合，通过重组兼并来扩大市场规模是大多数企业的必然选择。一体化战略包括前向一体化、后向一体化、水平一体化和垂直一体化。前向一体化是通过收购、兼并批发商、零售商等各种渠道来增强销售能力；后向一体化即收购、兼并原材料供应商，控制市场供应系统，避免原材料和成本受制于供应商；水平一体化指通过各种形式的联合经营或收购、兼并同类企业来取长补短，扩大经营规模；垂直一体化包括整个产业链的整合，实现对所在行业产业链的控制。在企业发展早期，规模较小，依靠本地市场就能满足企业对生产要素以及产品销售的需求。但是在一体化时代，企业要求在全国乃至全球范围内配置资源、销售商品。特别是民营经济规模扩大，对跨省界的规模经济的要求势必加强，而市场分割增加了企业省际间的交易成本，已经严重阻碍了企业的发展。

（二）消费者更看重产品的品质和个性

随着科技进步和经济发展，同类商品日益增多，价格对消费者的吸引力在逐渐降低，消费者的“自我”意识逐渐强化，个性化消费呈现出前所未有的发展态势。消费者对产品质量、成本和品种的要求越来越高，他们在意自己的性格、意向、兴趣等，喜欢表现出自己的与众不同，更加注重产品的品质和个性，同时，注重商品的附加功能和服务程序。企业要想在竞争中取胜，就要提供差异化和质量型的产品和服务，树立起企业在全行业范围中独特的东西。差异化竞争包括产品设计、品牌、技术、产品功能、顾客服务和商业网络等方面的独特性，即产品及品牌定位的差异化、产品质量及包装的差异化、销售区域的差异化、市场推广的差异化、销售网络的差异化等。总之，市场细分和个性化分服务是企业获得差异化竞争优势的前提，也是企业经营战略的发展潮流。

（三）互联网打破了市场的行政区划界限

当前，经济发展进入信息化时代，互联网在很大程度上改变了我们的生产、生活和消费方式。首先，电子商务的迅猛发展使得企业可以在全球范围内配置资源，禁止外地企业、外地产品进入本地市场的市场分割政策已经无法发挥作用；其次，网络购物使得消费者的消费已经跨区域、跨市场、跨国界，2014 年淘宝“双 11”销售额超 571 亿元，市场分割已经不能对消费行为起到任何的限制作用；最后，以众筹、P2P、第三方支付、数字货币等为代表的互联网金融蓬勃发展，一方面，避免了金融机构设置营业网点的资金投入和运营成本；另一方面，网络平台公开透明，削弱了信息的不对称。资金供求双方通过网络平台就可以实现信息的甄别、匹配、定价和交易，无需传统中介，大大降低了资金的交易成本。可见互联网已经打破了市场的地域分割，把中国真正变成了一个大市场。

（四）生产要素流动更加便捷

市场分割条件下，生产要素流动受阻，必然影响工商业部门的产品结构的调整和升级。但是随着经济社会的不断发展，生产要素的自由流动更加便捷。铁路、港口、航空、高速公路迅速发展，交通运输日益发达，“千里江陵一日还”已经不再是梦，劳动力在省际间的流动更加频繁。同时，农村土地承包流转又进一步释放了农村富余劳动力，支持中国的城镇化建设；当前，土地确权正在如火如荼地展开，农村土地逐步入市交易流动，土地资源进一步自由流转；随着利率市场化改革，资本市场的不断完善和市场供求机制的不断发展，资本也在不断从经济效益低的部门向经济效益高的部门流动；垄断资源进一步开放，电信、电力、金融、军工、铁路等垄断行业逐步放开，允许民营资本进入，都充分释放了生产要素的活力。

（五）投资商投资更加看重软环境

一个地区投资环境的好坏不仅取决于基础设施、地理位置等硬件环境的好坏，更取决于政策环境、行政环境、市场环境和诚信环境等软环境。过去，地方政府吸引投资，往往靠的是零地价、财政补贴、税收优惠，这些不可持续性的政策行为，无异于饮鸩止渴，不但导致市场信号失真，最终还把长期负面后果背在了政府身上。随着科技的进步和交通的发达，各地的物质差异和地理位置差异显得原来越淡化，投资商越来越看重投资地区是否具有重商、亲商的服务环境，是否具有开放、开明的思想境界，是否具有诚信、守信的市场环境以及是否具有公平、公正的法制环境，而市场规则是否统一透明、市场经济秩序是否规范已经成为吸引投资的制约性因素。

（六）要素驱动转变为创新驱动

当前我国经济发展步入新常态，新一轮科技革命和产业变革浪潮蓬勃兴起，互联网金融、移动支付、信息消费快速发展，新行业、新技术、新业态、新模式、新产品的加速成长成为中国经济未来的希望所在。同时，宏观经济下行压力加大、资源环境要素制约加剧，这些都对转变经济增长方式提出了新的要求。企业要想发展必须依靠科技创新，创新已经成为企业发展的灵魂。对企业来说，创新就是企业利用市场的潜在赢利机会，以获取商业利益为目标，重新组织生产条件和要素，建立起效能更强、效率更高和费用更低的生产经营方法，从而推出新的产品、新的生产方法，开辟新的市场，获得新的原材料供给来源或建立企业新的组织，它包括科技、组织、商业和金融等一系列活动的综合过程。传统企业要利用科技创新加快改造步伐，新兴产业要利用科技创新挖掘潜在价值，中小企业更是不断加快研发步伐，不断提升自主创新能力，打造转型升级的“主引擎”。

由此可见，伴随着经济社会日新月异的发展，市场竞争呈现出新的特征，面临着新的挑战。市场分割和地方竞争的边际效益逐渐弱化，已经完全不再适应经济发展的新要求，建立全国统一市场，提高资源配置效率已经成为中国经济发展的内生要求。

第三节　经济一体化需要建设统一大市场

经济一体化是指两个或两个以上国家（地区），以获取区域内国家间 / 地区间的经济集聚效应和互补效应为宗旨，为促使产品和生产要素在一定区域内的自由流动和有效配置而建立的经济区域集团。经济一体化是经济社会发展的必然趋势，也是改革开放的必然要求。经济一体化包括全球经济一体化和国内的经济一体化。全球经济一体化是 20 世纪下半叶国际经济发展的一个潮流，指的是两个或两个以上国家或地区，通过协商制定贸易政策和规则，缔结经济条约或协定，在经济上形成区域性经济贸易联合体。在这个联合体内，贸易壁垒被削弱或消除，产品和要素区域自由流动。按照贸易壁垒从强到弱的程度，可以分为特惠贸易协定、自由贸易区、关税同盟、共同市场、经济同盟和完全的经济一体化。不仅发达国家，而且广大发展中国家处于发展本国经济的目的也纷纷组建区域经济合作组织。据统计，目前全球共有 33 个区域经济一体化组织。较为知名的经济一体化组织包括欧盟、亚太经合组织、北美自由贸易区等。

国内的经济一体化指的是相邻地区以产业集聚和资源互补为主要内容的区域经济协调发展安排。改革开放以来，我国整体经济实力和综合国力得到大幅提升，但是由于我国幅员辽阔，地区之间资源禀赋差异较大，加上行政性分权以及行政干预形成的市场分割，导致我国地区之间的经济发展差距较大。东部地区经济发展水平较高，中部次之，西部最次。为促进区域经济协调发展，早在 20 多年前我国就提出了经济一体化问题，并取得了一定的进展。长江三角洲经济区、珠江三角洲经济区、环渤海湾经济区，发展到现在已颇具影响，现在新一轮的区域经济一体化浪潮正在袭来，京津冀协同发展、“一带一路”战略和长江经济带战略就是其典型代表。

可见，无论是国际还是国内的经济一体化，其实质都是一样的，即消除经济交往中的障碍，削弱贸易壁垒，降低区内交易成本，使产品、要素自由流动，在市场作用力下形成资源的最优配置。但是，和世界上一些发达国家相比，我国经济一体化水平仍然较低，省级市场分割程度较高并严重阻碍了经济一体化水平。因此，如何加强各地区之间的经济联系以建设统一大市场，实现区域经济一体化是摆在各级政府面前的现实课题。

一、统一市场的特征——统一透明、有序规范

现代市场体系不仅包括消费品和生产资料等商品市场，还包括劳动力市场、土地市场、资本市场、技术市场、信息技术以及

房地产等生产要素市场。统一市场就是各类市场的有机统一体，现代市场经济只有借助于完善的市场体系和统一市场才能有效地配置资源。

党的十八届三中全会决定中指出，要建设统一开放、竞争有序的现代市场体系。2014 年中央经济工作会首次明确了“经济发展新常态”的九大趋势性变化，并提出要加快形成统一透明、有序规范的市场环境。

“统一”指的是各类市场在全国范围内是一个有机整体，各类产品和生产要素可以自由流动，不存在行政分割与地区封锁。现代市场体系的统一性要求按照一致的市场规则来规范不同的市场主体，还要打破地区之间的条块分割，打破城乡隔离，在全社会范围内统一配置资源。

“透明”指的是市场规则的公开透明，各类市场主体只有在公开透明的市场规则下才能展开公平竞争，才能保持其生产和经营的积极性，才能合理引导资源配置，使各方利益在竞争中达到均衡。

“有序规范”指的是市场主体的运行要符合客观的经济规律，同时，有规范的市场环境，在这个环境中，市场主体的行为有严格的规定，市场经济活动受到严格的制约，一切市场活动都是在市场规则的监督之下有序规范的运行。市场的有序规范要求设立市场监督管理机构，制定相应的市场规则，并负责监督、执行，以维持市场秩序。

这几个特征是相互联系、不可分割的，“统一”是市场体系的基础，“透明”是市场活力的前提，“有序规范”是市场公平交易的保障。现代市场只有做到统一透明、有序规范，才能使市场机制充分发挥作用，使资源得到合理高效配置。

二、建设统一大市场的必要性

市场体系是社会主义市场经济的重要组成部分，建设统一大市场是完善社会主义市场经济体制的重要环节。无论哪个国家，哪个地区要发展市场经济，都必须坚持以市场机制来配置资源。而分割的市场将会导致价格信号扭曲，供求关系失衡，市场竞争不充分，资源不能充分流动，这都给市场经济的正常运行带来许多不利影响。因此，要想让市场机制充分发挥作用，统筹城乡经济、区域经济发展，不断扩大开放、参与全球竞争，就必须建设统一透明、有序规范的统一大市场。

第一，建设统一大市场是市场机制发挥作用的前提条件。市场要在资源配置中起决定性作用，就是使价格机制、供求机制、竞争机制、风险机制等市场机制在商品交换和要素流动中起决定性作用，发挥其自动配置资源的功能。而市场机制发挥作用的前提条件就是统一透明、规范有序的统一大市场的建立，具体包括：一是企业真正成为市场竞争的主体。企业拥有明确的自主权，能够自主决定自身的经济活动，不受政府部门行政关系的束缚和行政命令的干预，能够对市场信号作出及时的反应，接受市场机制的引导。二是有统一透明的市场规则。企业可以自由地进出市场，公平参与竞争，要素可以自由流动，市场价格可以充分反映产品的供求关系和要素的稀缺程度。三是有严格的市场监管。有健全的法律法规体系和社会信用体系的约束，企业的市场经济活动统一在市场监管下运行，整个市场经济规范有序。

第二，建设统一大市场是统筹城乡和区域发展的必经之路。我国经济发展不平衡，地区封锁和市场分割突出表现在城乡之间。城乡劳动力市场、土地市场、资金市场的二元性分割限制了要素的自由流动，使得城乡差距日益扩大。由于城乡二元户籍制度的存在，与城镇居民相比，农村劳动力在就业、待遇等方面受到歧视；农村土地市场不健全，农民在地区市场缺少基本的交易权利和定价权利；农村资本市场发展落后，农村资金更多的通过各种渠道流向城市，而与此同时，农业大户、农民合作组织和农村的企业却很难从银行贷款。由此可见，城乡二元性分割导致生产要素难以在城乡之间实现最优配置，严重影响了农业和农村的发展。只有建立城乡统一的要素市场，才能促使农村富余劳动力和商品流出来，城市资金、技术、人才等要素流向农村，农村规模经营和农业现代化水平才能不断提高。另外，我国幅员辽阔，地区间发展很不平衡，尤其体现在东中西部地区发展差距日益扩大。产业对接存在的障碍和公共服务存在的落差使空间不平衡十分严重，区域经济协调发展在很大程度上依赖于各地区的市场统一。没有统一市场，东中西部经济交流与合作就难以开展，优势互补也成为一句空话。只有建立区域间统一市场，才能发挥各地区的比较优势，实现东中西部互相促进，共同发展，协调推进。

第三，建设统一大市场是不断扩大开放、参与全球竞争的必然选择。我国的地方市场分割一方面提高了企业的成本，降低了企业的国际竞争力；另一方面省际间的地区封锁也为外资进入设置了重重障碍。只有统一的政府行为、市场规则，打破国内地区封锁、行业垄断和内外资分割的投资政策和产品流通体制，建立全国范围的统一市场，才能积极参与国际分工，与国际市场建立密切联系和良性互动，促进国际国内要素有序自由流动、资源高效配置、市场深度融合。统一国内外市场首先要统一内外资法律法规，放宽投资环境，让内外资在同一起跑线上竞争发展，同时还要保持外资政策的稳定、透明、可预期；另外要减少对劣势地位的企业的保护，通过逐步有序的放开，让国内企业最大限度地参与国际竞争。

三、建设统一大市场的举措

改革开放以来，我国市场体系建设大体上经历了从农村到城市，从普通商品市场建设为主到要素市场建设为主，从完善价格形成机制的价格改革到完善产权制度建设的所有制改革，从开发区试点到全国逐步推开，从招商引资到加入 WTO 广泛采用国际规则的对外开放，从要求市场发挥“辅助作用”到发挥“基础性作用”，再到发挥“决定性作用”的演变过程。[①] 党的十四大明确提出了建立社会主义市场经济体制，党的十四届三中全会制定了社会主义市场经济体制的总体规划，提出了建立全国统一开放的市场体系。党的十八届三中全会决议当中，提到经济体制改革是全面深化改革的重点，核心问题是处理好政府和市场的关系，让市场在资源配置中起决定性作用和更好地发挥政府的作用。打破市场分割，构建统一市场也要同时发挥市场和政府的作用。

---

① 汪红驹 . 加快完善现代市场体系 . 时事报告，2014(01).

(一)市场经济的发展成熟是建设统一大市场的根本

市场分割本身就是市场不成熟不发达的结果，要建设统一大市场首先要发挥市场在资源配置中的决定性作用。当企业生产规模日益扩大，产品日益丰富，要求在更大的市场范围内销售产品和配置生产要素，就会要求突破地方市场分割的界限，原来那些限制产品或要素自由流动的政策就会成为企业扩大生产规模的障碍，成为对日益发达的商品经济的压制。依靠市场本身的力量来破除市场分割是治本之策，市场经济的主体是企业，统一市场建设的主体也是企业，因此要大力培育市场主体，完善市场机制。

首先，加大国有企业改革力度。国有企业是地方保护和市场分割的重要微观基础。我国改革开放30多年来，国有企业改革仍然处于比较落后的状况，国有企业政企不分、政资不分，股份制改革仍有差距，垄断行业的国有企业生产效率低下、改革举步维艰，国有企业不是真正意义上的产权主体，也没有完全按照市场规则参与市场竞争。因此，国有企业改革就要以规范经营决策、提高企业效率、公平参与竞争和增强企业活力为重点。一是建立现代企业制度。建立统一市场的前提条件就是让企业成为真正的市场主体，要加快推进国有企业的产权改造，建立归属清晰、权责明确、保护严格、流转顺畅的现代产权制度，完善产权法律制度。同时，建立协调运转、有效制衡的公司法人治理结构。深化国有企业股份制改革，推进规范的董事会、监事会建设，提高公司透明度，强化信息披露。二是准确界定不同国有企业的功能。我国国有企业可以分为竞争性、功能性和公益性三种，对于竞争性国有企业要破除各种形式的行政垄断，按照市场化的要求，加快推进现代企业制度建设，积极参与国内外两个市场的竞争；功能性国有企业的改革以特许经营、政府监管为重点，根据不同行业特点实行网运分开，推动公共资源配置的市场化；对于公益性国有企业，如供水、供电、供电等企业，要加大政府投入，加强对其服务质量和价格等方面的监督管理，提高其公共服务水平，促进公共服务均等化。三是积极发展混合所有制经济，促进国有资产管理体制改革。党的十八届三中全会《决定》强调，混合所有制经济“有利于国有资本放大功能、保值增值、提高竞争力，有利于各种所有制资本取长补短、相互促进、共同发展”。要促进国有企业股权多元化，就要吸收非国有资本作为战略投资者，允许给国有资本参股国有资本投资项目，允许混合所有制经济实行企业员工持股，允许国有经济和其他所有制经济发展成为混合所有制经济。组建国有资本运营公司，支持有条件的国有企业改组为国有资本投资公司，提高国有资本保值增值的能力。

其次，大力发展民营经济。民营经济在扩大就业、促进创新、增加税收、促进增长等方面具有重要作用。民营经济发达地区，市场的开放程度就会较高，例如，广东、浙江、江苏等地政府政策更加开放和规范，因此民营经济发展迅速，这既是统一市场建立的原因也是结果。但在其他一些地区，市场分割和地方竞争为民营经济发展设置了重重障碍，尤其是在面对国有企业的竞争中，民营及企业面临着机会不平等、权利不平等、规则不平等等各种隐形壁垒,使得民营经济发展遭遇“玻璃门”。大力发展民营经济，一是要放宽民营经济的市场准入，规范投资准入门槛，排除市场准入歧视，给予民营经济和国有企业同等的投资机会。二是为民营企业发展创造良好环境。要清理和修改不适宜民营经济发展的法律法规，切实保护其合法权益，培育和维护公平竞争的市场环境。完善合法私有财产的保护机制，严格执行保护私有财产的法律法规和行政规章。三是促进企业的产权链和供应链整合，通过企业推动一体化市场建设。产权链整合指的是企业通过跨地区分布和跨地区并购，使得生产要素能够在更大范围内，特别是在不同的区域之间自由流动，促进区域之间相互渗透、相互融合。供应链整合，即企业之间按照原材料、投入品、生产、销售的生产链条，在更大范围内进行分工合作。这样，处于不同地区的同一个供应链上的不同企业就会由过去的竞争关系转为合作关系，在此基础上形成不同地区统一市场的强大动力。

最后，扩大对内对外开放，统筹国内外两个市场。对外开放是促进国际国内要素有序自由流动、资源高效配置、市场深度融合的助推器。在逐步拆除地区贸易壁垒的同时，不断开拓国外市场，加快培育参与和引领国际经济合作竞争新优势，以开放促改革。一是统一内外资法律法规，长期以来内外资待遇不同的问题一直存在并严重影响我国的投资环境，因此，要制定统一的内外资政策，放宽投资环境，让内外资能够在统一起跑线上竞争发展。二是为我国投资主体走出去提供更多支持。市场分割和地方竞争使得区际贸易成本上升，企业在还没有做好准备的情况下，被迫将目光转向了海外市场。因此，要鼓励企业发挥自身比较优势代境外开展投资合作，并主动为投资主体提供权益保障、投资促进、风险预警等服务，扩大投资合作空间，同时加强国家间和政府间的对话与合作，签订多边或双边投资协定，改革涉外投资审批体制，提高审批效率和透明度。三是推进自由贸易区建设。按照更自由、公平、有效率的原则推动世界贸易体制规则的发展，开展双边、多边、区域、次区域开放合作。以周边为基础加快实施自由贸易区战略，改革市场准入，减少劣势保护。通过逐步有序放开，让相对劣势领域最大限度地参与国际竞争，在参与国际竞争的过程中提高我国企业的竞争能力，促进国内市场的繁荣和市场的统一。

（二）政府是建设统一大市场的重要推动力量

市场分割和地方竞争都是在超市场的力量下形成的，而这个超市场的力量就是政府。正是政府为保护本地企业而采取了封闭本地市场的做法导致了市场分割，地方保护也正是地方政府之间博弈陷入囚徒困境的表现。因此，用政府力量来扫除商品经济发展的壁垒，是最直接也是最有效率的办法。吴敬琏认为，在从旧体制向新体制转轨过程中，关键是应该变行政协调为市场协调，而不应该舍本逐末，只从现象上着手，搞行政性分权。① 因此，要打破地方市场分割，就要科学界定政府职能，厘清地方政府在市场经济中的作用，推动政府职能转变。当前，我国政府在履行经济管理职能方面存在越位现象，即政府直接干预微观经济活动、直接配置资源的现象依然存在。在履行公共管理职能方面存在缺位现象，比如在教育、医疗、就业等方面政府的公共职能比较薄

① 吴敬琏，刘瑞吉 . 论竞争性市场体制 . 北京：中国大百科全书出版社，2009.

弱。转变政府职能，首先要厘清政府和市场的边界，简政放权。要发挥市场在资源配置中的决定性作用，就要减少政府的行政审批，推进政府向市场放权，最大限度地避免用行政手段配置各类资源，用政府权力的减法换取市场和社会活力的加法；其次，加强政府的市场职能。简政放权不是不要政府，作为一个发展中国家，为保持经济的快速、健康、持续发展，还需要政府承担着制定统一的市场规则、加强市场监管的职责。随着市场化程度的提高，建设统一透明、有序规范的市场体系迫在眉睫，政府必须发挥对经济活动的引导和规范作用，加强市场活动监管，完善监管体系，维护全国市场的统一开放和竞争有序，弥补市场本身的不足和缺陷；最后，完善地方政府的成果考核评价体系。改变过去那种唯 GDP 论，不能单纯地用数字来说话，也不能单纯地以经济增长速度来考核评价领导干部。纠正以经济增长速度评定政绩的偏向，加大环境损害、能源消耗、科技创新等指标的权重，更加重视劳动就业、居民收入、生态环境、社会保障等方面。不仅关注经济增长的数量，更要关注经济增长的质量。

（三）财税体制改革是建设统一大市场的制度保障

市场分割和地方竞争的根源在于行政性分权，因此建设统一市场首先要改革不合理的财税体制。财税体制改革是行政体制改革的先导，是优化资源配置、维护市场统一、促进社会公平的制度保障。以财税体制改革为突破口,统筹中央和地方政府的权、责、利，合理配置纵向政府的职能、职责和机构。

一是建立事权和支出责任相适应的制度。从我国现实来看，中央与地方的事权划分不合理、不清晰，一些职责存在交叉、重叠和错位。要明确划分中央和地方事权，国防、外交、国家安全以及全国统一市场的建立等应属于中央事权，区域性公共服务属于地方事权，并依据事权承担相应的支出责任。属于中央事权的公共支出项目，支出责任由中央政府承担，属于地方事权的，支出责任由地方政府承担。二是理顺中央和地方的收入划分。在合理划分中央和地方的事权和支出责任的基础上，赋予各级政府相应的收入来源，使各级政府的收入尽量能够满足其支出需求。政府间收入划分要遵循经济和效率原则。一般来讲，地方政府承担了较多的辖区内公共品的职责，大部分财政支出由地方政府负责，因此，在财权配置上要适度向地方政府倾斜。尤其在税种设置上，在积极扩大中央财源的同时，适当增加地方税税种，充分调动两个积极性。三是规范中央对地方的转移支付制度。由于我国区域经济发展不平衡由来已久，地区间社会公共服务能力相差悬殊，因此，转移支付的目标应该是促进基本公共服务均等化，调整地区间的横向不平衡，缩小地区间经济发展的差距。同时要从制度上对转移支付进行规范，从方式上进行优化。加大一般性转移支付力度，逐步取消竞争性领域的专项资金，减少专项转移支付的项目。中央通过转移支付的规范，平衡各地区财力差距，引导地方政府主动放弃地方竞争和市场分割的囚徒困境。

（四）法律法规是建设统一大市场的保障

市场规则统一透明，市场竞争规范有序，市场主体公平参与竞争，这都需要相应的法律法规作保障。改革开放以来，我国在规范市场主体、市场交易、维护市场秩序等方面制定了不少法律法规。但是，从市场运行的实际情况来看，企业地位不平等、税负不一、市场竞争不充分等问题依然比较突出。尤其是国有企业的法人地位和资格没有得到法律上的认可，民营经济与国有企业不能在同一起跑线上公平竞争。因此，要加强规范市场交易、维护市场秩序的法制体系建设，创造公平竞争的环境，反对不正当竞争，打破地方市场分割。

一是修改完善《反不正当竞争法》和《反垄断法》，制定关于各地企业之间倾销反倾销、补贴反补贴的相关法律法规，深化垄断行业改革，加强垄断业务监管，以强制力对竞争秩序进行必要的干预，以排除妨害竞争的不正当行为。

二是制定统一的市场准入制度。实行负面清单管理，对非公有制经济的市场准入进行明确界定，确保各类市场主体可依法平等进入清单之外领域。同时清理和废除妨碍全国统一市场建设和公平竞争的各种法律法规，严厉惩处各类违法的政策优惠和封锁市场行为。

三是整顿完善市场监管秩序。加强对食品、药品质量安全的监管，建立农产品标识制度、原产地可追溯制度、质量检验制度等，严厉打击不合格产品。加强知识产权工作，不断完善知识产权立法和执法体系，加大知识产权的保护力度，通过知识产权立法来推动全民重视知识产权保护的意识。提高行政执法部门的执法效率，形成职责分明、协调配合、高效运转的行政执法体系，将行政执法与行业自律、群众监督相结合，协调联动，提高整顿和规范市场经济秩序的效率。

第七章

CHAPTER 7

穹顶之下的资源环境约束
——推动绿色发展新方式

第一节　资源环境约束已到极限

近几年的冬季，长时间的雾霾天气，不断爆表的PM2.5指数，让很多居住在中国华北地区的人民深切地感受到生存环境的压力，雾霾已经成为入冬后绕不开的话题。与此同时，环境承载力也已达上限，环境污染的存量和增量都将持续，环境质量进一步恶化的趋势还未得到根本扭转。而事实上环境容量有一个阈值，突破这个阈值以后，短期内难以扭转。

面对我国经济增速持续的下滑，过去30多年快速增长积累的风险开始凸显和释放，包括人口、资源、环境红利等基本面悄然变换。同时，面对后金融危机时代国际经济格局的深刻调整，过去外延式发展产生的发展不可持续问题突出地存在于诸多领域，发达国家一两百年出现的环境问题，在我国30多年的快速发展里集中显现。

当前，中国经济进入了换挡转速的新常态。转方式、调结构、促改革仍然是今后一个时期的重点任务。2015年上半年，我国GDP增速为7%，在发达国家宏观政策和经济增长明显分化，新兴经济体几乎同步减速，国内外经济共同转型，世界市场需求低迷的大环境下，中国经济实现7%的增长确实来之不易。中国以“缓中趋稳”的方式初步遏制住了经济持续下行态势。中国经济下行的窗口从2013年开始已经显现，未来几年可能进入实质性下降阶段，而这个时间段很可能就是2015—2016年。这就是被张燕生称为“2016猜想”的那个“谜团”。

一个阶段有一个阶段的任务，过去我们温饱尚未解决的时候，不会去考虑血脂高了怎么办。改革开放30多年后，中国经济总量从3 600多亿元大幅提升到60多万亿元。经济快速增长的同时，也带来了一些负面效应——过度消耗能源资源、严重环境污染、带来经济发展的不可持续性，中国经济增长被戏称为“挂着点滴的GDP”。增长必须是实实在在没有水分的增长，是有效益、有质量、可持续的增长，不以GDP作为经济领域最重要的举目之纲。中国经济在2014年的下行过程中，政府频繁采取预调、微调等形式取代过去漫灌式的调控。

一、单位GDP能耗

单位GDP能耗是反映能源消费水平和节能降耗状况的主要指标，一次能源供应总量与国内生产总值（GDP）的比率，是一个能源利用效率指标。该指标说明一个国家经济活动中对能源的利用程度，反映经济结构和能源利用效率的变化。

2015年上半年，我国单位国内生产总值能耗同比下降5.9%，清洁能源消费占全部能源消费比重达到17.1%，超过“十二五”规划中占比11.4%的预期目标，我国节能降耗继续取得新进展（见表7-1）。

表7-1　2006—2014年我国单位GDP能耗比率

年份	单位GDP能耗降低率/%	规模以上工业单位工业增加值能耗降低率/%	GDP能耗弹性系数
2006	2.7	2.0	0.76
2007	5.0	5.5	0.61

续表

年份	单位 GDP 能耗降低率 /%	规模以上工业单位工业增加值能耗降低率 /%	GDP 能耗弹性系数
2008	5.2	8.4	0.31
2009	3.7	6.6	0.53
2010	4.0	6.6	0.69
2011	2.0	3.5	0.77
2012	3.6	7.3	0.51
2013	3.7	5.0	0.48
2014	4.8	7.6	0.30

数据来源：国家统计局

单位 GDP 能耗的下降，得益于能源消费结构不断调整的政策。截至 2014 年年底，我国并网风电装机容量同比增长 25.6%，核电装机容量增长 36.1%，并网太阳能发电装机容量的增长高达 67%，水电、风电、核电、天然气等清洁能源的消费量正在逐步攀升。煤炭清洁化利用继续推进，煤炭消费总量得到控制，能源结构进一步优化。与此同时，相应的产业结构调整也在稳步进行，2014 年全国共淘汰落后炼钢产能 3 110 万吨、水泥 8 100 万吨、平板玻璃 3 760 万重量箱，超过 2014 年淘汰落后产能任务，“十二五”规划中淘汰落后产能的总任务提前一年得以完成。

不过目前我国高耗能行业比重仍然偏高，淘汰落后产能并抑制总产能继续发展压力尚存。2014 年单位 GDP 能耗降低可以理解为：除了结构调整带来的积极变化外，还有一部分原因是经济进入新常态所带来的。也就是由于经济减速换挡，高耗能行业增加值的增速降低，其能耗对总能耗的拉动作用减小带来的。

对于各个国家来说，经济增长总是一个绕不过的话题，这也成为西方经济学界的最优先的经济议题。西方新古典经济学认为，经济增长带来社会财富增长，必然会自动地逐步惠及所有社会阶层、所有人群，自然而然形成帕累托最优。新自由主义经济学认为自由市场为大众创造财富，允许经济的无限增长可度过一切苦厄。然而，在现实世界中，不管制度社会形态如何，只要是工业文明高度发达、市场经济迅速发展总是以大众贫困为代价，不仅没有缩小收入差距，反而出现日益扩大的贫富两极分化。德国学者威廉·魏特林在其《和谐与自由》一书中明确指出："在富人最多的地方，穷人也最多，因为这是彼此不分的。"贫富的两极分化，是社会生态危机的核心标志。

长期以来，中国经济的增长是资源能源耗费型的、环境不友好型的。伴随着土地资源、矿产资源、水资源及生态资源的消耗，这一增长方式的不可持续性已暴露无遗。中国在 1993 年才转为石油净进口国。短短 20 年后，中国已成为石油第一大进口国。进口石油占总消费量的 60% 以上。能源安全问题已经成为国家安全的重要内容。而华北地区大面积的雾霾已经表明资源能源及环境的污染日益恶化。

20 世纪五六十年代，整个西方国家流行着"增长热"甚至"增长狂"。长期采用凯恩斯主义的赤字财政来刺激经济，人为地促进经济增长进程，非但没有解决失业问题，反而造成失业与通货膨胀并存的滞胀局面；虽然各国的工农业生产都有不同程度的增加，但是由于资本家盲目追求最大利润，生产中产生的三废不予处理，环境受到严重污染，野生生物大量死亡，生态失去平衡，公害病症严重损害居民的健康。

回顾改革开放30多年来的增长历程，经济一直在波动中前行，表现如下：GDP增速从1980年的7.8%，下降到1981年5.2%，再上升到1984年的15.2%，再下降到1986年的8.8%，再上升到1987年的11.6%，再下降到1990年的3.8%，再上升到1992年的14.2%，再下降到1999年的7.1%，再上升到2007年的14.2%，再下降到2009年的9.2%，再上升到2010年的10.4%，再下降到2013年的7.7%以及2014年的7.4%。不难看出，1980年以来，中国已经经历了6次下降。

从下降的时间长度来看，2010年以来这次下降已持续4年，远比不上1992—1999年那次持续7年的下降，1987—1990年那次也持续了3年；从下降的幅度来看，2010年以来的下降幅度达到3个百分点，1992—1999年下降幅度达7.1个百分点，1987—1990年下降幅度高达7.8个百分点。可见。这次下降持续时间并非最长，下降幅度并非最大。

目前，我国经济处于三期叠加期，即增长速度换档期，这是由经济发展的客观规律所决定的；结构调整阵痛期，这是加快经济发展方式转变的主动选择；前期刺激政策消化期，这是化解多年来积累的深层次矛盾的必经阶段。

一些观点认为，“三期叠加”是增速放缓的原因，这种观点忽略了对经济规律的把握，误认为对新常态的认识是短期的、暂时的，增速变化是可以通过政府的刺激政策来“恢复”和“企稳”

的。实际上这是危机思维的延续，是政府干预经济政策的惯性思维，不利于经济按照新常态的基本规律更市场化地发展。

二、资源环境的过冲

过冲，即“过头”的意思，指意外并不一定是有意地超出了界限。这样的例子每天都有可能发生：当你从椅子上站起来的时候，可能会瞬间失去平衡；淋浴时如果把温度调得过高，且水龙头开过了头，你就会被烫着；你还可能会在聚会时喝了太多的酒超出机体代谢能力而在第二天醒来时感觉到头疼头晕；房地产开发商可能会因为所建的楼盘数量大大超出了需求，被迫以地域成本价出售而面临破产；由于有太多的渔船，捕鱼的船队过于庞大以至于捕鱼量大大超出了鱼类的繁殖量，从而导致鱼类资源耗竭，最终使得这些船不得不闲置在港口中；由于化学工业产出的氯化物超出了大气同温层所能吸收的安全范围，导致出现臭氧层在今后几十年中有被耗尽的危险，除非同温层中氯的含量降低……

如上所述，小到人体大到星体，导致过冲的原因大致相同，主要原因有三个：第一，是因为有增长，加速或快速的变化；第二，是因为有某种形式的界限或者阻碍，超出这种界限或阻碍，运动中的系统就会变得不安全；第三，是因为在感知或反应上存在滞后或失误，无法努力将系统控制在其界限之内。第三个原因就是产生过冲的充要条件。

过冲的情况很普遍，几乎以无穷多的形式存在。这种变化可以是实物的，如资源消耗的增加；也可以是组织上的，如所辖人口数量的增长；也可以是心理上的，如人们消费目标的不断提高；或者，也可能是金融、生物、政治或其他形式多方面的。

当前，在全面深化改革的过程当中，对资源环境的新压力与人民群众对改善生存环境的新要求之间尚存在矛盾。2014 年，中国国内生产总值达到约 64 万亿元。经济的进一步增长对资源环境构成的压力远非昔日可比。同时，人民群众对改善生存环境的要求越来越高，也越来越急迫，在人口、工业产业集中居住的中东部地区到东南、西南、华南地区，空气、水、土地的承载能力及污染程度，大都接近或者达到极限了。

1650 年，世界人口的数目大约是 5 亿，它以接近每年 8.3% 的比率增长。差不多 250 年增加一倍。1970 年世界人口总数为 36 亿，增长率为每年 2.1%。按这个增长率，增加一倍的时间是 33 年。截至 2014 年年底，我国人口已达 13.6 亿，中国经济高速发展多年来依赖的人口红利，最迟从 2015 年开始会大幅消失。而按照北大中国区域经济研究中心研究员陆德的“小鸡鸡理论”，人口红利一旦消失，那就至少需要 18~20 年的时间才能找回来。换言之，从 2015—2035 年的这 20 年里，中国必将在没有人口红利的情况下，找到其经济下一轮持续高速发展的动力① 。

所有这些可能的发展都涉及利害权衡。在这种情况下权衡特别困难，因为这里所谓权衡是在目前利益和未来利益之间进行的选择。为了保证将来适当资源的可得量，必须采取现在会减少资

---

① 当然，中共十八届五中全会，决定全面放开二孩政策，会对人口红利在未来的持续下降有一定的制衡效果，但效果真正如何，仍需观察。

源使用的政策。这些政策多数通过提高资源的成本发生作用。市场经济中的三大机制价格、供求、竞争机制都对资源环境起到影响作用。其中，价格机制对资源的作用不容忽视，当一项不可再生的资源面临短缺或预期行将耗竭时，通过价格机制的反馈作用，该项资源的价格势将上升。这种情况迫使人们节约这项资源的使用，刺激企业改变产品结构，推出节约这项资源的产品设计并投入生产。这种情况还会促进对代用品的研究、发展和使用。如果这项资源的价格上涨到足够高的水平时，在经济上原来是不可取的技术革新就有可能付诸实施。总之，价格机制的作用会压缩这项短缺资源的需求量，增加它的供应，扩大代用品使用范围，从而缓和这项资源的稀缺程度，减少由于它的短缺对国民经济所产生的冲击。

国家人口和计划生育委员会主任李斌指出，预计 2020 年，中国人口总量将达到 14.5 亿人，2033 年左右达到峰值 15 亿人。各种资源系统到那时能承受那么大的压迫或负担吗？我们心中无数。有些人认为，人类已经使环境退化到这种程度，广泛的自然系统已经遭受到无可挽回的破坏。我们不知道环境吸收一种污染物的能力的确切最大限度，更不知道它吸收各种污染综合体的能力。可是我们知道确实会有一个最大限度。在我国包括世界一些局部的环境中这种最大限度已被超过。

对于中高收入国家来说，主要面临的是“中等收入转型陷阱”；在中低收入国家中，主要面临“马尔萨斯陷阱”。“中等收入转型升级陷阱”的含义是，在中等收入水平阶段主要面临的是转型升级陷阱。从各个国家发展转型的历史来看，陷阱并不是绝对的下陷，而往往表现为在某些阶段该上台阶而上不去，但其他国家上去了而“相对下陷”，因此，与其说是面临“陷阱”，不如说是一道难迈过去的“坎”。马尔萨斯认为，人口是按照几何级数增长，而生存资料是按照算术级数增长，除非通过技术进步、对外贸易甚至殖民开拓等大幅增加生产资料，否则多增加的人口就要以战争、饥荒和瘟疫等方式被消灭掉。

中国目前正处于中等收入水平阶段，我们面临着“中等收入转型升级陷阱”的挑战。从当前已经出现的经济下行、国民经济运行效率不高、经济泡沫严重、内需不足、投资依赖、创新驱动不足、产能过剩、资源环境压力大、要素成本上升、城镇化与工业化不协调、贫富差距大等实际情况看，中国已经进入“中等收入转型升级陷阱”敏感期，虽然还未掉入陷阱，但面临掉入陷阱的危险，对此必须引起相关部门的高度重视。

三、可持续发展

可持续发展的起源可追溯到 20 世纪五六十年代。1962 年，美国生物学家蕾切尔·卡逊在《寂寞的春天》中，描绘了一幅由于滥施农药使春天变得死一般沉寂的景象，引起了人们对传统发展模式的反思。1972 年，美国 D. 梅多斯等人向“罗马俱乐部”提交了《增长的极限》报告，将全球性问题归结为世界人口、粮食供应、工业增长、环境污染、不可再生资源五大方面，通过模型分析得出了增长的极限问题，并提出“零增长”“工业发展退一步”等理论来解决增长极限的难题。同年，联合国在瑞典斯德哥尔摩召开了人类环境会议，这次会议虽仅限于环境污染，未能将环境污染与经济和社会发展联合起来，但却唤醒了全世界的环境觉醒和对环境保护工作的重视，并引发了世界第一次环境保护浪潮，会议发表了划时代的《斯德哥尔摩人类环境会议宣言》。从那时起，可持续发展逐渐成为人们关注的问题。

从历史上看，人与自然关系紧张都是发生在经济长期高速增长的时期，所谓的悲观经济学是英国工业革命胜利及其所推动的长期高速增长的产物；所谓增长的极限则是战后资本主义“黄金时期”的理论反思。我国近些年的高速经济增长，人与自然的矛盾日益尖锐。

自 20 世纪 80 年代世界环境与发展委员会提交的报告《我们共同的未来》中正式提出了可持续发展的概念与理论之后，全世界各国学者从理论形态上，如何精确表述可持续发展，如何准确地把握它的本质内涵及其价值取向，似乎成为一个世界性难题。但这并不影响可持续发展已经成为 21 世纪世界现代文明发展的战略纲领。在 20 世纪末期，可持续发展经济学在国际国内产生与兴起，这是可持续性经济科学的典型理论形态。可持续性经济科学是个经济学科群体，从我国的实际情况来看，至少包括生态经济学、可持续发展经济学、绿色经济学、循环经济学、低碳经济学及它们的马克思主义形态的经济学。它是现代经济学“绿化”的最高形态。

进入 21 世纪以来，中国十分重视可持续发展。时任中共中央总书记胡锦涛在 2003 年 7 月 28 日的讲话中提出的“坚持以人为本，树立全面、协调、可持续的发展观，促进经济社会和人的全面发展”，在党的十七大具有里程碑的意义，突出体现在党的十七大首次把“建设生态文明”的理念与价值取向写入代表大会报告，确立了生态文明是一种独立的崭新的社会主义现代文明形态，标志着我国开启了建设生态文明与和谐生态经济社会发展的新航程。在科学发展观的指导下，建设社会主义生态文明，是中华文明发展的一个建设中国特色社会主义生态文明的新时代正在到来。

自全球性金融危机爆发以来，国际社会和世界各国都把绿色经济发展提升到前所未有的战略高度。2009 年 2 月，联合国环境规划署郑重地提出了“实行绿色新政、应对多种危机”的倡议，一些西方发达国家和地区，应对经济和生态危机以及“后危机”到“建立可持续经济”，并提出打造“绿色知识经济体”的战略构想，促进全球经济绿色低碳转型，是进入 21 世纪以来经济发展的新趋势、新潮流。正如李克强总理所说的：“目前世界经济正在发生大变革、大调整，发展绿色经济已经成为一个重要趋势。”

21 世纪的人类文明和世界经济发展面临第三次巨大变革：从工业文明的黑色、高碳经济的黑色、高碳发展时代走向生态文明的绿色、低碳经济的绿色、低碳发展时代。这就为形成、丰富、发展符合生态文明与绿色经济时代背景的可持续性经济科学提供了实践基础。

实施可持续发展战略，是进入 21 世纪以来，面对加快转变经济发展方式，开创以绿色发展，和谐发展和创新发展为基本内容的迫切需要。2014 年中国经济总量超过了 63 万亿元人民币，是全球第二个经济总量突破 10 万亿美元的大国。中国经济从 30 多年前一个小的经济体成长为全球第二大经济体，从短缺经济体成为过剩经济体，从工业小国一跃成为全球第一制造业大国，从一个温饱经济体正在嬗变为小康经济。

这一系列的变化意味着，中国经济基本面不仅发生了量的巨变，更是发生了质的飞跃。用过去的眼光看待中国经济，用过去的思维思考中国经济,既不准确,也不现实。以经济增长速度而言，中国经济在经历 30 多年的快速增长之后，已经正式告别高速增长进入“常态增长”阶段，经济增速将在 7% 左右运行。

经济发展规模的迅速扩大，使得当代中国的生态系统已经由“空的世界”迅速发展成为“满的世界”。另外，我们在穹顶下的迅速腾飞也同样付出了“人—社会—自然”的巨大代价也是世所罕见的。从马克思主义广义生产力学说来看，当今中国的确存在着以生态生产力、人的生产力、精神生产力的巨大牺牲为代价换取物质生产力的高速增长，实现经济总量的迅速增加。发展中不平衡、不协调、不可持续问题十分突出，极大地制约着我国走可持续发展、科学发展之路。我们的经济发展、改革深化，需要的是“生态化的 GDP”和“人性化的 GDP”,推动社会和谐有序发展，提高全体人民的福祉。

书中提到的“增长的极限”这一概念常常被错误地理解并以一种过分简化的方式所使用。一些观点认为，人们对增长极限的关注来自于认为矿物资源或者其他一些资源很快被耗尽的观念。实际上，“增长的极限”更多的是指当我们没有为未来做好充分准备时，就会出现过冲并且导致社会福利的下降。例如，如果没有为不断减少的石油储量、越来越短缺的野生鱼类以及越来越昂贵的热带木材准备好替代品，一旦这些资源开始枯竭，福利受损的情况就会发生。

我们“不盲目反对发展，但是反对盲目的发展”。增长的极限曾经是遥远的未来，但今天它们已经广泛存在。而“崩溃”的概念曾经是不可思议的，但今天它已经进入公众谈论的话题，尽管它仍然只是一个遥远的、假设性的和学术化的概念。

第二节　科技创新驱散发展“雾霾”

什么叫创新，什么叫毁灭性的创造？就是一个新的东西产生，很多旧的东西就没有用了，作废了。创新是无情的，就像光碟取代了磁带、苹果公司的一系列 iPhone 手机的出现将通信巨头诺基亚淘汰一样。舞台不变，变的只有主角。

一、大众创业，万众创新

在美国经济学家罗伯特·索洛的新古典增长理论中，创新被称为“全要素生产率”。他的研究表明，创新是现代经济增长最主要的动力。1909—1949 年，美国经济中的创新贡献高达 87.5%。对中国这样一个大国而言，创新的重要性更是不言而喻。可以说创新是通向可持续发展的关键路径。创新不仅是技术，也包括商业模式的创新。而创业是创新最重要的源泉。因此，李克强总理在 2014 年 9 月的达沃斯论坛上提出了“大众创业，万众创新”。

经过 30 多年的改革开放，我国的技术水平已经慢慢与发达国家接近了，除了一些很间断的技术之外，一般的生产技术应该说没有太大差别。于是我们就要创新，哪怕是引进外国技术，经过消化以后再创新，来引领我们的生产技术。这样，我们的国家才能够立于世界强国之林。

从某种意义上来讲，新常态也意味着“减速治理”，减速治理并不是所有人都愿意进行的活动，因为存在太大的风险，有的国家成功，有的国家没有完成。但因为没有减速期，人们又不愿意进行深刻的自我增长方式的调整和结构性改革。

从经济理论上来讲，著名经济学家熊彼特称，增长减速是一个“清洁机制”，即淘汰落后产能，推动创新发展。但这一理论机制在现实中推进起来尚有难度，特别是在亚洲国家，存在着强有力的政府干预市场经济的行为，政府支持的项目或者企业都不愿意被清洁，甚至抗拒减速清洁，也就形成了所谓的“僵尸”企业，将创新企业资金吸入，而降低了创新活力。所以说，减速治理的核心就是利用减速重建新的增长方式和增长机制。只有打破政府干预，让市场在资源配置中起决定作用，中国才能进行减速治理。中国当前在淘汰落后产能，强化市场机制的同时，应尽快启动加速折旧。1981 年，美国的里根政府制定的《经济复兴税收法案》就提出了加速成本回收制度。在当时政策激励下，企业固定资产更新速度明显加快。同时提高环保彼岸准，淘汰高污染、高耗能的产业，推动新兴产业发展，进行工业化升级，提高工业制造业的效率，保持国际竞争优势。

新常态下的增长应该实现增长动力的切换，逐步培育新的增长引擎。长期以来，我国经济发展方式较为粗放，资源能源、房地产等产业财富效应显著，赚“快钱”和“易钱”的潮流对科技创新产生挤出效应。我国虽已成为世界第二大经济体，但科技实力、贡献度和发展水平却与之不匹配。随着经济增长由高速调整为中高速，科技创新不足的问题暴露出来。科技创新能力不足与转型发展紧迫要求之间矛盾尖锐。转型发展的根本支撑在于科技创新。然而，坦率地说，这些年我国创新能力不断提高，但还不能完全支撑产业结构的转型升级，我们多年来强调的增长动力的转换，可以说是“青黄不接”的。创新能力不足的一个显著外在表现就是许多产业发展的核心技术严重依赖发达国家。2014 年，我国进口集成电路 2 865 亿美元，超过进口原油。

二、发展战略性新兴产业是拉动经济增长的“火车头”

战略性新兴产业以重大技术突破和发展需求为基础，对经济社会全局和发展具有重大的引领带动作用，具有知识技术密集、物资资源消耗少、成本潜力大、综合效益好等特点。2015 年 6 月 4 日，国家发改委发布《战略性新兴产业引领发展》的报告，分析了第一季度战略性新兴产业发展情况和存在问题。

经过近几年投入力度的加大和政策措施的扶持，中国战略性新兴产业初步夯实了发展基础，开始形成新的核心竞争力。2015 年第一季度，战略性新兴产业 27 个重点行业累计实现营业收入 39 643.7 亿元，同比增长 11.1%。新型计算机产品、电子器件产品、视听设备、光纤光缆制造、生物化学农药及微生物农药制造、航空航天器及设备制造、新型铁路运输设备制造、光伏设备及元器件制造、风能原动设备制造 9 个行业逆势加速增长。航空航天器及设备制造和风能原动设备制造两个行业增长迅猛，第一季度主营业务收入分别增长 34% 和 47.3%，比去年同期增速提高了 19.6 个百分点和 27 个百分点。然而，“十三五”规划即将开始，但体制机制束缚、融资难融资难等问题仍然较为突出。对此，继续深化改革，加快创新驱动发展才是解决问题的关键。

三、新能源汽车——以创新、环保定义“豪华”

近年来，我们面临的资源环境挑战越来越严峻，煤炭、石油、天然气等不可再生资源急剧消耗，创新是解决发展问题的关键。因此，全世界都在开发和挖掘新能源，新能源正逐步地应用在汽车上，新能源汽车也渐渐地由概念车转变为现实。2009 年 7 月 1 口，中华人民共和国颁布实施了“新能源汽车生产企业及产品准入管理规则”，为汽车工业的可持续发展提供了广阔的平台。

2015 年全国两会上，国务院总理李克强在政府工作报告中明确提出，要实施“中国制造 2025”，坚持创新驱动、智能转型、强化基础、绿色发展，加快从制造大国转向制造强国。在此进程中，企业也要通过科技创新实现转型升级，以迎接经济新常态的挑战，迈向中国发展工业 4.0 时代。在汽车领域，节能环保是未来汽车发展的方向，近年来世界主要汽车生产国都把大力发展节能与新能源汽车作为提高产业核心竞争力、保持社会经济可持续发展的重大战略举措。

新能源汽车主要包括以下种类：燃气汽车、纯电动车、燃料电池电动汽车、混合动力汽车、太阳能汽车、二甲醚汽车、生物燃料汽车等。在提倡低碳环保的今天，新能源汽车已经势在必行。为了我们的地球，为了我们的子孙后代，发展新能源汽车已经成为世界汽车发展的必然之路。

我国新能源汽车的发展现状：目前不少汽车制造商，如奇瑞、吉利、上汽、东风、华晨、长安、一汽等都在积极响应国家号召，纷纷制定了新能源汽车的发展战略，并已经有量产车型，将逐渐步入大规模生产模式。

中国新能源汽车真正发展是从 2008 年开始的。在 2008 年我国举办奥运会期间，总共投入 500 多台新能源汽车为奥运会服务。2008 年的 1 月到 6 月期间，我国总共销售了 366 台新能源汽车，与 2007 年同时期相比增长了 107.95%。2008 年全年，乘用车类新能源汽车的销量有所增长，数量达到了 899 台，同比净增 117%，而商用车的销量在 1 月至 12 月同比下滑了 17%，一共销售了 1 536 辆。

2014 年 7 月上旬，国务院召开会议发表决策，自 2014 年 9 月 1 日起至 2017 年年末止，对于在中国境内获得销售许可的新能源汽车（包括进口汽车在内），免收车辆购置税。

发展和应用节能与新能源汽车是促进汽车工业可持续发展的重要途径，在这一点上政府和汽车生产企业已经达成了共识。中国的新能源汽车在将来会占有重要地位。中国的电动车技术比较先进，即使与国际上最先进的电动车技术相比较，也没有什么差距，可以说大家的出发点基本相同。而中国在市场、政府支持的力度方面又有着较大的优势，新能源汽车的前景十分可观。

2011—2014 年中国新能源汽车细分产品销量统计表如图 7-1 所示。

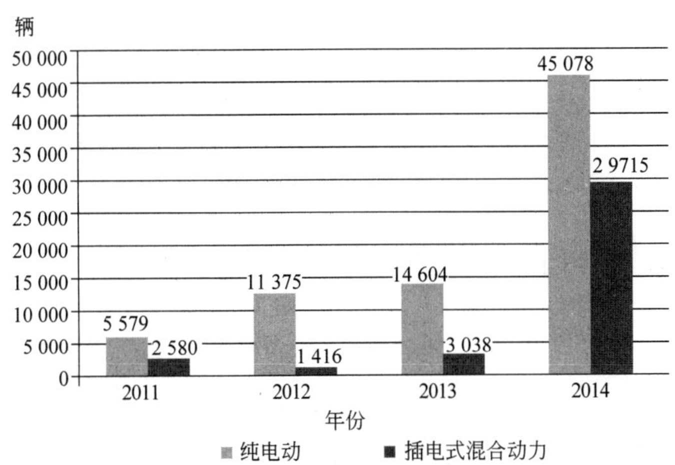

图 7-1　2011—2014 年中国新能源汽车细分产品销量统计表

2015 年，国家财政部发布了《关于 2016—2020 年新能源汽车推广应用财政支持政策的通知》，其中指出在 2016—2020 年，对消费者购买的进入国家新能源车目录的纯电动汽车、插电式混合动力汽车和燃料电池汽车继续给予购车补贴，且补贴的力度也在逐年加大。

北京汽车率先在全国的汽车工厂厂房和停车场等硬件设施开发光伏发电项目，利用太阳电池将太阳光能直接转化为电能，为生产及企业运转提供持续的能源保障。该项目投入运营后，北汽将成为国内利用光伏发电生产制造规模最大的企业之一，亦将更为有效地实现节能减排目标，降低生产成本。

根据《北京市2013—2017年机动车排放污染控制工作方案》任务分解表，2015—2017年，北京市每年共将配置机动车指标15万个，但普通小客车指标将逐年缩水。2015年新能源汽车指标增加了1万~3万个，新能源汽车的中签几率将进一步增加。2016—2017年，普通车指标和新能源车指标将分别调整为9万个和6万个。

四、科技创新化解产能过剩

目前，中国不少行业的产能利用率只有70%左右。2014年，东部地区产成品库存23 519亿元，同比上升12.5%，中部地区产成品库存7 477亿元，同比上升13.3%，西部地区产成品库存6 114亿元，同比上升12.3%，比2013年同期均高出10个百分点。先要去库存，然后去产能，这是一个巨大挑战。

在当代中国，发展是解决所有问题的关键，科技创新是促进发展的强大推力和不竭源泉。发展高新科技、支持创新创造，对实现经济更有质量的发展，既具引领推动之功，又有治标治本之效。在我国大兴科技进步与创新创造，有利于加快改造传统产业，促进技术升级换代，淘汰落后产能，化解过剩产能，减少单位产出能源资源消耗，提高产品竞争力和附加值；有利于新技术新工艺新产品不断涌现，倒逼消费升级加快和提升层次，加速国际国内贸易流通和资本流动；有利于打造新的经济增长点和增长极，形成新业态新、商业模式、新产业链，提升经济增长内涵，增强经济发展后劲；有利于增强综合国力，增强国际影响力，提高在国际分工中的竞争力和话语权；有利于建设创新型国家、社会和组织，提升全社会科技素养，推动各行各业、方方面面突飞猛进和持续进步。总之，科技创新将给中国发展带来巨大的空间和可能。毫无疑问，在科技和创新创造的巨大作用下，现阶段的产能过剩问题必将得到有效解决。

五、全面推动各项创新举措

形成新的增长动力的关键在于创新，使国内需求特别是消费需求在经济发展中发挥更大作用。在低代价发展过程中运用科技手段提高资源配置效率，降低能耗和污染。

（一）要着力推动科技创新

2014 年 12 月 16 日，世界知识产权组织（WIPO）发布的《2014 世界知识产权指数》报告显示，2013 年，中国专利申请量占全球总量的 32.1%，超过美国和日本，总量接近美日两国的总和。从这一点上来看，中国已然成为创新大国。然而，在已授权的专利中，发明专利不足 17%，外观设计超过 30%。同年，日本发明专利超过 75%，外观设计不足 14%。这表明，我们的科技创新能力跟西方发达国家还有不小的差距。作为经济总量世界第二的后起现代化国家，我国借鉴发达国家经验大多只能在“边缘地带”的后发劣势。

（二）着力推动生产组织方式创新

生产组织方式的调整和优化会对经济社会发展产生重要推动作用。生产制造方式的调整，有利于既有条件下降低生产成本、提高生产效率。如福特流水线的建立就大大降低了汽车生产成本、生产效率显著提高。福特的新生产线装配时间仅需要 1.5 小时，比原来少 11 小时，效率提高了近 10 倍。创新成果的应用，也有赖于生产组织方式的创新。物联网技术就是与生产组织方式变革结合的典范。对中国而言，生产组织方式的调整需要把握两个方向：一是应用新技术革命的成果，优化大规模、集中式生产；二是要适应全球化多元化趋势，发展集约化、个性化生产。

（三）着力推动商业模式创新

商业活动是社会再生产不可或缺的重要环节。商业模式创新，有利于扩大既有市场，创造新的需求；有利于降低生产成本，引导生产更好地适应消费。新一轮技术革命的成果，特别是互联网和物联网技术的发展，已经为商业模式创新开辟广阔的空间。淘宝、京东等就是在这样的空间中崛起的。商业模式创新，首先就是要有宽松的、有利于创新的环境，但也要引导和规范商业模式创新。要营造公平的竞争环境，强化诚信体系建设，加强知识产权保护，杜绝扰乱市场的不正当竞争，保障商业模式创新健康、可持续发展。

（四）统筹国内外创新资源

新一轮技术革命的艰巨性、复杂性以及对人类社会发展的影响力都远超过以往技术革命。任何一个国家，都很难独自完成一项创新实践。尽管各国都有各自优势的创新资源，但也不能闭门造车，应当广泛借鉴和吸收其他国家的创新成果，更大程度、更大范围地扩大合作创新的内涵和形式，充分利用全球创新资源。当然，核心还是要提高自主创新能力。福特公司有世界领先的总装生产线，但我国在这方面还有不小的差距。著名的汽车商吉利集团在宁波北仑的帝豪生产线于 2009 年投入使用，这是一套集冲压、焊装、涂装、总装四大流程为一体生产线，大部分流程采用机器人操作，总装时间仅为 2.8 分钟 / 辆。该生产线主要采用瑞典 ABB 自动化机器人连线来完成作业任务，此外，工厂还采用意大利海克斯康公司制作的双悬臂式三坐标测量仪；主要用于对白车身的检测，采用韩国晓进公司制作的整车综合检具。高水准、高标准的一流生产线固然可喜，然而正像美国著名物理学家亨利 · 罗兰 19 世纪曾经说过的那样："难道我们总是匍匐在尘土中去捡富人餐桌上掉下来的面包屑，并因为我们有更多的面包屑而认为自己比他更富裕吗？但我们忘记了这样的事实：他拥有面包，这是所有面包屑的来源。"这段话深刻地启示我们，提高自主创新能力，拥有世界级的创新成果对一个国家赢得主动、赢得胜利意义重大。

（五）积极构建良好的创新环境

创新在一个国家、一个地区能够获得良性发展，适宜的生态环境必不可少。大多数国家的创新要素主要来自政府、科研机构、企业和高校。政府不仅能为创新提供政策支持和体制保障，还要在前沿技术领域发挥引导乃至主导作用。科研机构拥有高素质的团队和尖端的硬件配置。企业作为创新主体，重在把研发成果产品化、产业化。高校拥有创新的人力资本优势，为国家创新战略培养基础研究人才。构建良好的创新环境，首先要正确处理好政府、大学、研发机构和企业四者的关系。其次要完善国家创新政策体系，把国家有限的政策资源和资金资源，集中用到决定中国长远发展的战略性领域。最重要的就是要"充分发挥市场在资源配置中起决定作用和更好发挥政府作用"，加快推进各领域特别是科技创新领域的改革，建立健全创新所需要的体制机制，激发全社会的创新活力和潜力，真正形成"大众创业，万众创新"之势，让创新成为生产力发展的第一推动力。

六、加大科研经费投入，更多扶持中小企业

随着创新带来新的增长点，以创新为代表的技术进步正在加速，从而给经济带来动力。以汽车工业为例，新车车型发布与世界同步，而车价在不断降低，表明由技术进步带来的劳动生产率在提高之中。

中国研发投入比重持续提高，在航天、基因技术、ICT（信息、通信和技术）、新材料等一系列重要领域拥有较强技术积累；传统产业与新兴产业结合改造升级潜力巨大，新技术的市场需求和产业化优势明显；拥有受教育程度高、成本低的技术人才优势；已经形成多个各具特色的区域性创新中心。《2014 年国民经济和社会发展统计公报》显示，2014 年我国研究与试验发展（R&D）

经费支出 13 312 亿元，同比增长 12.4%。继 2012 年我国 R&D 经费总量突破万亿元大关后，2013 年我国 R&D 经费投入强度（R&D 经费投入与国内生产总值之比）首次突破 2% 达到 2.08%，2014 年 R&D 经费投入强度进一步提升至 2.09%。然而，受教育体制、人才体制、科研立项、知识产权保护、行业规制等诸多方面影响，潜在创新能力未得到充分释放。因此，我们应加快理顺体制障碍，培育创新创业文化，构建新常态的动力基础。同时，在推进创新的过程中，中小企业研发可能是关键。

20 世纪 80 年代初，美国乔治·布什政府启动了“小企业创新研究计划”（SBIR），以应对美国在全球市场失去竞争力的困境。该项目旨在通过政府基金的各种金融补贴，对早期的技术初创公司提供支持。其主要目的是促进小企业的技术创新，重点是早期融资，这通常不被私人风投重视。它定位于带动创新型初创企业成长至更成熟阶段，然后再吸引私人投资。此外，美国金融市场同样促进了研发和技术创新的商业化。在初创科技公司成熟后，私人投资者会通过私人出售或上市来兑换他们的投资。

在中国，政府更可能通过财政和金融措施继续支持中小企业，因为顶层领导者认为中小企业才是创新的重要源泉，还可以促进就业。增加研发在总产出中的比例还有空间可挖，因为中国研发支出在 GDP 中的比例比美国要低得多。历史表明，每一次重大创新或者技术革命都会对生产方式、消费方式乃至人类的发展进程产生重要影响。在这种情况下，技术创新引领时代的发展已经是大势所趋。同时，我们面临着很严峻的任务，就是要找到新的增长动力，这个动力其实就是技术的不断创新和全要素生产率的提高。

全球生态约束（与资源使用和废弃物排放有关）将对 21 世纪的全球发展产生重要影响。人类将不得不付出更多的资本和人力去打破这些约束。1992 年，“全球环境与发展高峰会议”在里约热内卢举行。高峰会议的举行显示了国际社会最终决定以严肃态度对待重要的环境问题。但是我们知道，人们没有能够实现“里约会议”的目标。2002 年在约翰内斯堡举行的“里约 +10”会议所产生的成果甚至更少，它几乎被各种各样的意识形态分歧和经济上的纷争，被基于各种狭隘的国家、企业和个人自身利益的追逐搞瘫痪。

在过去 30 多年里有许多重要的发展。与持续增长的人类足迹相对应，这个世界采用了新的技术，消费者改变了他们的购物习惯，一些新的制度也创立起来，一些多边协议也已经达成。在一些地区，粮食、能源和产出的增长率已经大大超过了人口增长率。在这些地区，人们越来越富有，人口增长率下降，相应的收入水平却提高了。人们的环境意识也比 30 多年前要高得多。在大多数国家都设有环境事务部，环境教育已经普遍开展起来。在富裕国家，大多数大气污染问题和工厂排污管道的污染问题已经消除，并且领先的企业正成功地取得更高的生态效益。

尽管在技术和制度上都取得了一些进步，但人类的生态足迹仍然在扩大。地球面临的挑战可以简单概括为：要实现可持续发展，人类必须提高这个世界上贫困人口的消费水平，同时减少人类总的生态轨迹。因此必须要有技术进步、个人思想意识的转变以及长期规划的视野；必须要有超越政治疆界的更高的尊重、关切和分享。

我们有理由深切忧虑，也有理由寄予希望。前进的道路是明确的，那些有必要的创新对于人类社会虽然是新事物，却在人类能力的范围内。人类现在拥有有史以来最有力量的知识、工具和资源，具备物质上几乎所有必要的东西，有能力建立一个世世代代维持的社会。没有一个目标和对它坚强的信心，资源系统就可能走向极限甚至面临崩溃。我们努力奋斗的是一种有控制、有条不紊的过渡，从一个点走向全面的平衡。

第三节 制度建设保障绿色发展

随着资源环境约束的日益趋紧，传统的粗放式经济发展模式已难以为继。党的十八届三中全会提出，紧紧围绕建设美丽中国，深化生态文明体制改革，加快建立生态文明制度，健全国土空间开发、资源节约利用、生态环境保护的体制机制。顺应人民群众对良好生态环境的期待，推动形成绿色低碳循环发展新方式，成为中国经济发展的新常态。

在新常态下，应当更加注重生态文明，以生态文明法制体系为核心，在生态制度、生态环境、生态经济、生态人居、生态文化五个方面上下功夫，编织一张系统完善的制度“绿网”。

一、生态文明制度的建立

中国政府一直高度重视穹顶之下的生态环境问题，早在20

世纪 90 年代末就启动了退耕还林（草）、天然保护等一系列重大生态建设工程。近些年来，新型工业化、循环经济、科学发展观、资源节约型、环境友好型社会等思路和理念相继提出，这一系列表明中央加强生态环境保护，实现人与自然和谐发展的决心。2005 年 12 月，通过了《国务院关于落实科学发展观加强环境保护的决定》。2012 年召开的十八大，首次把“美丽中国”作为生态文明建设的首要目标,把生态文明摆上了中国特色社会主义“五位一体，总体布局”的战略位置。“生态兴则文明兴，生态衰则文明衰。”2013 年 5 月 24 日，习近平在主持中共中央政治局第六次集体学习时指出:“生态环境保护是功在当代、利在千秋的事业。2014 年是国家高度关注资源环境保护的一年。2014 年 1 月，环保部发布我国首个生态保护红线划定的纲领性技术指导文件；2014 年 2 月，国家发展改革委会同 11 家部委联合制定了《全国生态保护与建设规划（2013—2020）》，提出了 12 项生态建设任务；2014 年 4 月，被称为“史上最严”的新《环境保护法》出台；2014 年 5 月，国务院办公厅发布《2014—2015 年节能减排低碳发展行动方案》，硬化指标、量化任务，确保实现“十二五”期间节能减排约束性目标；2014 年 6 月，最高人民法院环境资源审判庭挂牌成立，实行环境司法专门化；2014 年 7 月，生态环境保护、自然资源资产被纳入审计监督；2014 年 10 月，党的十八届四中全会提出用严格的法律制度保护生态环境，加快建立有效约束开发行为和促进绿色发展、循环发展、低碳发展的生态文明法律制度；2014 年 11 月，国务院常务会议审议通过了《大气污染防治法（修订草案）》。从中央到地方，从顶层设计到实践行动，在生态文明建设上的主动意识越来越强烈，力度越来越大。

2015 年 5 月，习近平在讨论国家“十三五”规划纲时，在谈到生态环境保护时，他将建设良好生态环境，上升到“人民生活质量的增长点，展现我国良好形象的发力点”的高度，中央领导层高度重视穹顶之下的资源环境发展。我国只有生态环境与经济发展并重，才能实现经济的绿色增长。

二、新常态下绿色化的产生和发展

2015 年 3 月 24 日，习近平主持召开中央政治局会议，通过了《关于加快推进生态文明建设的意见》，正式把“坚持绿水青山就是金山银山”的理念写进中央文件，成为指导中国加快推进生态文明建设的重要指导思想。意见提出要按照党中央决策部署，把生态文明建设融入经济、政治、文化、社会建设各方面和全过程，协同推进新型工业化、城镇化、信息化、农业现代化和绿色化。

此次中央政治局会议的最大亮点就是首次提出“绿色化”。此前，党的十八大已提出具有中国特色的“四化同步”目标，即坚持走中国特色新型工业化、信息化、城镇化、农业现代化道路，推动信息化和工业化深度融合、工业化和城镇化良性互动、城镇化和农业现代化相互协调，促进工业化、信息化、城镇化、农业现代化同步发展。现在加入“绿色化”，组合成“五化”。从“四化同步”到“五化协同”，这是中国国家治理现代化战略的历史性转型。中国共产党对中国国家治理绿色现代化做好了顶层设计和战略规划，中国未来的最大创新是绿色创新，最大的变革是绿色变革。

在实现可持续发展的今天，工业化、信息化、城镇化、农业现代化都必须提升绿色发展质量，“不以牺牲后代人的利益为代价”。为子孙后代创造一个良好的生态系统，必须推进绿色化与工业化、信息化、城镇化、农业现代化紧密融合，实现绿色工业化、绿色信息化、绿色城镇化、绿色农业现代化。

绿色化与工业化、信息化、城镇化、农业现代化融合创新发展是人类可持续发展的必然趋势。没有绿色化，工业化、信息化、城镇化、农业现代化就会缺乏坚实的生态环境支撑，“四化”也就难以持久，更为糟糕的是，人类自身的可持续发展就会产生严重问题。因此，促进“五化”协同发展，才能实现社会生产力、经济生产力、文化生产力和生态生产力的整体持续发展。

绿色发展的战略目标就是实现产业生态化、消费绿色化、资源节约化、生态经济化。

绿色发展的障碍主要来自于技术和制度两个方面。从技术的角度来看，在现实生活中面临着，一旦选择了绿色生产方式，即意味着更高的成本，相对更少的收益，在这种情况下，只有通过技术创新，降低成本，提高收益，才能真正做到绿色经济、循环经济、低碳经济。所以从根本上来说，绿色发展应该是推进绿色技术、生态科技的创新。

同时，在技术状况给定的情况下，制度就成了一个重要的变量，目前黑色、高碳的发展方式之所以比比皆是，其中一个重要的原因就是管制型制度还不够有力，因此绿色发展要同时推进制度建设和制度创新。

我国已经建立了较完备的资源法和环境保护法体系，许多法规和政策文件中都规定了对生态保护与建设的扶持、补偿的要求及实施办法。但当前还存在以下问题：

（1）对各利益相关者的权利、义务、责任界定及对补偿内容、方式和标准规定不明确，资源环境的保护是多个利益主体（利益相关者）之间的一种权利、义务、责任的重新平衡过程，实施补偿首先要明确各利益主体之间的身份和角色，并明确其相应的权利、义务和责任内容。目前，涉及生态保护和生态建设的法律法规，都没有对利益主体作出相应的界定和规定，对其在生态环境方面具有拥有的权利和必须承担的责任仅限于原则性的规定，导致各利益相关者无法根据法律界定自己在生态环境保护方面的责、全、利关系，致使生态环境保护陷入“公地悲剧”的陷阱之中。

（2）环境立法落后于生态发展，对新的生态问题和生态保护方式缺乏有效的法律支持。生态科学发展日新月异，新的生态问题、管理模式和经营理念也层出不穷，有些很快就成为生态保护与建设的重点内容或发展方向，应该尽快纳入国家管理范畴。而法律问题则由于立法过程旷日持久，考虑问题面面俱到而远远落后于生态问题的出现和生态管理的发展速度。

（3）法规的刚性规定需要一些柔性政策加以补充。由于中国幅员辽阔，各地区经济社会发展存在不小的差异，在生态环境保护方面需要制定因地制宜的梯度政策，实行差别化对待，使“弱势地区”的权益受到应有的保护。

因此，促进绿色发展的一个重要路径就是建立完善的生态补偿机制。所谓生态补偿机制，是以保护生态环境、促进人与自然和谐为目的，根据生态系统服务价值、生态保护成本、发展机会成本，综合运用行政和市场手段，调整生态环境保护和建设相关各方之间利益关系的环境经济政策。其中最主要的是要确立补偿的主体、对象、标准、期限、途径等。生态补偿的主体应该是生态效益的受益者，包括公共主体和市场主体两大类；对象是包括生态建设者、生态破坏的损害者和生态保护的牺牲者三类；标准是生态服务的价值，期限是通过成本估算、费用支出、损失估算等来确定的；途径有政府购买、市场交易以及碳交易机制等。此外，还要以生态立法为核心促进生态文明建设在法治轨道运行，以指标体系的完善为生态文明建设提供标准，推动执法体制改革对环境违法“零容忍”，将制度创新贯穿在生态经济、生态人居、生态社会的建设全过程。对制度的生态化改造，将为生态文明建设提供持久的制度支撑。

中国推进国家治理绿色化的意义主要体现在：

首先，从近期看，水污染、雾霾等环境问题日益突显，对人们的生产生活产生了重要的负面影响。传统发展理念、发展机制、发展模式必须转型升级。因此，推进绿色化是非常紧迫、重要的一项任务。

其次，从长期来看，编制“十三五”规划，必须创新绿色发展机制，建设生态文明、绿色文明。

最后，中国新型工业化、信息化、城镇化、农业现代化路径选择会对生态系统产生了重要影响。

新常态下的中国治理转型，必须牢固树立和坚持“绿水青山就是金山银山”的理念，必须大力实施绿色创新驱动发展战略，必须系统地建构中国的绿色治理体系和治理能力，促进国家治理绿色化，推进国家治理现代化。最终实现让“地更绿、民更富、景更美”的目标。

三、新常态下必须依靠制度性的改革和创新

“优先改革”的决定与党的十八届三中全会全面深化改革的决定是完全一致的。新结构转变过程中必然会遭遇制度性障碍，新的增长动力必须突破旧的生产关系束缚，这决定了新常态下必须依靠制度性的改革和创新。中国共产党人干革命、搞建设、抓改革，从来都是为了解决中国的现实问题。改革是由问题倒逼而产生，又在不断解决问题中而深化。新常态倒逼增长方式的转变、倒逼着要素投入的重新组合、倒逼制度性改变，只要我们主动适应新常态，加大改革力度，新的生产力就会在新的制度中释放出来。

消费为主的增长动力正在推动收入分配机制的改革，收入分配机制改革将进一步促进消费增长。新业态的产生正在推动科技创新机制的改革，创新机制的改革将释放更大的新的生产力。我们必须正视新常态变化带来的新的巨大挑战，力求稳中求变，顺应规律，以资源环境的低代价发展引领新常态下经济平稳、健康发展，最终提高人民福祉。

同时，随着城镇化的推进，我国呈现出新阶段的一些新特征：（1）服务业或第三产业比重逐渐增大；（2）经济从高速增长转为中高速增长或者中速增长；（3）资源消耗逐渐得到控制；（4）农

村富余劳动力较少，城乡收入差距逐渐缩小；(5)城镇数量增加较少，城镇规模扩张缓慢，城镇化质量日益重要。

以资源消耗为例，我国近几年资源消耗呈现总体下降趋势，氮氧化合物等部分污染物排放总量开始下降。中国能源消耗总量增速自2004年的16.1%，下降到2008年的3.9%，2011年反弹至7%，再下降到2012年的3.9%，2013年的3.7%。2014年为5.9%，比上年增长2.2%。但是2014年，全国万元国内生产总值能耗下降4.8%。工业企业吨粗铜综合能耗同比下降3.76%，吨钢综合能耗下降1.65%，单位烧碱综合能耗下降2.33%，吨水泥综合能耗下降1.12%，每千瓦时火力发电标准煤耗下降0.67%。能源消耗量和单位能耗的下降意味着我们的发展正在经历从粗放型向绿色低碳化的转型。

随着我国一些地区一体化趋势的增强，建立环境治理的联防联控制度迫切增加。中国气象局数据显示，2013年全国平均雾霾天数为52年来之最，江南一带以及江浙一带等13地均创下了历史纪录。2013年是北京正式执行新《环境空气质量标准》的第一年，全年空气质量一级优天数41天，二级良天数135天，三级轻度污染天数84天，四级中度污染天数47天，五级重度污染天数45天，六级严重污染天数13天。全年三级轻度污染以上污染天数占全年总天数的51.8%，超过一半。

2014年，北京市环保局公布了全年的空气质量清单：全市主要大气污染物PM2.5年均浓度为85.9微克/立方米，比2013年下降了4%。其中，PM2.5一级优天数达到93天，同比增加了22天，PM2.5导致的重污染天减少了13天，这些数据反映了本市 PM2.5 治理取得了一定成效。

持续大范围雾霾使得大气污染治理迫在眉睫。然而，雾霾是一种流动性的大气现象，不能仅仅在行政区划进行治理，必须进行区域联防联控。这就为推进区域经济一体化带来了不小的压力。因此，从发展全局出发，在诸如像京津冀（北京、天津、河北省）一体化、长江经济带（上海、武汉、重庆）地区的联防联控制度体系有待尽早建立起来。

推进制度建设和推进制度创新应该从体制、机制和制度三个方面共同落实。首先，要扫除一些体制性的障碍，比如“运动员和裁判员合一”的问题，像环境污染的治理，应该采取第三方治理或第三方检测的方法；其次，绿色发展需要市场机制、政府机制和社会机制的创新，同时需要这三个机制形成相互制衡的机制格局；最后，绿色发展需要一系列具体的制度保障，比如说政府在考核过程中，要从“唯 GDP 论英雄”最终转向“居民幸福指数论英雄”。

第八章

CHAPTER 8

高杠杆与泡沫化的经济
——建立风险防控机制

第一节　防控地方政府债务风险

由于1994年财税分权体制的实行以及以GDP作为地方政绩的考核标准，地方在发展经济的过程中地方债务不断积累。2008年以来，由于受金融危机影响以及国家实施4万亿元的基础设施经济拉动，扩大投资范围，地方债务的规模不断膨胀。中央资金的财政拨付资金比例在地方债务中通常只占很小比例，资金的使用范围有严格的限制，发展地方经济的重担还是落到了地方政府的肩上。在发展地方经济和政绩考核的双重刺激下，地方政府开始以地方政府的名义通过借入、担保和承诺以直接或间接的方式大量地举借地债，政府负有到期时要对这些债务进行还本付息，而政府所投资的项目多是公共设施、基础投资项目，回收期限比较长，投资收益有限或因期限问题的风险系数不断加大。政府在对投资项目的筛选问题操作失误，资源并没有得到合理的配置，特别是重复投资的现象比较普遍。在对地方政府债务管理的问题上，缺少一种行之有效的地方债务风险监控体系，人为决策上的非理性都在加剧地债的危险性，在上述种种不确定因素影响下，地方债务风险不断累积，威胁到地方政府经济安全以及威信力。地债风险具有隐蔽性、波及范围广等一系列的连锁反应。从属性上看，庞大的地债看似是财政风险，但是若处置不当，便会转化为金融性风险，形成系统性金融风险。财政风险和系统性金融风险的并存让我们不得不重新来审视关乎国家安全和国家利益的数额庞大的地方政府性债务问题。从违约所造成的后果来看，违约对于市场经济中的运营企业来说，是一个正常的有序违约现象；从另一方面来讲，主权主体的违约会牵一发而动全身，引发金融危机。国内经济的衰退，比较典型的是拉美国家主权债务危机是由金融危机的引起的。在一般的概念中，地方政府一直带有“大而不倒”的色彩，如果坐视其债务额不断升高，突破警戒线的话，其救急成本之高是无法预测的。因此，对于如何更好地化解地债风险，对于中央和地方政府具有现实的紧迫性，也关乎未来的长治久安。

一、地方债务成因分析

（一）政府财政体制缺陷：中央财权与地方事权划分不对称

在对地方债务形成原因的分析中，很多学者都认为分税制改革后地方财权与事权划分的不对等是其形成的最重要原因。改革开放以来，以财政包干和包干体制为主要内容的财政体制确立了地方政府剩余占有者的地位，地方政府成为税收的主要受益者，拥有充足的财政资金来发展地区经济。同时造成了中央政府支出的减少，地方政府凭借占有者的地位追逐更多的剩余。这样的现实动机弱化了中央政府对地方政府的管理，由于地方政府将自己的财政利益从中央剥离出去，加剧了中央和地方的财政矛盾。为加强中央财政的控制力以及弱化地方政府的剩余占有者的地位，我国开始实行了分税制的税收体系。1994 年实行分税制以来，财权主要集中到中央，事权下放到地方，造成了财权上移，事权下移的局面。财权上移是指政府的自由财力和可支配财力主要集中到中央政府的手里。从财权分配问题上来说，根据税源和税基的性质来确定不同的税种，由中央和地方分别进行征税，把具有外溢性的增值税、关税、消费税、企业和个人所得税等大税种集中到中央政府层面。小税种的大部分和大税种的小部分是维护建设税、土地增值税等税种由地方政府进行征税。实施分税制后，中央的财政收入显著上升，而地方的财政收入大幅下降，地方政府不再具有和中央政府的纵向竞争力，从而改善了中央政府的财政收支状况，扩大了政府的转移支出，增加了中央政府对地方政府的控制力。

中央和地方财政收入变化存在很大的弊端：首先，由于地方财政收入的减少，资金主要来源于中央的转移支出。在资金这种稀缺资源相对有限的现实情况下，地方政府间的横向竞争激烈起来。其次，中央和地方在财政上的分水岭很明显，反而地方政府间的分税体制并不彻底，权责并不明晰，尤其是省级以下的市县乡并没有真正意义上的分税制，甚至按隶属关系对地方的税收进行分配。最后，占地方税种首要地位的营业税约占地方财政收入的30%，在营改增税收改革后，收税的权利转移到中央进一步加剧了中央政府财政收入的蓄水池的拥有量。在地方财政收入减少的同时地方的事权反而在扩大。地方政府事权主要是指各级政府按宪法和法律赋予的、对所辖区域的社会事务进行管理的权力，即地方政府所拥有管理一定社会经济事务的具体责任和权利。改革开放以前，我国实行的是大一统的管理体制，中央政府从宏观和微观对国家进行治理，地方政府因缺乏对本地区的话语权和决策力，削弱了地方政府的管理能力。为减轻中央政府的负担，加强地方政府的直接管理本地区的承担力，中央把权利下放到地方政府这一层级。在财政风险约束和社会风险约束的禁锢下，地方管理本地区的社会成本明显上升。非对称的财政分权格局使地方的财政远远高于其所拥有的财政收入能力，地方政府的财政分权体制以及地方支出的快速扩张，造成了地方财政收支困难，财政捉襟见肘入不敷出，迫使地方政府通过各种方式举债维持运转。中央和地方税划分详见表 8-1。

表 8-1　中央和地方税划分

类　别	税　种
中央税	消费税
	关税：海关
	进口环节的增值税：海关
地方税	车辆购置税
	土地使用税
	耕地占用税
	土地增值税
	房产税
	城市房地产税
	车船税
	契税
	屠宰税
	筵席税

续表

类　别	税　种
中央与地方共享税	分配比例
增值税	国税征，75% 中央；25% 地方
营业税:	铁道部、各银行总行、各保险总公司集中缴纳的部分归中央，其余归地方
企业所得税	铁道部、各银行总行及海洋石油企业缴纳的部分归中央，其余部分按中央 60%、地方 40% 分配
资源税	海洋石油企业缴纳的部分归中央，其余部分归地方
个人所得税	储蓄存款利息个人所得税归中央，其余部分按中央 60%、地方 40% 分配
城市维护建设税	铁道部、各银行总行、各保险总公司集中缴纳的部分归中央，其余归地方
印花税	证券交易印花税收入的 94% 归中央，其余 6% 和其他印花税归地方

（二）地方债本质是地方政府自身角色冲突

地方债务的自身角色冲突主要来源于以下四个方面:

1. 政府绩效评价体系不合理

政府对官员的升迁激励机制导致了财政上的机会主义，评价地方官员的政绩主要是以 GDP 的增长率为主要衡量标准。地方官员的仕途与当地生产总值规模和增长速度、基础和公共设施建设、招商引资情况等密切相关。而现实的情况却是，各地的经济发展水平差异很大，资源禀赋也不一样，在这样的情景下，都在追求 GDP 增长目标，地方政府积极筹措资金进行经济建设，在管理缺位监管不力和地方政府权力限制较少的情况下，地方官员又具有客观条件来获得足够资源来制造政绩工程，提高其自身的政绩工程，重复投资的现象不断出现，资源并没有得到最合理的分配，造成了资源使用效率的低下，并且地方政府间由于对地区 GDP 增长率等成绩考核标准的共同追求而存在着不规范的竞争行为。

2. 现阶段我国融资平台公司的融资管理体系并不规范

按照《预算法》规定，地方政府不能直接进行举债融资。但地方政府为了拉动投资并完成公共和基础设施建设，保持地区经济较快发展，在地方财力不足的情况下，为筹集建设资金，成了许多以融资平台为主要目的公司，如交投、城投等。这些公司所属地方政府机构的各个部门，典型的是地方国资委下设地融资平台。这些融资公司和典型法人存在很大的区别，它主要是以国有土地和政府资产作为抵押筹措资金，以财政收入为主要还款来源。实际上，融资公司通过自身运作弥补地方政府资金缺口，为地方经济发展提供了财源支持。但地方融资平台公司出现的时间短，以膨胀式的发展向前推进，存在很大的隐患。截至 2010 年年底，全国的省市县三级政府设立融资平台公司 6 576 家。由于平台公司所带有的政府和市场的双重背景，在自身定位上，平台公司难以在究竟是政府的职能部门还是独立的市场法人的双重角色中给自己一个清晰的地位。在实际的经营管理中，公司治理结构不完善，内部管理混乱，融资平台存在着虚假出资、注册资本并没有完全到位、地方政府部门违规注资、违规抽走资本等问题。据统计，涉及的金额达到 2 441.5 亿元，26.37% 融资平台公司处于亏损的状态。在举债额度上，债务融资平台并没有确定一个合理的范围区间，地方政府债务举债规模大，导致政府隐形债务风险显现。地方融资平台公司的债务余额约占地方政府性债务余额的47%，由于投资项目的建设期限和资金回收期限长，许多地方融资公司都是以借新债还旧债的方式来进行经营，借新还旧率约占55.2%，到期不能偿还的逾期债务率的平均水平达到16.26%。地方政府投融资平台负债规模及资产负债率情况见表8-2。

表8-2 地方政府投融资平台负债规模及资产负债率情况

所属级别	负债规模/亿元	资产负债率/%
省级	301.93	57.79
直辖市	443.46	57.18
省会城市	179.59	52.38
区（县）	81.71	50.65
地市级	54.92	41.99
总计	118.42	47.00

地方政府投融资平台详见表8-3。

表8-3 地方政府投融资平台

所属级别	应付账款占总负债比/%	短期借款占总负债比/%	长期借款占总负债比/%	债券融资占总负债比/%
地市级	4.44	10.17	52.35	27.64
区（县）	4.22	9.34	48.26	19.40

续表

所属级别	应付账款占总负债比 /%	短期借款占总负债比 /%	长期借款占总负债比 /%	债券融资占总负债比 /%
省会城市	4.94	13.39	54.28	19.14
省级	6.41	9.23	53.21	13.77
直辖市	3.23	19.38	43.23	14.15
总计	4.44	11.15	51.10	23.19

资料来源：鹏远资信评估有限公司内部资料整理

3. 缺乏对地方债务监管管理

对地方债务缺乏监督管理问题主要指的是地方政府内债。地方政府外债问题还是比较规范，这主要是因为国务院在 1998 年出台了相关规定，对外国政府的贷款的管理权限由外经贸和人民银行等部门移交给财政部，并且也明确了各省级政府所举借外债的管理。[①] 从债务预警和债务管理体系上面来讲，面对我国地方债务问题，在对地方债务的监管问题上缺乏统一的债务管理机构，并且没有一套规范的地方债务监督管理体系，由此造成无法对地方债务的规模和配置利用进行规范化的度量，形成了债务举借和偿还方面的许多问题，这样不仅造成地方债务难以合理有效地进行管理，同时也不利于对地方债务风险的预警和控制。

（三）城镇化加快的影响

改革开放以来，我国城镇化速度呈加快趋势（见图 8-1 和

① 王召光 . 我国地方政府适度债务规模的研究 [D]. 天津财经大学，2013-05.

表 8-4）为我国经济高速增长作出了重大贡献。虽然城镇化在经济发展进程中的作用显著，但同时也应该看到，为了追求城镇化的速度和规模，往往忽视了效率，盲目地扩大投资，城镇化需要基础公共设施和社会保障等相关设施的配套建设，需要大量的政府资金投入，这无疑增加了政府的显性和隐形债务。许多地方政府为追求城镇化，把应该放到未来投资用在当下，增加了地方债务的同时还破坏了未来发展的潜能。凯恩斯曾经说过："每当我们靠增加投资来维持今天的均衡时，就会使明天的均衡变得更困难。"①

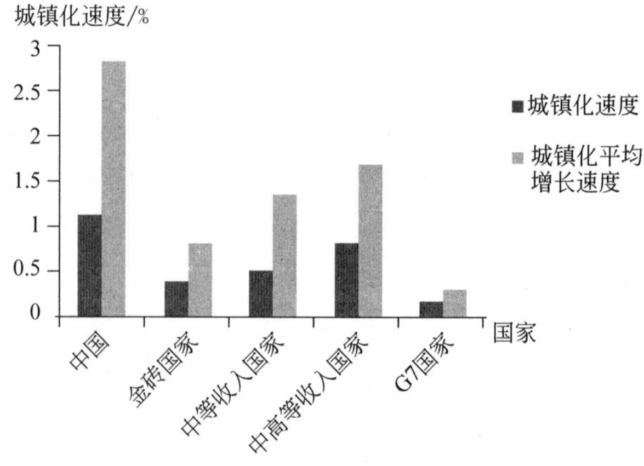

图 8-1　我国城镇化速度、平均增长速度及国际比较

资料来源：http：//image.baidu.com/search/index?tn=baiduimage&ipn=r&ct=201326592&cl=2&lm=-1&st=-1&fm=result&fr=&sf=1&fmq=1441634291256_R&pv

① 凯恩斯．就业、利息和货币通论 [M]．北京：华夏出版社，2005：83.

表 8-4 我国城镇化速度、平均增长速度及国际比较 %

区域指标	中国	金砖国家	中等收入国家	中高等收入国家	G7 国家
城镇化速度	1.17	0.45	0.57	0.86	0.24
城镇化平均增长速度	2.83	0.86	1.38	1.72	0.36

注：表中的数据根据《中国统计年鉴 2013》、《中国统计摘要 2014》和世界银行相关数据计算

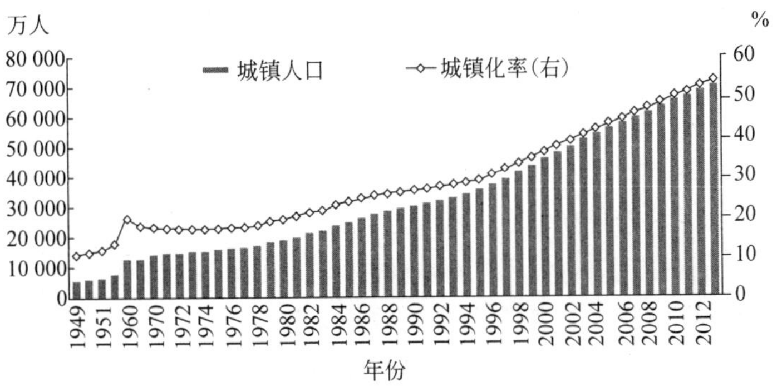

图 8-2 1949—2012 年我国城镇人口与城市化率走势
资料来源：国家统计局、中国指数研究院综合整理

（三）中央和地方之间财政纽带不合理

在 1994 年我国推出分税制后，地方政府的资金和项目需求之间的矛盾日益突出，为增进地方政府的财力，促进基本公共服务均等化，协调区域发展，我国逐步建立了一般性转移支付和专项转移支付为主的财政转移支付体系。2013 年，中央对地

方的税收返还和转移支付合计 4.8 万亿元，占地方财政支出总额的 34.25%。中央对地方转移支付 4.3 万亿元，其中，一般性转移支付 2.4 万亿元，占 56.69%；专项转移支付 1.9 万亿元，占 43.31%。转移支付促进区域协调发展，缓解了县乡财政困难，完善了我国的分配机制。同时由于政府间转移支付制度的不完善，地方政府发展所需要的资金很大一部分来源于中央政府以转移支付方式进行的划拨，对于一些地方政府得不到足够的地区建设所需资金，不得不加大举债的规模。在政府转移支付上，存在下列问题：结构不合理，均等化功能不强。

税收返还有利于发达地区而不利于落后地区，均等化效果最为显著的均衡性转移支付所占比重偏小；在分配额度的确立上，设定的相关因素粗糙，历史数据中包含了诸多不合理因素。专项转移支付的非科学性更为突出，缺乏分配额度标准，专项审批项目的随意性大，人为因素影响着转移支付的流向；转移支付的运行机制并不完善，多头管理转移支付，相互间缺少协调；规范性不够。一是缺乏法律支撑和保障，转移支付制度依据的主要是政府规章，无专门法律，缺乏统一性和规范性，影响了权威性和可操作性。二是省级以下转移支付不规范、不完善。有些地区仍上演财政包干做法，有些地区尚无规范办法，有些地区虽实现了转移支付的公式化，但在因素选择、数据选取方面还有待完善。

二、地方债务风险分析

国际评级机构穆迪认为，负债可能影响我国政府的资产负债表质量，妨碍经济向更平稳的增长方式转变，地方财政健康程度下降，快速增长的影子银行信贷也给金融系统稳定带来潜在风险。穆迪据此于 2013 年 4 月将我国经济前景由“正面”下调至“稳定”。

（一）财政风险

我国地方债务比例过高，融资渠道比较单一，还款期限比较集中。由于地方债务的资金主要流向基础设施建设和公益项目，用来偿还债务的回收到的资金毕竟有限，形成了中央和地方政府的财政风险，主要表现为偿债风险、信用风险。

关于偿债风险，主要有以下几个问题：

1. 偿还比例大，债务到期集中并且期限较短

政府债务可以分为负有偿还责任的债务和政府或有债务。前者是由财政资金偿还，后者债务人以自身收入偿还，只有当担保人和债务人出现偿债困难时，才需要政府承担连带责任或负有救助责任，这通常也称为预算软约束。截至 2013 年 6 月底，中央和地方政府在负有偿还责任的债务总额达到 20.7 万亿元，加上或有债务总计将达到 30.27 万亿元。地方政府负债占 59%，总计 17.8 万亿元。地方政府负债结构分为：负有偿还责任的债务 10.88 万亿元；在地方政府或有债务中，担保责任债务 2.7 万亿元；可能承担一定救助责任的债务 4.3 万亿元，占比分别为 60.8%、14.9%、20.4%。从数据可以看到，地方政府负有偿还责任的比例非常大。2015—2018 年到期的政府负有偿还责任的债务分别为 2.38 万亿元、1.86 万亿元、0.85 万亿元和 2.04 万亿元，占比分别为 31%、21%、14% 和 34%，随着债务的积累，地方政府还款压力巨大。

2. 融资来源单一，举债主体主要是融资平台公司和政府部门机构

在总的地方负有偿还责任的债务中，银行贷款占 50.7%，达到了 5.52 万亿元，其他依次为占比 11% 的 BT 融资 1.2 万亿元，占比 10.7% 的发行债券融资 1.84 万亿元，余下的融资方式如应付未付款项、信托融资、其他单位和个人借款等总计不到 28%。从数据上可以看到，银行是地方政府负有偿还责任债务的最重要的来源，项目融资和直接债券融资总计不到银行贷款的一半，所以这种方式的融资结构受到银行信贷政策的影响，在银行缩紧银根的状况下，地方融资将会面临巨大的困难。地方举债主体主要是地方融资平台、政府部门和机构、经费补助单位，占全部举债的 82%，占比分别为 38%、28% 和 16%。地方融资平台是地方债务的主要举债主体，举债累计 6.97 万亿元，其中负有偿还责任的债务、负有担保责任的债务和可能承担一定救助责任的债务分别为 4.07 万亿元、0.88 万亿元和 2.01 万亿元。目前趋势是要把融资平台的融资功能逐渐地剥离掉，否则在后续债务的偿还和后续融资方面将面临很大问题。

（二）金融风险

地方债务的资金大部分来源于商业银行贷款，地方政府大规模地举债，依据现实情况，很多债务很难去还本付息，增加了银行的经营性和系统性风险，造成了大量的呆账坏账准备，破坏了银行的稳健经营。由于风险扩散，债务风险由银行体系内部向表外的影子银行、资本市场扩散，最终影响到整个金融系统。随着

新型融资手段的层出不穷，地方政府融资平台的创新与演变也产生大范围影响。如“银信政”等产品，直接将银行纳入地方政府融资平台，这种“无风险套利”方式快速推广，又将长期投资分解为多重短期融资，表面上分散了融资风险，实质上扩大了风险的影响范围。①

三、建立地方债务的预警机制

（一）解决地方债务“短借长用”的不对称矛盾，建立应急处置机制的初步探索——发行政府存量债务的置换债

从地方政府的负债比率来看，据审计署的对地债通报，在2012年时部分地区的债务率就已经超过了100%，这说明政府债务已经不可持续，应当尽早停止举债。偿债率超过20%，偿债能力已经达到极限。从现在的地债规模来看，2015年到期的债务高达1.8万亿元，是地方财政预算收入和政府性基金收入的20%，当期偿债压力巨大。债务区域分布与财政收入区域分布高度不对称，截至2013年，落后地区的债务率反而高于发达地区将近10个百分点，贵州省的债务率甚至超过30分百分点。面临这样的现实如果不进行新的探索将无法保证2015年到期债务的偿还。现在地方政府融资平台可以通过银行贷款、信托融资、集资、融资租赁、BT等多种方式筹措资金，因为筹资渠道的多样化，这些政府性的间接融资加大了地方政府在还款期限的紧迫性，同

① 程铭莉，汤逊．地方债务对经济发展的作用与风险探讨．经济纵横，2014（8）．

时地方政府的隐形性财政风险加剧。意识到地债在筹资渠道上的多重风险，根据国发 43 号文件，发行地方政府债券是今后地方政府负债的唯一方式。为保障在建项目融资和资金链不断裂，江苏省开始了政府债券置换存量债务的初步探索，体现除了制度创新与精准发力相结合原则。通过债务置换计划则既可以继续保证融资平台的稳步退出，又可以降低融资成本，从而可以有效降低经济面临的系统性风险。

2015 年，财政部下达了 1 万亿元的地方政府债务置换的额度，主要置换的细节包括：规定了存量债务范围为审计确定的截至 2013 年 6 月 30 日地方政府负有偿还责任的债务中的银行贷款部分；地方政府可以与信托、证券、保险等其他机构协商一致，采用定向承销方式直接将其持有债务置换为地方政府债券，发行利率由双方协商确定，利率区间下限不得低于相同代偿期记账式国债收益率平均值，上线不得高于相同代偿期记账式国债收益率平均值上浮 30%。市场对于地方债比较认可，在第一批发行后，2015 年 6 月 11 日，财政部又推出了新的 1 万亿元置换规模。

（二）地方政府政府性债务融资模式的多样化

地方政府的举债方式应具有合规性，符合相关的法律法规规定，主要的举债方式有政府举债模式、PPP 政府债务模式、合理的或有债务。在新《预算法》和国务院 43 号文件的规定中，政府的融资仅仅针对公益性的项目，需要同时考虑运模式、公益性和收益能力等，对于政府来说，能够通过市场来控制债务，就必须采取市场的手段；若不能通过市场解决，就应该财务政府举债和 PPP 模式。[①] 在这些模式中，积极推进 PPP 的融资模式，让社会资本参与市政建设项目和包括 BOT、BOO、TOT 等在内的 PPP 项目。这是目前政府主推的地方债务融资模式，也是化解地方债务的重要途径。PPP 模式的参与主体多样化，除政府外还有私营部门等。参考投资项目的特征和其资金状况，各个主体科学地参与整个 PPP 项目的建设。由于参与主体的多元化，更加合理地分担风险。政府和私营部门通过签订的协议在整个 PPP 项目的实施过程中进行合作，并在整个运营过程中共同负责。这样风险就不仅仅由政府单独承担，提高了项目的合理性。这种模式结合了公私部门的优势，政府可以从长远的角度进行设计和规划，发挥协调的作用，而且承担风险。私营部门不仅带来运作资本、进行资本的保值增值，更为重要的一点是相对于政府部门而言，它为这些项目带来了专业的知识和技术、先进的管理方法，从而降低了政府预算的压力，缩短提供公共服务和产品的时间。由于 PPP 项目具有一定的特许期限，特许期限的存在激励私营部门在短期内完成相关工作，提高了参与的积极性，这样实现成本最低、时间最短、质量最高的公共产品和服务。PPP 模式的创新弥补了政府存在的行政和融资方面的不足，转变了公共部门职能，创新融资模式并且还能使管理更加有效，政府从管理事务转变为监督者的角色。从 20 世纪 90 年代开始到现在，我国已经实施了 1 000 多个 PPP 项目，主要集中在交通运输、通信基础设施建设、能源开

① 孙丽华，唐大鹏．我国地方政府性债务管理的融资模式选择，国有资产管理，2015：65-67.

发、水资源开发等方面，投资超过了 9 000 亿元人民币。同时在 PPP 融资模式上也加强同国际银行的合作，2013 年亚行向北控环保公司和北控水务集团注资 2.4 亿美元，以支持通过 BOT/TOT 模式高效治理污水并促进了循环使用。

（三）建立风险监控体系

建立独立的政府管理部门，加强地方债务控制；规范信息披露制度，增强地方债务透明度；债务预算的初步阶段可以仅反映直接显性债务情况，其后逐渐增加信息披露范围和内容，将或有及隐性债务列入预决算报告，从而为地方人大、社会公众和专业性研究机构提供真实全面的数据资料，强化债务行政管理及社会舆论监督。

我国应建立健全政府会计体系，内容包括确立政府财务报告的主体、目标和计量基础；完善政府债务的确认、计量和报告，加强对政府债务会计核算；以国库集中收付制度为中心，对预算执行的全过程进行反映、计量、记录和报告，防范政府部门和预算单位对预算资金的挪用、占用和截留等行为，保护公共物资的安全与完整；建立政府成本会计系统，对公共部门收支、公共财务活动和公共支出等进行成本核算，加强政府成本管理和绩效管理，以提高公共资金和债务资金的使用效率和效益。我国应建立以政府审计为主、社会审计为辅的外部审计机制，聘任或委托社会审计对地方政府债务、财务报告和内部控制进行审计，充分发挥社会审计在该领域的专长。①

① 陆阳春 . 中国政府会计体系构建研究——基于中国预算管理改革视角分析 [D]. 财政部财政科学研究所，2013.

第二节　化解房地产市场泡沫风险

在讨论这个问题前，我们最需要回答的问题是，中国的房地产是否存在泡沫？适当范围的泡沫存在对经济的发展是有利的，对相关产业和经济的整体全面发展能起到积极的拉动作用。如果泡沫的发展超出了合理范围，跨越了安全边线，投机行为加重的话就上升到另一个质的阶段，即危险期或崩溃期。单单从2008年以后来看，答案是肯定的，中国的房地产确实存在泡沫，房地产的规模、建设速度，以及价格指数都超出了合理的区间达到危险区间，从数据上可以窥见一斑。虽然房地产存在着巨大的泡沫化，但同时我们也应该看到房地产在一国经济中的特殊性——重要性与危险并存。对于大多数国家来说，房地产业在国民经济体系中处于先导性、基础性和支柱性产业的地位，是国民经济最重要的组成部分之一，对国民经济投资、消费都有较强的带动作用。房地产市场的崩盘将会带来一系列连锁反应。20世纪80年代，在日本产生了巨大的房地产泡沫，到90年代日本房地产泡沫挤破后，日本经济就陷入了长期的衰退期。2007年的全球金融危机就是由美国次贷危机引起的佐证，由房地产引发，随后蔓延金融体系、实体经济和社会的其他方方面面。

房地产泡沫的主要表现是房地产价格持续大幅度的上涨，自有资本和投机资本大量涌入该行业，房地产的价格远远高于其实体经济价格的上涨，相对于人均可支配收入增长而言，房价的上涨将前者远远甩在后面。泡沫破裂最直接的表现是预期逆转，价格大幅度下跌，并且出现大范围的住房空置率和大面积的停建项目，比如内蒙古的鄂尔多斯。在中国，房地产是商品，具有一般商品的属性，但同时它也是一种特殊的商品，具有特殊的属性，它并没有像一般商品的价格变化规律那样，随着商品价格的上升需求会下降，而是呈现出相反变化的规律。房地产的特殊性还表现在其特殊的价格形成机制，通常衡量商品的价格标准是凝结在商品中无差别的人类劳动及价值，价格围绕价值上下波动，而房地产的价格远远偏离了本身的价值轨道，脱离了基本面的复杂特征，转变成了一种特殊的价格形成机制。

纵观我国的房地产历史，房地产发展的拐点出现在 1998 年，这一年国家取消了持续几十年的福利分房制度，揭开了中国房地产改革的序幕。房地产逐渐地由国家统一分配转向了市场供求，房地产走向了市场化的进程，房地产迅速蓬勃地发展起来。相对于其他产业来讲，房地产的增长速度惊人，年平均增长率高达 25% 左右，很大程度上拉动了国民经济的整体发展。但自从 2009 年中国房地产价格大幅度的飙升，随后国家陆续出台了一系列的房地产调控政策来抑制房地产泡沫的急剧膨胀，从实际效果来看，实施的效果非常有限，没有达到预期的效用，这对如何化解房地产泡沫提出了更高的要求。严重的房地产泡沫将会严重影响国民经济的发展，尤其是正处于转轨时期的中国经济，过度的泡沫化为金融业的稳定埋下隐患，并且房地产泡沫的破灭会进一步拉大日益扩大的贫富差距，威胁到国家的长治久安。

一、解读中国房地产泡沫

（一）房地产泡沫概念界定

新生代"90后"流行歌手邓紫棋曾经唱这样一句"早该知道泡沫一触就破"的歌词，可以很形象地表达民众对房地产泡沫问题的担忧。从经济学视角来看泡沫的产生过程，有两位经济学家的解释通俗易懂。斯蒂格利茨认为，如果价格上涨的原因仅仅是因为人们相信明天的价格会更高，而市场的基本量无法解释如此高的价格时，泡沫就产生了。金德尔伯格则指出，泡沫的产生是这样的过程：一种或一系列资产在一个连续过程中徒然涨价，开始的价格上升会使人们产生还要上涨的预期，于是又吸引了新的买主——这些人一般只是想通过买卖谋取利润，而对这些资产本身的使用和产生盈利的能力是不感兴趣的。随着价格的上涨常常是预期的逆转，接着就是价格暴跌，最后以金融危机告终。通常繁荣的时间要比泡沫的状态长一些，价格、生产和利润的上升也比较快。以后也许接着就是以暴跌（或恐慌）形式出现的危机，或者是泡沫的逐渐消退告终而不发生危机。

综合来看，房地产泡沫是在理性和非理性预期作用下的投机狂热所引起的资产价格的急剧波动（上升或下降），从而导致的资产价格与市场基础的持续偏离部分，并且中国的房地产泡沫呈现出以下特征：在一定时期内为大众所追捧和追逐；在心理上人们普遍认为只涨不跌，最为保值的长期投资；有大量噪音者参与。

（二）房地产泡沫的衡量标准

在对中国是否存在房地产泡沫，通过国际上通用的房价收入比、空置率和租售比三个主要的衡量标准来对此进行阐述。

1. 房价收入比是反映居民购房能力的指标

国际上认为合理的房价收入比的标准有两个：一个是联合国人居中心的标准：不应超过 3；另一个是世界银行的标准：不应超过 5。一般认为 3~6 是合理的收入比区间，表示不存在较大的房地产泡沫，但通过图 8-3 可以看到，自从 2004 年起我国 35 个大中城市商品住宅比明显高于警戒线 6，存在着房地产泡沫危险。

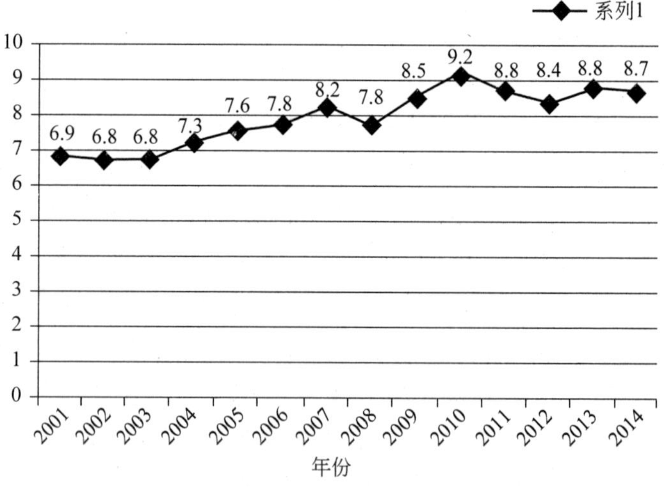

图 8-3　2001—2014 年全国 35 个大中城市商品住宅收入比

北京、上海、广州、深圳四个一线城市的房价收入比更是远远超过了其他国家处在一线地位的比值。据易居研究院纳入统计的全国 35 个城市最新数据显示，深圳的房价收入比水平高踞这份榜单的首位，该市的房价收入比达到 20.2。这也意味着在深圳一个达到该市平均收入水平的家庭，如果购买一套 100 平方米的普通商品住房，实际上要不吃不喝，耗费 20 年才能得偿所愿。

2. 房屋空置率

房屋空置率，是指某一时刻空置房屋面积占房屋总面积的比率。空置率主要用在国内，与国外的空房率不同。空房率指的是开发商建好房子后，空置的房子与建成的房子之比。一般认为，房屋空置率 5% 为适度，10% 则为警戒空置率，超过 20% 为严重空置率。目前因为数据统计原因，住宅空置率并没有一个准确的官方定义、官方数据。西南财经大学中国家庭金融调查与研究中心发布的《城镇住房空置率及住房市场发展趋势 2014》填补了我国这一领域的空白，尽管数据的准确性有待商榷，但这一系列数据仍具有一定的现实参考意义。该报告认为，中国城镇地区自有住房空置率为 22.4% 左右，全国空置房为 4 898 万套，空置住房占用了 4.2 万亿元银行住房贷款，属于严重空置。通过图 8-4 和图 8-5 的一系列数据，从空置率来看，中国房地产存在的泡沫化的程，SOHO 中国首席执行官张欣不无担心地感叹："在曼哈顿空置率达到 10%~15% 的时候，人们就感觉到天要塌下来了，但是在浦东空置率高达 50%，他们还在建造新的摩天大楼。"

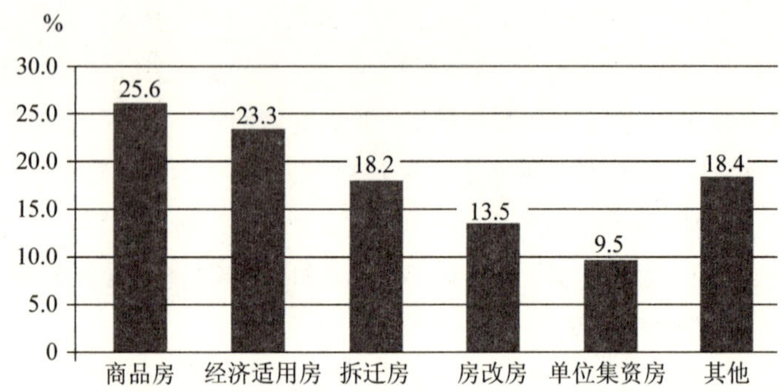

图 8-4　按住房类别：商品房与经济适用房的空置率较高

资料来源：西南财经大学中国家庭金融调查与研究中心《城镇住房空置及住房市场发展趋势 2014》

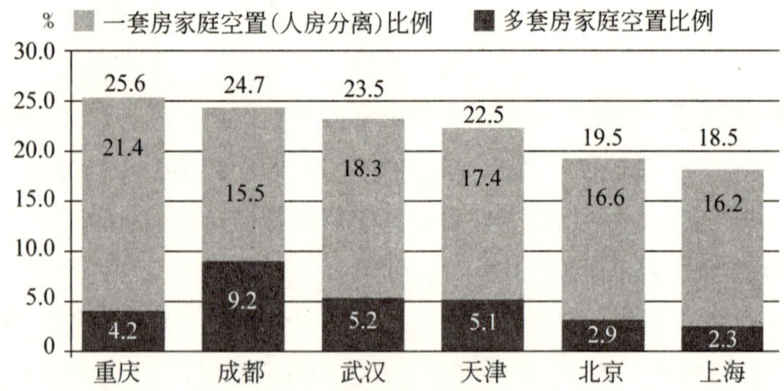

图 8-5　六大城市住房空置率

资料来源：西南财经大学中国家庭金融调查与研究中心《城镇住房空置及住房市场发展趋势 2014》

3. 租售比

租售比是指每平方米使用面积的月租金与每平方米建筑面积

房价之间的比值。国际上主要使用这个指标来衡量一个区域房地产运行状况、房地产投资价值以及房地产市场是否存在泡沫。租金水平是决定房地产需求的关键因素。一般认为良好的租售比一般为 1：300~1：200，无论是高于 1：200 还是低于 1：300，均表明房产价格偏离理性真实的房产价值。如果租售比低于 1：300，意味着房地产投资价值相对变小，房地产泡沫已经开始显现；如果高于 1：200，表明能够在 200 个月之内收回购房款则表明该区域房地产投资潜力相对较大，消费者预期乐观。从 2014 年 31 个省会城市租售比水平来看（见表 8-5），21 个省会城市的租售比水平超过了 1：300，存在着房地产泡沫，占所调查省会城市的 67.7%。依据数据所显示，中国的大部分房地产存在着泡沫，北京的租售比接近 1：600。

表 8-5　2014 年 31 个省会城市租售比水平

城市名称	平均房价 /m^2	租售比	租售比排名
北京	37 249	594	1
天津	15 646	511	2
上海	29 382	509	3
南京	17 469	495	4
杭州	17 918	452	5
广州	18 324	441	6
石家庄	8 106	433	7

续表

城市名称	平均房价 /m²	租售比	租售比排名
南昌	9 235	426	8
济南	10 045	398	9
福州	13 577	396	10
太原	7 787	373	11
成都	9 361	347	12
武汉	8 879	342	13
昆明	9 069	328	14
海口	7 608	324	15
重庆	7 489	322	17
郑州	8 499	322	16
乌鲁木齐	7 577	319	18
兰州	8 429	313	19
沈阳	7 672	311	20
合肥	7 914	302	21
哈尔滨	7 642	297	22
银川	5 444	292	23
长春	7 153	290	24
呼和浩特	6 562	289	25

续表

城市名称	平均房价 /m²	租售比	租售比排名
长沙	6 938	285	28
南宁	7 103	285	26
拉萨	6 251	285	27
西宁	5 913	253	29
贵阳	6 018	248	30
西安	7 287	222	31

2014 年 31 个省会城市租售比雷达如图 8-6 所示。

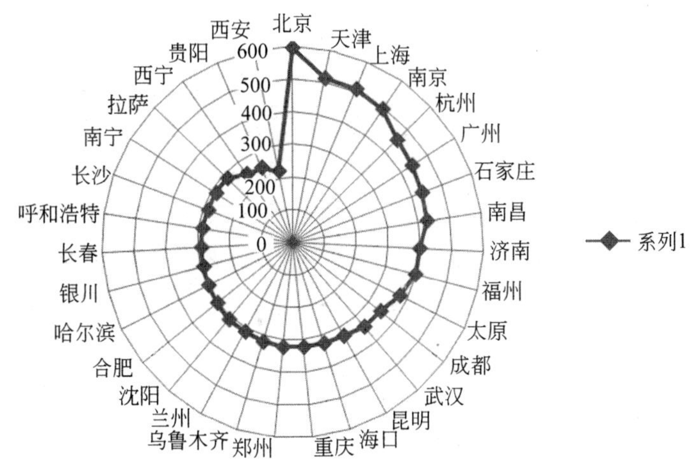

图 8-6 2014 年 31 个省会城市租售比雷达

二、房地产泡沫化的形成机理及隐藏的风险

（一）房地产泡沫化的形成机理分析

在进一步论述房地产的泡沫形成的机理分析以前，先讨论一下房子这个特殊的商品，它既是一种消费品同时也是一种投资品，具有双重属性。对于消费品来讲，价格机制发挥作用的途径是随着价格上升、供给增加而需求减少。但如果房子具有投资品的属性，价格机制发生作用正好相反，价格上升会导致需求增加的同时供给相对减少。政府、市场和传统的社会文化因素等共同助推着房地产走向泡沫化，消费者在购买这种特殊的商品时，“爱恨交织”的掺杂着这两种属性。

1. 中央和地方政府双向驱动房地产

自从国家取消福利分房制度后，20 世纪 90 年代中央政府出台了一系列鼓励房地产发展的政策，而到 21 世纪初的时候，国家实施积极的财政和货币政策，把投资、消费作为拉动经济的“三驾马车”中的两环。而房地产这个特殊的商品在拉动消费的同时也带动了投资以及相关产业的发展，尤其是在 2008 年金融危机后，在全球经济一片萎靡的背景下为避免经济的增长的下滑，中央政府对作为经济发展支柱产业的房地产行业又形成了新一轮的支持，包括政策和资金流向，国家实行宽松的货币政策，通过增加房地产的货币供给和调低利率和存款准备金率引导资金流向房地产业。

很多人把中国房地产的泡沫化归咎于土地财政，虽存在一定

的偏颇，但确实是一个不争的社会现实。地方政府通过土地税收、土地使用权出让、土地融资、土地金融等方式获得收益来直接或间接增加财政收入的能力，面对开发商拿到的高额的土地使用成本，房地产商不得不将其通过高房价转嫁给消费者，房价随之水涨船高。这也是政府在调控房价方面收效甚微很重要的一个原因。土地财政与我国实行的分税制改革和以 GDP 与财政收入为主要考核标准政绩考核体制相关。由于财权和事权分离造成地方债一直是让地方政府头痛不已的问题，为缓解地债所带来的压力，地方政府通过自己手中所掌握土地来解决庞大的债务压力。同时地方的房地产建设带动了地方 GDP 增长和财政收入的增加，这也是最直接、最简单并且最容易取得立竿见影效果的选择。加速推动房地产业的发展可以解决地方政府所面临的内忧外患，在过去的十几年里，大多数地方政府“毫无例外”地选择了房地产业作为本区域发展的排在头号的最重要的动力所在。

2. 市场参与和投机加剧了房地产的泡沫化

谈到房地产的泡沫化时，通常会忽视需求的存在，随着城市化进程不断加快，相对农村人口的收缩和城市人口的急剧膨胀，无论从现实的、将来的以及潜在的住房需求都扩大了消费者对于房子的需求数量。和其他国家相比，中国绝对的人口数量使住房需求基数成倍扩张，由于大量噪音交易者的存在以及非理性预期，对于房地产投机机会产生了大量的投机需求，刚性需求和投机需求的增加造成房地产市场的进一步繁荣，一片欣欣向荣、蓬勃发展的表面现象，从而引起进一步涨价的预期，由此形成一个自我强化作用的正反馈过程，最终使房地产价格膨胀，地产泡沫化程度加剧。在理解房地产泡沫化时，关注点不仅在房地产价格的上升，更应该看到房地产业在泡沫化中对过程的理解。房子是一个特殊的商品，在满足人们的居住需要方面缺乏其他的替代品，因此房地产价格机制是非常缺乏稳定性的，这样的特性也是造成房地产泡沫加速的原因之一。

从房地产的成本来看，首先，中国的土地供给数量有限，土地资源是稀缺性资源，且与其他生产要素相比，土地的供给弹性最小。随着我国经济发展水平的提高，单位土地面积上所承载的社会财富会不断上升，从而使得土地价格不断上涨，在房地产成本中最大的一块来源于土地的价格。土地价格直接影响房地产的成本，在房地产泡沫空前高涨的前几年里，媒体杂志上大肆宣扬层出不穷的“地王”出现。另外，自从 2003 年以来，钢材、水泥等建筑材料价格大幅上涨带动了下游产品的连锁反应，建材价格一路走高，同时伴随着建筑工人工资水平和拆迁成本增加，从产生的内生机制来讲，投入房地产的资金和人力成本的提高进一步强化了房地产价格的一路上扬。目前，土地交易制度仍存在不少弊端，房地产行业的管理机制不尽完善，再加上地方政府对本区域房地产企业的“庇护”，房地产商采取圈地的方式进行土地储备，再以高价格卖出或者通过疯狂炒作在开发后卖出。在非理性利益的驱使下，价格的上涨严重脱离了其价值的基本面，从而进一步导致了整个房地产泡沫的形成。

3. 金融支持过度

金融支持过度是指金融制度变迁、不确定性和信息不对称导致了房地产信贷过度膨胀。房地产市场参与者由此形成了严重的投机心理和风险转嫁行为，直接推动了房地产泡沫的生成和破灭。从本质上来看，房地产泡沫是一种价格运动现象，在金融支持过度背景下，投资者预期的趋同性而产生的群体投机行为，导致房地产价格偏离市场基础的持续上涨。①

房地产是资金密集型的产业，资金主要来源于三个部分：社会资金、银行资金和其他。房地产建设资金的 55%~70% 是由金融机构提供。购买者基本上都是通过银行分期贷款的方式来买房。供给方和需求方在某种程度上是以银行为纽带进而绑定到一起。在我国金融市场不发达，商业银行的投资种类有限，其他的上市融资、信托融资为扩大商业银行的营业利润以及增强竞争力，商业银行向房地产商和个人购房者发放了大量的开发贷款和按揭贷款，使银行承担了过多的风险。正是银行不断地朝房地产业注入资金，增加了其流动性，为房地产泡沫的产生提供了资金基础，银行也陷入了非常尴尬的境地。如果银行继续支持房地产业仍会加剧房地产泡沫的形成；如果银行采取相反的措施，则会导致银行产生大量的不良贷款，造成银行的呆坏账，房地产泡沫可能会断裂。所以如何控制借贷的数量，定义好界限的问题摆在了决策层面前。

4. 其他因素的推波助澜

中国传统文化和根深蒂固的观念深入人心。中国人有很强的置业观念，很多人认为有了自己的个人住房才能够立业、安定，通过这样的方式寻找到所谓的安全感。而租房会给人一种漂泊不

① 周京奎，房地产泡沫生成与演化．财贸经济，2006（5）．

定的感觉，租房被认为是收入低、不稳定的表现，所以大部分人如果能够买得起房子就不会再去租房。中国的预售房制度和银行的借贷让这种观念找到了土壤可以去孕育。谈婚论嫁的时候拥有一套独立的住房是结婚的必要前提。为能够买得起一套独立住房，因为房地产泡沫的存在，很多人是无法独立去购买一套住房的，中国的互助文化就开始发酵起来，这时买房就不是个人的事而是全家的总动员。父母把一生的积蓄都投资在为孩子买房子的上面，所以也被戏称为“丈母娘房”,这时候买房就不仅仅是个人的行为，而是亲友团的群体活动。另外，与发达国家相比，我国的租赁市场仍不完善，房屋的出租人主要是拥有多套房的个人投资者，独立的个体缺少规范性，有很大的随意性，会让租房的人缺少安全感和稳定性，在这样的考量下，只要租房的人举全家的力量能够承担房子首付，他就会做出去购买商品房的决策，噪音交易者也就产生了。

三、化解房地产泡沫风险

2014 年以来，我国各地楼市出现了开盘去化率低、库存剧增的普遍现象。从 4 月份开始，除了北上广深和三亚以外，各地都取消限购，但楼市并没有因为采取政策而回到以前的繁荣状态，反而继续一路震荡下行。2014 年年末，商品房待售面积高达 6.2 亿平方米，比 2013 年年末增加了约 1.3 亿平方米，2015 年仍然延续 2014 年楼市的下行态势。采取政策效果不明显的原因在于持续多年的房地产泡沫的消化必然需要一段时间来进行“抚平”。

如果不采取措施因势利导，以前集聚还没有消化掉的房地产泡沫会以一种破坏性连锁反应、蔓延到房地产的相关行业，重创国民经济。在这严重的后果还没有出现以前，如何采取适宜措施疏导和化解房地产泡沫呢？下面主要根据泡沫产生的内因，从源头上列举出一些化解房地产泡沫的措施。

（一）稳定住房消费、分类指导、因地施策

国家的宏观调控政策从以前的积极支持房地产扩张的面积和销售额量的方面转向内部结构调整质的区域，确定调的方面，哪些可以进行调整，哪些需要鼓励，政策制定及实施要有针对性，有一条总的原则要贯穿始终，那就是民生原则，增加社会福利效应。根据上文提到过在我国房地产的需求当中存在着真实需求和投机需求，对于真实需求，进行鼓励，对首次购房的居民优先满足其贷款需求并提供一定的利率和税收优惠；对于广大农民工和刚走出校门的大学生的正常刚性需求放松购房权限。对于投资性需求进行适当抑制，主要通过税收的方式来抑制会产生房地产泡沫投机需求、大力发展安居型、保障型、经济适用型和廉租型房地产，显著的例子就是主要针对投机需求开始征收的房产税，增加交易和持有成本，为房地产市场设置“防火墙”。

化解泡沫应从房地产源头入手，做好土地供给的顶层设计，改变地方政府“土地财政”的攫取之手。完善土地市场，保障土地使用的合理性，制止开发商囤地行为，对超过规定期限没有进行开发的土地，政府应立即收回。全面清理土地市场，坚决打击开发商的圈地和炒地行为。合适的农村非农用地直接纳入房地产

市场，进行土地所有权的出让。

设计合理严密的房地产税制。主要包括：①对土地空置征税，提高囤积投机的成本；②征收土地增值税；③征收土地保有税，刺激土地供给。

加强和完善宏观监控体系应当通过对全国房地产市场信息及时归集、整理和分析，就市场运行情况作出评价和预测，定期发布市场分析报告，合理引导市场，为政府宏观决策做好参谋。国家要加快建保障土地立法和完善房地产业的宏观监控体系，通过土地供应、税收和改善预售管理等手段进行必要的干预和调控，有效地防止房地产"泡沫"的产生。

（二）加强金融监管力度，合理引导资金流向

房地产投资过度膨胀，商品房严重滞销，造成还贷困难，银行流动性紧缩，引起金融危机，形成泡沫经济破灭。房地产投资的基金大部分来源于银行，银行贷款具有信用扩张效用，推动房地产泡沫产生的资金，绝大部分都是从银行流出，并且通过货币创造使货币效用成本扩张。因此，首先要加强对银行的监督，从源头上控制投机资本，调整信贷结构去过高的杠杆化。

首先，要进一步健全金融监管体系，增加监管手段，增强监管能力，提高监管水平；其次，要加强信用总规模的控制，不使社会总信用过度脱离实质经济的要求而恶性膨胀，从源头上防止现代泡沫经济发生；再次，要加强投资结构的调控，通过利率、产业政策等，引导资金流向生产经营等实质经济部门；最后，要加强外资和外债的管理，尽可能引进外资的直接投资和借长期外

债。推动房地产泡沫产生的资金，绝大部分都是从银行流出的。因此，要加强对银行的监管，从源头上控制投机资本。

房地产投资增长率应与房地产消费增长率相适应，力求平衡供求关系。在我国经济下行阶段，房地产投资增长率略大于消费增长率，形成供略大于求的市场局面，对促进房地产业的发展和刺激经济增长是有利的。这种措施对实施的时间跨度会有一定的限制，如果把这种政策一直持续下去则会歪曲经济发展结构，造成资源配置不合理甚至浪费，从而不利于经济的健康发展。所以，首先应该调整信贷结构去杠杆化，把银行信贷从房地产业中抽离，转向新兴、小微等国家支持性产业；加大对于商品房以及土地投招标的监督，提高房地产行业的进入门槛并严格审查个人房贷，加强对房地产次级贷款监督。

强化金融监管的力度要考虑房地产与金融的良性互动及银行信贷资金的安全问题，避免我国因房贷而引发的金融危机。房地产市场的调整分别影响到投资和消费，进而对经济增长和金融稳定产生影响，房价波动可能会使房地产市场波动风险高度向银行体系传递。在相当大的自住房需求远未得到满足，相当数量的商品房投资及投机需求将继续存在的情况下，商业银行和监管部门要重视建立和完善房地产风险管理和监管长效机制，保持房地产业与金融良性互动，使房地产信贷规模和风险得到有效控制和管理。①

① 郭春风. 房地产价格波动对金融稳定的影响研究 [D]. 武汉理工大学，2013.

第三节　降低金融系统高杠杆风险

一、理性看待金融系统高杠杆

金融杠杆是指用少量的钱去做大量资金才可以做的各类金融交易（尤以收入的资本化、证券化最为典型）。[①] 通常用资产负债表的总资产除以权益资本来测量金融机构的杠杆率。

在分析金融系统的高杠杆风险时，有一个概念需要我们明晰化，不能提到高杠杆就认为是负面的作用，金融系统的高杠杆是一把“双刃剑”，实际上银行高杠杆本身就是金融创新，在一定的范围内高杠杆的存在可以发挥金融系统的乘数效应，扩大投资和消费，拉动经济增长率的提高。一旦高杠杆超过了一定的“度”就会带来金融系统性风险。从雷曼兄弟破产的真实案例中看一下它的高杠杆率，作为曾经的四大投行（高盛、摩根、美林、雷曼）之一的雷曼兄弟在 2007 年杠杆倍数超过 30 倍。美国联邦金融法律规定，投资银行不能吸收公众存款，资金来源主要依赖于放大杠杆的金融市场融资，包括贷款和发行股票、债券。在不是自有资金的基础上存在如此高的金融杠杆率，在一般投资者无法想象中的随时崩塌却实实在在地存在了 5 年之久，直到它们在危机中倒塌。

① 叶振环 . 金融危机背景下金融杠杆作用之审视 . 南方金融，2009-05-16.

（一）金融杠杆存在客观必然性和合理性

无论是从经济发展史还是发达的市场经济以及新兴国家的兴起，都有一个共同的“引擎”在拉动，也就是通常意义上的金融杠杆的巨大推动。金融杠杆的存在创造了大量社会财富的同时也增加了居民福利。发展中国家的经济起飞、经济奇迹的取得背后都有金融杠杆“神奇”的推动。产业革命、经济结构调整、产业升级、科技创新以及整个经济的高速增长，都离不开金融杠杆的推动；大到国家整个经济建设，国家整个结构产业调整升级，再到企业固定资产的投资、技术的改造、扩大再生产，小到每个人住房的购买、消费的实现，这里面都具有金融杠杆神奇的作用在发挥。如果金融是现代经济的核心，那么金融杠杆就是推动现代经济高速发展巨大的推动力。①

（二）金融杠杆作用大，但不能被神化

经济发展史上的 7 次金融危机基本上都是和金融杠杆的“异化”相联系。正如 2007 年金融危机所警示的那样，很多人把金融危机的爆发归咎于金融杠杆的过度使用，在这场席卷全球的金融危机不仅使美国的经济走向衰退，而且也使世界经济陷入了低速发展的泥沼。在金融危机爆发前，美国实行积极扩张的 QE，宽松的低利率的货币政策，在这种流动性泛滥的环境之下，整个经济都在以一种高杠杆在疯狂运行。国家、企业、银行、个人全都处于高杠杆、高负债，个人借债消费，企业融资

---

① 王兆星 . 金融杠杆是把双刃剑 . 人民日报，2015- 08-03（10）.

扩大生产，银行也是用高杠杆来放款，包括其他的“影子”银行都是一种高杠杆的方式在运作。同时，每个环节在高杠杆程度的设计上日益复杂和深化，按揭再加按揭，杠杆之上再加杠杆，证券化之上再加证券化，环环相扣，层层重叠，形成了金融泡沫。可以想象，在高杠杆失控的情况下，个人消费的高杠杆链断裂，会一层层传染到其他领域，外在的表现形式是金融危机爆发并且蔓延起来。可以简略地概括一下发生路径，金融高杠杆化导致了金融泡沫的形成，随着形成泡沫链条基础的断裂，最终引发了金融危机。

根据前两节论述，我国现实情况是房地产业和地方债造成了金融系统的高杠杆风险，尤其是房地产，房地产风险是金融系统高杠杆风险爆发的最大隐患，房地产危机是中国经济增长必须付出的补偿性代价，同时也是中国经济改革与转型的倒逼动力。

二、地方债务、房地产行业与金融系统高杠杆风险

2014 年以来，在经济增长放缓的现实背景下，房地产市场的下行和地方债进入还债高峰期使人们担心金融系统性高杠杆风险的爆发。金融系统性高杠杆风险一旦爆发，可能将中国经济拖入中等收入陷阱。央行多次强调，要及时化解和处置各类金融高杠杆风险，牢牢守住不发生区域性、系统性金融高杠杆风险的底线（见图 8-7）。

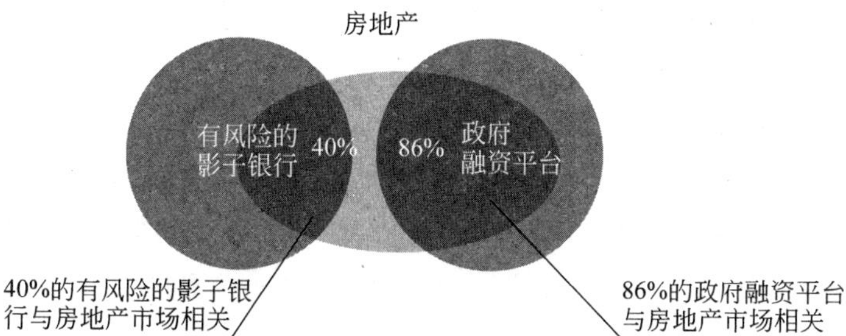

图 8-7 影子银行、房地产行业、政府融资平台的交叉关系
注：本图出自中国金融四十人论坛内部课题中期成果《中国金融系统性风险与宏观审慎监管》，课题主要负责人为上海银监局局长廖岷

金融机构主要通过四种方式向地方政府注资，分别是直接的信贷资金、间接信贷资金、直接融资和融资工具创新。从借款人的角度来讲，我国地方债的三个特性注定了其有引发金融高杠杆风险的可能：一是过度依赖融资平台；二是地方债的资金主要是来自银行等金融机构的贷款；三是过度依赖土地收入。在经济下行过程中，一旦政府信用链条断裂，就有可能爆发区域性的地方债务风险，进而产生金融系统高杠杆风险。从债权人对债务人的监管来看，在当前，由于地方债务的不透明性，在一定程度上掩盖了地方债所带来金融系统高杠杆风险。地方债务不透明性使金融机构难以准确评估地方政府的举债能力和实施有效的融资管理，很难做到导致金融系统高杠杆风险的地方债的事前、事中和事后的监督。以事后监督为例，商业银行难以对地方政府债务行为实施有效监测与管理，一旦出现偿还风险，由于地方债的特殊性也无法通过司法手段进行有效追偿，而常见做法是“借新还旧”，

这样就使得地方政府债务规模日益膨胀，同时掩盖了银行信贷资产所面临的真正风险。

房地产业被认为是最有可能成为银行金融系统高杠杆风险的最大隐患。房地产和银行的相关性不仅体现在贷款数量上，也存在以房地产作为抵押物上面。房地产贷款约占银行贷款的19%，在所有的抵押贷款中，有80%的抵押物是房地产，也就是我们通常所说的房地产抵押贷款。在我国，房地产抵押贷款成为银行安全的高收益重要资产，因而银行信贷源源不断地通过各种渠道流入房地产市场，造成目前我国房地产开发商的平均资产负债率高达75%。开发商只是利用较小的自有资金就能进行大规模的房地产开发，利用这种高杠杆率来攫取利益蛋糕，推动房地产泡沫的不断膨胀。然而，如果房地产的泡沫出现了破裂，银行贷款缩水，房地产抵押物业会出现贬值。如果房地产行业出了问题，不仅20%的贷款会缩水贬值，贬值以后，银行抵押物就贬值，抵押物贬值涉及相关产业，又出现连续性，产生连锁反应。

金融系统有其自身的弊端，对我国地债和房地产金融监管制度的发展远远达不到现实经济发展的需要，无法完成有效防范银行系统性风险的任务。金融系统对风险的防范主要是通过外部监管，监管手段主要是落后的行政手段，主要以计划、行政命令和适当的经济处罚方式，这些方式缺少权威性，带有主观主义色彩。从我国房地产金融监管的现状来看，各监管部门都是在国家宏观调控政策的背景下，出台了相应的监管制度，而中央政策的多变性，造成各阶段房地产金融监管政策缺乏一致性。各监管部门更是缺少独立性，不能形成自己完整和固定的监管模式和监管思路，没有出台针对房地产金融监管的法律法规，造成了监管政策受中央意愿为转移，出现前后不一致的现象。政府主导型意味着监管机构的相对独立性较小，难以对微观金融主体的需求作出及时反应，还必须在考虑政府的利益后才能作出决策。因此，监管的滞后性显而易见，可以说目前我国的地债和房地产金融监管制度仍有许多方面需要完善和发展。房价波动是目前造成我国银行系统性风险爆发的主要原因，房地产金融监管的不足，加剧了银行系统性风险爆发的可能性并且监管资本的顺周期性放大银行系统性风险。

地方债和房地产业并不是两个独立的个体，实际上地方债大部分都和房地产市场相关，地方政府融资平台贷款的 86% 左右都与房地产市场相关，而一年期以上风险相对较高的理财产品资金，50% 以上直接或间接投向了房地产。因此，这两个领域的系统性风险实际最终还是回到房地产行业上。

金融活动是为了更好地利用风险，改善人们的生活，风险存在并不意味着金融危机的产生，合理利用"金融加速器"的杠杆效应，运用科学发展观对待和处理好金融杠杆与经济发展之间的关系，是应对此次地方债和房地产泡沫，促进经济转型与发展的关键。

三、降低金融系统高杠杆风险

在地方债务风险和房地产泡沫的双重压力下，如何来降低金融系统的高杠杆风险？一方面可以从金融体系的顶层进行设计。首先,金融监管要立足于整个金融体系进行金融杠杆率监管,摆脱以前传统的单个金融机构风险导向，从全局的角度识别系统性的风险，实施审慎性监管，根据经济发展所处的不同阶段适时地调整金融体系的杠杆率。上述措施的前提是要使金融主体成为一个真正意义上的独立的法人主体，减少政府对金融体系的干预，让金融体系按照市场规则来配置资源。减少政府干预并不是不干预，因为地方举债很多关系到民生，很多的预期利润回报不明显，金融体系为追求利润最大化而不愿进行投资，在这样的情况下，需要政府的宏观调控。政府对房地产市场的有效干预和调节，也同样需要积极加以改善。政府和金融体系应权责明晰，哪些是政府可以干预的哪些需要金融体系自己按市场规则来办事。其次，金融体系应加强对地方债务和房地产泡沫的事前、事中和事后监管，监管并不只是集中在某个阶段或具体的指标数据，高杠杆本身的高风险要求是一个连续的动态监管过程。最后，金融体系应加强自身建设，建立风险预警机制，进行高杠杆风险的抗压力测试。

另外，把握好高杠杆的金融创新与风险控制均衡关系。相比发达国家，我国确实是存在金融创新不足，美国是金融创新过度，所以要清醒地认识到我国金融创新“度”的衡量，适度加速金融创新改革是必要的。不过,我国银行业要创新,必须遵循风险可控、成本可算以及增加产品透明度原则，在这三个原则下，根据我国市场的发展条件和我们交易对手的实际情况，以及中国市场架构下的法规制度，有序地开展金融创新和发展，银监会也应通过功能监管，对金融创新业务进行风险的分析和预警，金融创新产品尤其是地方债务等资产类金融衍生产品只有在客观环境相对成熟的情况下，才能充分发挥其管理风险的功能，避免产生新的更大的风险。①

① 王勇，银行高杠杆化需金融创新支持．证券时报，2009-04-28（A03）.

第九章

CHAPTER 9

逼仄的宏观调控空间
——漫灌式向精准定点式转型

2014 年年底，中央经济工作会议提出经济新常态的第九大特征是："从资源配置模式和宏观调控方式看，全面刺激政策的边际效果明显递减，既要全面化解产能过剩，也要通过发挥市场机制作用探索未来产业发展方向，必须全面把握总供求关系新变化，科学进行宏观调控。"

宏观调控，是指在市场经济体制下，为了保持国民经济持续增长、促进物价稳定、保障就业、维持国际收支平衡，以中央政府为主体，主要运用间接手段，对一定范围内经济总体运行进行引导和调节的过程。在这一概念中，市场经济体制是宏观调控的条件；保持国民经济持续增长、促进物价稳定、保障就业、维持国际收支平衡是宏观调控的目标；中央政府是宏观调控的主体；运用间接手段对一定范围内经济总体运行进行引导和调节是宏观调控的调控方式和调控内容。

宏观调控的手段主要有经济手段、法律手段与行政手段。其中，经济手段是最常用的，也是起主导作用的调控方式。宏观调控的经济手段包括财政政策、货币政策、产业政策等，而前两者尤为重要。

2014 年 7 月 15 日，中共中央政治局常委、国务院总理李克强主持召开经济形势专家座谈会，就当前经济形势和经济工作，听取专家学者的意见与建议。会议上，来自高校、研究机构、行业学会的李稻葵、宋国青、赵晋平、刘胜军、柴强、刘迎秋等专家学者，围绕宏观经济、金融、外贸、体制改革、房地产、民营经济等谈了各自的看法。大家普遍认为，当前我国经济运行总体平稳，宏观调控继续创新，改革红利不断显现，但也要充分估计存在的困难、风险和下行压力。李克强与他们深入讨论交流后强调指出：必须坚持在区间调控的基础上，注重实施定向调控，也就是保持定力、有所作为、统筹施策、精准发力，在调控上不搞“大水漫灌”，而是抓住重点领域和关键环节，更多依靠改革的办法，更多运用市场的力量，有针对性地实施“喷灌”和“滴灌”。

这就是说，当前中国需要进行宏观调控方式的创新升级，需要更有针对性的宏观调控，使宏观调控从“漫灌式”向“精准式”转型。

第一节 全面刺激政策不合时宜

2015 年以来，国民经济延续 2014 年第四季度稳中趋缓的态势，下行压力加大，具体表现为工业生产增速放缓，固定资产投资增速回落，进出口总额下降，商品房销量继续下降。在当前中国宏观经济形式较为严峻的情形下，推出全面刺激政策不合时宜，这主要有以下三个方面的原因。

一、四万亿等政策造成遗留问题具有前车之鉴

2008 年，美国爆发了 20 世纪 30 年代“大萧条”以来最为严重的一次金融危机——次贷危机。在经济全球化背景下，爆发在美国的次贷危机对国际金融秩序造成了极大的冲击和毁坏，全球金融体系受到了重大影响。危机通过美元世界货币的传导机制

向外围传播，似乎所有与美国联系密切的国家都在这场危机中扮演了“替罪羊”与“埋单者”的角色，中国也不例外。

在这之前，中国经历了从 2005 年 6 月至 2007 年 10 月的大牛市，尽管在此期间央行不断加息打压，但上证指数从 998.23 点上涨至 6 124.04 点，两年多时间涨幅高达 513.49%，牛冠全球。但受全球金融危机影响，上证指数在一年时间里从 6 124.04 点跌至 1 664.93 点，跌幅高达 72.81%，从此步入了漫漫熊市。在实体经济方面，中国经济增速快速回落，出口出现负增长，经济面临硬着陆的风险。由于美国是中国最大的出口国，美国的危机造成中国大量外向型企业破产倒闭，带来了大量失业工人，大批农民工返乡，造成了较大的社会不稳定因素。

为了应对金融危机，中国政府于 2008 年 11 月推出了进一步扩大内需、促进经济平稳较快增长的十项措施。初步推算，实施这十大措施，至 2010 年年底约投资了 4 万亿元。随着时间推移，中国政府不断完善和充实应对国际金融危机的政策措施，逐步形成应对国际金融危机的一揽子计划。虽然此后中国经济恢复了平稳较快增长，金融市场也止跌企稳，但是四万亿等政策还是带来了一些负面影响。

（一）造成房地产过渡投资

中国经济增长有“三驾马车”，分别是投资、消费与出口，在其中投资占据了重要位置，而房地产投资又是重中之重。四万亿等政策造成信贷扩大，对房地产的刺激效用非常明显，2008 年以后房地产行业小幅回落，然后不久便创造了新的高潮，与股市形成鲜明对比。有个真实的故事，2008 年 12 月，冯仑、潘石屹、任志强等地产大亨曾聚集北京，共商房地产“如何过冬”。但是大亨们谁也没有想到，一年之后曾经的房地产“寒冬”就被街头巷尾热议的“泡沫”所替代。由于房价高涨，从事房地产可以获得较高回报，很多房地产公司便相继扩大投资，甚至连一些主营业务不是房地产的公司，也都纷纷加入房地产投资的怀抱之中，在全国各地施展拳脚争夺这块大奶酪。由此，全中国出现了大量的房地产库存。从整体上看，一线城市由于人口持续流入，供求基本平衡，二、三线城市基本是供大于求。

（二）造成产能过剩

四万亿等政策在基础设施建设方面具有大量投资，造成了产能的过剩。中国政府向来是“先天下之忧而忧”，急百姓之所急。所以，当 2008 年美国次贷危机波及中国以后，中国政府第一时间积极应对，央行改上调利率为下调利率，扩大信贷支持力度，财政则主动出击，加大政府投资力度，加大财政补贴力度。不仅如此，发改委等部门还专门利用国家政策，积极扶持某些战略产业发展。一时间，似乎所有可以为 GDP 增长、解决就业、稳定经济做贡献的相关产业都获得了政府的大力关照。然而，市场经济必须遵循价值规律，“看得见的手”用多了就变成了“闲不住的手”，在不遵循市场规律的情况下就会起到一定程度的负面作用。在中国原先产业结构基础上，加上四万亿等一揽子政策的刺激，目前中国产生了钢铁、煤炭、平板玻璃、水泥、电解铝、船舶、光伏等相关行业产能过剩。在这其中，不乏因政府“大力支持”

而决策失败产生的产能过剩行业。

（三）造成地方政府战略扭曲

在2008年金融危机以前，地方政府原先遵循自身发展规划，稳步推进经济建设和其他各项事业综合发展。但是，金融危机带来了巨大影响，尤其对东部沿海地区依靠外贸与加工出口型企业打击更大。在这个时候，中央政府进行四万亿等一揽子政策，通过宏观调控的传导机制向地方政府扩散，地方政府在此时一方面自身并没有什么更好的办法来抵御金融危机；另一方面作为地方必须服从中央的整体部署，于是自上而下形成了新的战略规划。四万亿等一揽子政策虽然对全国经济好转起到了强有力的作用，但是就地方而言肯定是打乱了原先部署，扭曲了原有战略规划，同时也对地方企业的战略造成了重大影响。更重要的是，这种扭曲的造成并不是自身愿意的，而是受到一只强有力的“看得见的手”的支配作用，所以不可避免地造成一些负面影响。

二、当前产业结构问题突出，低水平重复与高新产业不足并存

产业结构的战略性调整是21世纪中国经济发展的主线之一。积极推进产业结构调整与优化升级，是促进中国经济持续较快健康发展的重要举措。所谓产业结构，是指国民经济各产业之间的相互关系。产业结构问题包括三大产业之间的比例问题，也包含产业内部结构问题。所谓产业结构优化升级，是指产业结构合理化与产业结构高度化的有机统一。产业结构合理化主要是指现有

基础产业之间的协调发展，而产业结构的高度化是指从低水平、低科技含量产业，向高水平、高科技含量产业升级。中国目前三大产业比例已经向发达国家逐步靠拢，然而，中国正处于产业结构调整期，部分行业产能过剩与一些行业供给欠缺同时并存，这就决定了无法使用全面刺激政策。中国产业内部结构问题非常突出，转型升级困难较大，这主要表现在以下三个方面：

（一）低水平重复建设问题严重，相关行业产能过剩

中国是一个人口大国，与之相适应，基本上所有产业在中国都具有一定程度的发展。不过，由于中国人口基数大，改革开放时间较晚，科学教育事业还没有足够发达，劳动力素质总体上相比起西方发达国家还有一定差距，这就决定了中国发展的劳动力密集型产业较多，低水平、基础性产业较多。在面临劳动力素质不高与解决失业问题带来社会负面影响双重困境之下，中央政府一定程度上被迫向后者妥协，于是创造了大量低水平产业，带来了相关行业产能过剩。中国农村人口众多，在城镇化进程中，大量农业转移人口进入城市，多数都被低水平、低科技含量产业所吸纳。另外，地方政府前些年以 GDP 为核心的政绩观也带来了负面影响。由于一些经济发展较落后的城市并没有能力去直接发展新兴产业，所以只能延续低水平产业的老路，把一些原本已被时代淘汰的产业通过招商引资的方式引进本地大力发展。而较发达城市由于基础产业的惯性，也无法立即转型升级，由此便带来了大量的低水平重复建设问题。低水平重复建设必然带来相关行业产能过剩。据不完全统计，目前中国产生了钢铁、煤炭、平板

玻璃、水泥、电解铝、船舶、光伏等几大行业产能过剩。比如钢铁行业，在供过于求的情况下，2014 年中国产能产量仍创新高，全年粗钢产量为 82 270 万吨，钢材产量 112 557 万吨，这个数据早已排在全球之首，并遥遥领先于排名第二、第三的日本和美国。

（二）高新技术产业发展不足，无法满足消费需求

产业结构的高度化要求产业结构从低级水平向高级水平不断发展。高新技术产业是以高新技术为基础，从事高新技术及其产品的研发、生产和技术服务的产业。高新技术产业的关键技术在研发时期困难非常大，但一旦研发成功，却具有很高的经济效益与社会效益。高新技术产业以知识密集型、技术密集型行业为主，主要包括信息技术、生物技术、新材料技术三大领域。目前，虽然中国整体产业体量很大，但在整个产业结构中处于较高地位的高新技术产业发展不足。这导致了高新技术产品供应不足，无法满足消费需求，对经济增长贡献比例偏小。比如，中国在手机行业、新能源汽车行业、新材料行业、生物医药行业等相关领域发展滞后，这些行业的产品依赖进口消费的比例很高。比如，在手机行业里，国产手机消费量非常少，这并不是说中国手机消费量不足，而是由于国产手机自身研发水平、营销水平不足等因素造成中国的手机市场曾先后被诺基亚、三星、苹果所占领，然而国产手机所占市场份额却少得可怜。以上情况对我国产业结构的优化升级提出了新的要求。从宏观调控出发，必须全面把握总供求关系新变化，从供给管理的角度就要求我们积极探索未来产业发展的新

方向，有针对性地发展高新技术产业。

（三）产业惯性大，调结构困难重重

产业惯性是指一个国家或地区的产业具有沿着原本轨迹运行的一种趋势，调整产业发展轨迹会遇到迟缓性等问题。中国调整产业结构的一大难题就是产业惯性大，尤其是一些重型产业。以河北为例，2014 年河北粗钢产量为 18 530.3 万吨，当年中国全年粗钢产量为 82 270 万吨，占全国产量接近 1/4。更不可思议的是，河北一个省的粗钢产量，居然比全世界所有其他单个国家的粗钢产量都要大，所以有人说，全世界钢产量中国第一，河北第二。钢产量那么大，产能明显过剩，钢材卖出去利润很薄，并且带来了严重的资源环境问题，理所当然需要调整产业结构，化解过剩产能，缓解现有矛盾。当地政府当然知道要转变经济发展方式，调整产业结构，需要将粗放型的经济增长方式转变为集约型的经济增长方式，需要通过“腾笼换鸟”，实现新的经济增长渠道，然而，由于钢铁行业是重工业，产业惯性很大，一些理所当然的事情摆在眼前就解决不了。产业惯性大的主要原因是固定资产投资比重较大，下岗工人再就业压力大，新兴产业发展布局滞后且见效周期长，等等。如何解决产业惯性问题以促进中国产业结构调整是一个重要课题。

三、当前房地产业总体供给过剩，需逐步消耗现有库存

房地产业是指以土地和建筑物为经营对象，从事房地产开发、建设、经营、管理以及维修、装饰和服务的集多种经济活动为一体

的综合性产业。在2008年金融危机爆发以后，中国政府推出全面刺激政策，使得原本已遇“寒冬”的房地产业进入了又一个高涨状态。由于房地产业利润高于其他一般行业平均利润，产业资本大量流入，使得这几年创造了大量供给，导致供给过剩。虽然房地产业一度成为拉动中国经济增长的关键产业，但是由于目前供给明显过剩，我们便不能再使用全面刺激政策，以免市场继续盲目扩张。从目前来看，中国房地产业主要面临以下三个方面的问题：

（一）当前房地产业总体商品房库存量较大

从国家统计局公布相关数据来看，2015年商品房待售面积继续增加。截至2015年2月末，商品房待售面积63 922万平方米，比2014年年末增加1 753万平方米。其中住宅待售面积42 177万平方米，增加1 493万平方米。与此相对，2015年1—2月份，商品房销售面积8 764万平方米，同比下降16.3%，降幅比上年全年扩大8.7个百分点；商品房销售额5 972亿元，同比下降15.8%，降幅比上年全年扩大9.5个百分点。也就是说，如果这种情况保持不变，即使房地产业不再制造新库存，那么现有库存也可以销售一年左右。房地产行业总体库存量消耗较困难的另一个因素是人口，中国目前人口老龄化加剧，人口增长步入了比较缓慢的通道，这就意味着住房刚需在不断减弱，商品房的销售也会回到一个平稳的通道。

（二）房地产业商品结构问题突出

房地产业是一个综合性产业，包括开发、建设、经营、管理以及维修、装饰和服务等相关领域。但是，目前中国房地产业发展很不平衡，开发、建设、经营做得非常红火，而管理、维修、服务等方面却有待加强。商品房总体上已经是明显的供过于求了，不过仍然有房地产项目不断开工兴建，而已经购买到房子的顾客却经常遭遇各种心酸的事情，比如物业服务差，售后管理跟不上，工程质量监督不到位……就开发、建设领域来看，高端商品房供过于求，但基础保障房供不应求。房地产开发商都希望进入利润率较高的行业，而高端商品房显然比基础保障房利润率高，于是开发商纷纷杀入。所以，一方面，我们经常可以看到一个城市里有一大片外表非常光鲜的小别墅群或者高档住宅楼，然而真正入住的却非常少；而另一方面，却有很多收入较低的群体住在棚户区，或者住在条件非常简陋的地方，还有很多刚创业的年轻人面临着买不到房的尴尬局面。

（三）中小城市库存明显过多

分城市来看，一线城市由于人口不断流入，房价已经企稳，部分一线城市在 2015 年第二季度已经止跌起涨，比如北上广深；二线城市房价整体较为稳定，并没有较大涨跌；大部分三线、四线城市房价还在持续下跌通道，仍然处于去库存阶段。三线、四线城市由于前期商品房库存基数较大，而人口并没有明显增多，所以消费能力有限，住房的供求关系整体上看仍然是供大于求，并且在未来相当长的一段时间内不会发生改变。从 2014 年 10 月份开始，中央和地方打出一系列楼市调控“组合拳”，其中最主要的目的便是去库存，加速消化房地产待售面积。对于中小城市来说，虽然房地产业是支撑地方 GDP 的重要产业，但是必须一切从实际出发，根据当地需求进行良好调控，避免发生“空城”“鬼城”这类现象。所以，从宏观调控出发，对于这类已经过剩的产业显然不能采用全面刺激政策。

第二节　财政政策精准发力

财政政策是指为促进就业水平提高，减轻经济波动，防止通货膨胀，实现稳定增长而对政府财政支出、税收和借债水平所进行的选择，或对政府财政收入和支出水平所做的决策。或者说，财政政策是指政府变动税收和支出以便影响总需求进而影响就业和国民收入的政策。

根据财政政策调节经济周期的作用来划分，财政政策可分为自动稳定的财政政策和相机抉择的财政政策。自动稳定的财政政策，是指财政制度本身存在一种内在的、不需要政府采取其他干预行为就可以随着经济社会的发展自动调节经济运行的机制。相机决策的财政政策，是指政府根据一定时期的经济社会状况，主动灵活选择不同类型的反经济周期的财政政策工具干预经济运行来实现财政政策目标。根据财政政策调节国民经济总量和结构中的不同功能来划分的，财政政策又可以划分为扩张性财政政策、紧缩性财政政策和中性财政政策。扩张性财政政策，又称积极的财政政策，是指通过财政分配活动来增加和刺激社会的总需求，主要措施有增加国债、降低税率、提高政府购买和转移支付。紧缩性财政政策，又称适度从紧的财政政策，是指通过财政分配活动来减少和抑制总需求，主要措施有减少国债、提高税率、减少政府购买和转移支付。中性财政政策，又称稳健的财政政策，是指财政的分配活动对社会总需求的影响保持中性。

财政政策主要包括国家预算、税收、财政投资、财政补贴、财政信用、财政立法和执法、财政监察等手段。具体来说，国家预算主要通过预算收支规模及平衡状态的确定、收支结构的安排和调整来实现财政政策目标。税收主要通过税种、税率来确定和保证国家财政收入，调节社会经济的分配关系，以满足国家履行政治经济职能的财力需要，促进经济稳定协调发展和社会的公平分配。财政投资通过国家预算拨款和引导预算外资金的流向、流量，以实现巩固和壮大社会主义经济基础，调节产业结构的目的。财政补贴是国家根据经济发展规律的客观要求和一定时期的政策需要，通过财政转移的形式直接或间接地对农民、企业、职工和城镇居民实行财政补助，以达到经济稳定协调发展和社会安定的目的。财政信用是国家按照有偿原则，筹集和使用财政资金的一种再分配手段，包括在国内发行公债和专项债券，在国外发行政府债券，向外国政府或国际金融组织借款，以及对预算内资金实行周转有偿使用等形式。财政立法和执法是国家通过立法形式对财政政策予以法律认定，并对各种违反财政法规的行为，如违反税法的偷税抗税行为等，诉诸司法机关按照法律条文的规定予以审理和制裁，以保证财政政策目标的实现。财政监察是实现财政政策目标的重要行政手段，即国家通过财政部门对国营企业事业单位、国家机关团体及其工作人员执行财政政策和财政纪律的情况进行检查和监督。

财政政策是各国政府追求经济与社会的发展目标、实施宏观经济调控的重要政策手段，对于国民经济的健康、可持续发展有着至关重要的作用。改革开放30多年来，中国的财政政策在沿着建立市场经济体制的轨迹中不断调整修正，积极借鉴其他国家先进经验，结合本国具体情况，为我国经济的持续健康快速发展作出了重大贡献。我国改革开放以来一直在探索如何利用中国特色社会主义市场经济条件下的财政政策来调控国民经济。在我国财政政策的制定实施过程中，可以看出随着市场改革和政治改革的深入，政府的操作手段和把握程度趋于成熟。在当前新常态下，全面刺激政策不合时宜，宏观调控必须更有针对性。因此，全面扩张的财政政策不适合当前经济增长，必须使用精准发力的财政政策。

一、实行结构性减税和普遍性降费

结构性减税，是指“有增有减，结构性调整”的一种税制改革方案，是为了达到特定目标而针对特定群体、特定税种来削减税负水平；普遍性降费，是要全面降低企业费用负担，进一步为企业，特别是小微企业减负添力。在当前，中国经济进入新常态，经济从高速增长转为中高速增长，面临更大的经济下行压力。为了保证宏观经济的稳步运行，财政政策必须精准发力，其中结构性减税与普遍性降费就成为一个重要方面。

2015年政府工作报告中指出，要继续实行结构性减税和普遍性降费，进一步减轻企业特别是小微企业负担。在我国，一些行业税负较重，需要针对这些行业进行相应减税。结构性减税区别于全面减税，也不是说对所有行业进行大规模减税，而是针对特定群体、特定税种来削减税负水平。有人认为，结构性减税就一定是减税，这也是误读。在结构性减税的大背景下，有些行业的税负也可能会有所提升，但是从总体上来说，税负水平是下降的。也就是说，结构性减税可以理解为有增有减、总体减少的一种税收方案。正因为结构性减税是为了达到特定目标，针对特定群里的税负方案，所以必然会引起相关行业竞争力的调整，进而改变行业格局。因此，结构性减税可谓财政政策精准发力的重要体现与重要手段。

为了增加税收优惠，国家进行了“营改增”的税制改革。“营改增”就是改原先征收营业税为征收增值税。营业税和增值税是我国两大主要税种，营业税是对企业营业额全额征税，而增值税是对企业销售商品和服务实现的增值部分征税。实行“营改增”有利于避免重复征税，减轻企业负担；有利于完善和延伸第二、三产业增值税抵扣链条，使市场细化和分工协作不受税制影响；有利于建立货物和劳务领域的增值税出口退税制度，全面改善我国的出口税收环境。经过前期试点工作，目前“营改增”地区已经推广到全国试行，并不断扩大行业范围。2014 年 1 月 1 日，铁路运输和邮政业纳入营业税改征增值税试点，至此交通运输业已全部纳入“营改增”范围；随后 6 月 1 日，电信业被纳入试点，明确规定实行差异化税率，基础电信服务和增值电信服务分别适用 11% 和 6% 的税率，为境外单位提供电信业服务免征增值税。

随着“营改增”试点的不断扩容，目前试点范围已覆盖了交通运输、邮政、电信业和研发技术、信息技术、文化创意、物流辅助、有形动产租赁、鉴证咨询、广播影视等现代服务业。2015 年，“营改增”试点将逐步扩大至建筑业、房地产业、金融业和生活服务业等领域，基本实现全覆盖。

除了结构性减税外，国家继续加大降费力度，全面降低企业费用负担，实行普遍性降费，进一步为企业，特别是小微企业减负添力。普遍性降费就是全面的降低企业现在承担的一些费用成本，为企业发展增加了活力。

2014 年 11 月 15 日，国务院总理李克强主持召开国务院常务会议决定实施普遍性降费，进一步为企业特别是小微企业减负添力。会议决定，凡没有法律法规依据或未经批准设立的行政事业性收费和政府性基金项目，一律取消；对收费标准超成本的要切实降低；对确需保留的补偿非普遍性公共服务成本的收费，严格实行收支两条线管理。同时，减免涉及小微企业、养老、医疗和高校毕业生就业等的收费和基金。自 2015 年 1 月 1 日起，一是取消或暂停征收依法合规设立、但属于政府提供普遍公共服务或体现一般性管理职能的收费，包括企业、个体工商户注册登记费等 12 项收费。二是对小微企业免征组织机构代码证书费等 42 项行政事业性收费。2016 年 1 月 1 日至 2017 年年底，对月销售额或营业额不超过 3 万元的小微企业，自登记注册之日起 3 年内免征教育费附加、文化事业建设费等 5 项政府性基金。三是对安排残疾人就业未达到规定比例、在职职工总数不超过 20 人的小微企业，自登记注册之日起 3 年内免征残疾人就业保障金。四是对养老和医疗服务机构建设减免土地复垦费、房屋所有权登记费等 7 项收费。继续对高校毕业生、登记失业人员、残疾人和复转军人自主择业创业，免收管理、登记和证照类行政事业性收费。会议要求，要进一步提高收费政策的透明度，对保留的行政事业性收费、政府性基金和实施政府定价或指导价的经营服务性收费，实行目录清单管理，实时对外公开，清单外的收费一律取消。在取消、减免有关收费和基金后，相关部门、单位依法履职和事业发展所需经费由同级财政统筹安排。中央财政要加强监督，确保各级财政经费到位，防止以经费不足为由再出现乱收费现象。以上措施将对企业和个人减少很大的成本负担，这对大力减轻企业特别是小微企业负担，降低大众创业成本，加快万众创新步伐，具有很大的积极意义。

二、有针对性地增加财政支出

增加财政支出是实施积极的财政政策的重要方面。增加支出与减少税收是积极的财政政策的两大主要措施，而增加支出从某种程度上来说更具有主动性与直接性。增加财政支出可以直接创造总需求，并且对特定方向增加财政购买可以创造有针对的财政支出。财政支出由政府主动控制，可以对支出的内容、数额等方面进行有效把握。增加财政支出的主要标志是赤字率：如果当年赤字率大于往年，通常来说财政支出更有力度；如果当年赤字率小于往年，通常来说财政支出在减弱；如果当年赤字率与往年持平，通常来说财政支出力度保持不变。

2015 年将继续实施积极的财政政策。在 2015 的政府工作报告上国务院总理李克强指出，积极的财政政策要加力增效，今年拟安排财政赤字 1.62 万亿元，比去年增加 2 700 亿元，赤字率从去年的 2.1% 提高到 2.3%。其中，中央财政赤字 1.12 万亿元，增加 1 700 亿元；地方财政赤字 5 000 亿元，增加 1 000 亿元。2015 年的赤字率比 2014 年的要高，这体现了积极财政政策更有力度。另外，要使财政政策精准发力，必须优化财政支出结构，大力盘活存量资金，提高使用效率。因此，在增加支出方面，2015 年安排的中央基建投资比上年略有增加，投资结构进一步优化，重点向国家重大工程，跨地区、跨流域的投资项目以及外部性强的重点项目倾斜，进一步减少竞争性领域投入和对地方的小、散项目投资补助，并保障好各项民生投入。

当前，财政政策精准发力必须要注重财政支出的方向问题。财政支出要把握好总供求关系的新变化，要注重产业结构优化调整，要全面化解产能过剩问题并探索未来产业发展方向。自 2008 年国际金融危机以来，我国就一直实施调整产业结构政策，通过调结构来稳增长，以期促进经济的稳步前行。

从区域经济来看，目前东北经济增长面临压力最大。虽然之前实施了东北等老工业基地振兴战略，使得东北地区自主创新能力不断提升，创新创业环境得到改善，但总体上看由于地理、历史等因素，制约经济发展的障碍依然突出，创业活动不活跃，新兴产业发展滞后。2015 年 6 月 26 日，国家发展改革委、科技部、人社部、中科院联合下发意见，提出 22 项举措促进东北老工业基地创新创业，打造竞争新优势。意见提出，要主动适应经济发展新常态，深化体制机制改革，完善创新创业发展环境，实施创新驱动发展战略，激发区域创新活力和创业热情，推进全民创业带动产业繁荣，推动东北老工业基地经济保持中高速增长、产业结构向中高端迈进。国家可以依靠财政支出的精准发力贡献东北地区经济增长，实现东北老工业基地在新常态下继续贡献中国经济增长。

从产业结构来看，我国重型工业占比仍然较高。同量的工业增加值，是由哪些工业创造的，这非常重要。过去我国工业高新技术产业起步晚、占比低，装备制造业也是相对落后，所以当时制定了重型工业优先发展战略。重型工业的发展具有很强的惯性，比如钢铁、煤炭、石油等产业，在经济好的时候发展势头很好，但在经济疲软的时候，虽然面临亏损但是却无法及时进行调整，只能在下滑过程中继续挣扎。2015 年 1—2 月份，传统过剩行业继续低速增长，黑色金属冶炼和压延加工业、煤炭开采和洗选业等增速都比规模以上工业低。重型工业不仅面临经济下滑的被动局面，从自身来说多数都是高投入、高消耗、高污染，在当前环境保护与生态建设迫在眉睫之时，必须想方设法转变重型工业的现状。依靠财政支出的精准发力可以有效改善我国产业结构。财政支出应当重点投向面向未来的新兴产业，减少对已经落后或者即将淘汰产业的补贴，不能再形成那种依靠财政补贴去养活产能过剩的夕阳产业的局面，真正做到按经济规律出发优化产业结构。

此外，财政政策通过财政支出精准发力，可以通过政府投资引导社会投资。2015 年政府的投资力度加大，将原来准备在“十三五”布局的项目提前。在新常态下，政府投资是拉动经济增长的重要手段。因为可以直接创造总需求、形成购买力，依靠财政支出的政府投资见效很快。在当前形势下，加大政府投资引导社会投资也显得尤为重要。最近政府推出了公私合作模式（PPP），鼓励私营企业、民营资本与政府进行合作，参与公共基础设施的建设。在政府公共部门与私营部门合作过程中，让非公共部门所掌握的资源参与提供公共产品和服务，可以实现合作各方达到比预期单独行动更为有利的结果。从财政精准发力角度来看，公私合作模式使得财政支出对于社会投资支出有了很强的引导性，可以引导社会资本投向有利于改善产业结构、优化总供求水平的相关方面。

三、鼓励大众创业、万众创新

创新是企业组织发展延续的源泉，也是经济长期可持续发展的本质所在。党的十八大明确提出要实施创新驱动发展战略："科技创新是提高社会生产力和综合国力的战略支撑，必须摆在国家发展全局的核心位置。要坚持走中国特色自主创新道路，以全球视野谋划和推动创新，提高原始创新、集成创新和引进消化吸收再创新能力，更加注重协同创新。"党的十八届三中全会通过《中共中央关于全面深化改革若干重大问题的决定》也明确指出，要深化科技体制改革，"健全技术创新市场导向机制，发挥市场对技术研发方向、路线选择、要素价格、各类创新要素配置的导向作用。建立产学研协同创新机制，强化企业在技术创新中的主体地位，发挥大型企业创新骨干作用，激发中小企业创新活力，推进应用型技术研发机构市场化、企业化改革，建设国家创新体系”。这是我们党放眼世界、立足全局、面向未来作出的重大决策。

通常来说，国际上普遍认可的创新型国家，其科技创新对经济发展的贡献率一般在70%以上，研发投入占GDP的比重超过2%，而我国目前距离此标准还有很大的差距。我国很多产业处于国际产业链的中低端，消耗大、利润低，受制于人。只有拥有强大的自主创新能力，才能在激烈的国际竞争中把握先机、赢得主动。为此，财政政策精准发力必须对创新给予支持，必须通过改革扫除创新道路上的障碍。

国务院总理李克强在公开场合多次发出“大众创业，万众创新”的号召，旨在激发全民创新创业的活力，掀起“大众创业”“草根创业”的新浪潮，形成“万众创新”“人人创新”的新态势。创新的主体是企业，“大众创业，万众创新”对于支持小微企业发展，并最终促进经济发展具有重大意义。

2015年2月25日，国务院常务会议指出，要进一步减税降费，支持小微企业发展和创业创新。会议认为，应对当前经济下行压力，保持经济运行在合理区间，积极的财政政策必须加力增效。要坚持创新宏观调控思路和方式，围绕以“大众创业，万众创新”打造新引擎，以扩大公共产品和服务供给改造传统引擎，加强定向调控，加大财税政策支持力度，用减税降费鼓励创业创新，带动社会就业和调节收入分配；推进包括重大水利工程在内的公共设施建设，扩大有效投资需求，推动结构调整和相关产业发展。会议确定，在前期国家已出台了一系列优惠政策基础上，继续加大对小微企业和创业创新的减税降费力度。一是从2015年1月

1 日至 2017 年 12 月 31 日，将享受减半征收企业所得税优惠政策的小微企业范围，由年应纳税所得额 10 万元以内（含 10 万元）扩大到 20 万元以内（含 20 万元），并按 20% 的税率缴纳企业所得税，助力小微企业尽快成长。二是从 2015 年 4 月 1 日起，将已经试点的个人以股权、不动产、技术发明成果等非货币性资产进行投资的实际收益，由一次性纳税改为分期纳税的优惠政策推广到全国，以激发民间个人投资活力。三是将失业保险费率由现行条例规定的 3% 统一降至 2%，单位和个人缴费具体比例由各地在充分考虑提高失业保险待遇、促进失业人员再就业、落实失业保险稳岗补贴政策等因素的基础上确定。初步测算，仅这一项减费措施每年将减轻企业和员工负担 400 多亿元。

第三节　货币政策定向调控

货币政策有广义与狭义之分。广义的货币政策是指政府、中央银行和其他有关部门所有有关货币方面的规定和采取的影响金融变量的一切措施。狭义的货币政策是指中央银行为实现其特定的经济目标而采用的各种控制和调节货币供应量或信用量的方针和措施的总称。两者区别在于政策制定主体的不同，广义的货币政策制定主体包括政府及其他有关部门，而狭义的货币政策制定主体就是中央银行，在中国就是中国人民银行。本书中，货币政策是指由中国人民银行作为政策制定主体的狭义概念。

根据对国民经济调节功能的不同，货币政策可以分为扩张性货币政策（又称宽松的货币政策）和紧缩性货币政策（又称从紧的货币政策）。在经济面临下行压力或者通货紧缩时，中央银行采用扩张性货币政策，降低利率，增加货币供给，可以起到增加总需求，从而刺激经济增长的作用。反之，如果经济过热或者通货膨胀时，中央银行可以采用紧缩性货币政策，通过提高利率，减少货币供给等措施来抑制投资和消费，使物价水平控制在合理水平内。此外，还有中性货币政策，指的是使货币利率与自然利率完全相等的货币政策。换句话说，就是一种保证货币因素不对经济运行产生影响，从而保证市场机制可以不受干扰地在资源配置过程中发挥基础性作用的货币政策。

货币政策工具是中央银行为达到货币政策目标而采取的手段。货币政策工具分为一般性工具和选择性工具。一般性货币政策工具包括公开市场操作、存款准备金和再贴现；选择性货币政策工具包括贷款规模控制、特种存款、对金融企业窗口指导等。现阶段，中国人民银行的货币政策工具主要有公开市场操作、存款准备金、中央银行贷款、利率政策、常备借贷便利、中期借贷便利、抵押补充贷款、汇率政策、道义劝告和窗口指导等。

近几年来，中国一直实行稳健的货币政策。稳健的货币政策是中国特色的一种提法，不同于传统经济学教科书中所提的宽松的货币政策或者从紧的货币政策。稳健的货币政策是指根据经济变化来调整政策取向：当经济出现下行迹象时，货币政策偏向扩张；当经济出现过热时，货币政策偏向紧缩。稳健的货币政策以保持国民经济持续健康较快发展为主要目标，保持货币供应量适度增长，保持币值稳定，正确处理防范金融风险与支持经济增长的关系，既防止通货紧缩又防止通货膨胀，根据经济形势需要对货币政策实行或扩张、或紧缩的操作。稳健的货币政策并不简单是指一种货币政策，也是一种实行货币政策的指导思想。21 世纪以来，我国通过实行稳健的货币政策，取得了宏观调控和经济增长的巨大成功。

2015 年中国人民银行货币信贷与金融市场工作会议认为，2014 年人民银行货币信贷和金融市场系统按照稳中求进的工作总基调，继续实施稳健的货币政策，创新调控思路和方式，补充和完善货币政策工具组合，有针对性地进行预调微调，加强宏观信贷政策指导，改进信贷政策实施方式，推进金融改革创新，推动金融市场规范发展，为增强金融服务实体经济能力、促进经济社会持续稳步发展作出了重要贡献。会议强调，2015 年中国人民银行必须主动适应经济发展新常态，要继续实施稳健的货币政策，更加注重松紧适度、定向调控和改革创新。保持流动性合理充裕，引导货币信贷和社会融资平稳适度增长，为结构调整和转型升级营造中性适度的货币金融环境。在区间调控的基础上加强定向调控，促进信贷结构优化。加快推进利率市场化改革，进一步完善人民币汇率市场化形成机制。

在新常态下，面临经济增长的各种新特征，宏观调控更有针对性，需要从“漫灌式”向“精准式”转型。货币政策作为宏观调控的重要内容，必须相应地实行定向调控。

一、进一步推进利率市场化改革

利率政策是我国货币政策的重要组成部分，也是货币政策实施的主要手段之一。中国人民银行根据货币政策实施的需要，适时地运用利率工具，对利率水平和利率结构进行调整，进而影响社会资金供求状况，实现货币政策的既定目标。

近年来，中国人民银行加强了对利率工具的运用。利率调整逐年频繁，利率调控方式更为灵活，调控机制日趋完善。随着利率市场化改革的逐步推进，作为货币政策主要手段之一的利率政策，将逐步从对利率的直接调控向间接调控转化。利率作为重要的经济杠杆，在国家宏观调控体系中将发挥更加重要的作用。

利率市场化改革由来已久。1993 年，《国务院关于金融体制改革的决定》提出，要逐步形成以中央银行利率为基础的市场利率体系。党的十四届三中全会《中共中央关于建立社会主义市场经济体制若干问题的决定》中提出，中央银行按照资金供求状况及时调整基准利率，并允许商业银行存贷款利率在规定幅度内自由浮动。2003 年，党的十六大报告提出要“稳步推进利率市场化改革，优化金融资源配置”。党的第十六届三中全会《中共中央关于完善社会主义市场经济体制若干问题的决定》中进一步明确“稳步推进利率市场化，建立健全由市场供求决定的利率形成机制，中央银行通过运用货币政策工具引导市场利率”。2013 年，党的十八届三中全会《中共中央关于全面深化改革若干重大问题的决定》也明确提出了要“使市场在资源配置中起决定性作用”，必须“完善人民币汇率市场化形成机制，加快推进利率市场化”。

伴随中央关于利率市场化改革要求，利率市场化改革自 1996 年正式启动以来已经获得了巨大的阶段性成果。从最近一个时期的改革状况来看，2013 年 7 月 20 日起全面放开金融机构贷款利率管制又将利率市场化改革推向了一个新的阶段。本次推进利率市场化改革决定：取消金融机构贷款利率 0.7 倍的下限，由金融机构根据商业原则自主确定贷款利率水平；个人住房贷款利率浮动区间不做调整，仍保持原区间不变，继续严格执行差别化的住房信贷政策；取消票据贴现利率管制，改变贴现利率在再贴现利率基础上加点确定的方式，由金融机构自主确定；取消农村信用社贷款利率 2.3 倍的上限，由农村信用社根据商业原则自主确定对客户的贷款利率。全面放开贷款利率管制后，金融机构与客户协商定价的空间将进一步扩大，有利于促进金融机构采取差异化的定价策略，降低企业融资成本；有利于金融机构不断提高自主定价能力，转变经营模式，提升服务水平，加大对企业、居民的金融支持力度；有利于优化金融资源配置，更好地发挥金融支持实体经济的作用，更有力地支持经济结构调整和转型升级。

新常态下，利率市场化改革还需要放开金融机构存款利率管制。从最近中国人民银行的相关货币政策可以看出，利率市场化改革正在朝着这个方向前进。中国人民银行决定，自 2012 年 6 月 8 日起将金融机构存款利率浮动区间的上限调整为基准利率的 1.1 倍。2014 年 11 月 22 日，决定将金融机构存款利率浮动区间的上限由存款基准利率的 1.1 倍调整为 1.2 倍。2015 年 3 月 1 日，决定将金融机构存款利率浮动区间的上限由存款基准利率的 1.2 倍调整为 1.3 倍。2015 年 5 月 11 日，决定将金融机构存款利率浮动区间的上限由存款基准利率的 1.3 倍调整为 1.5 倍。从以上央行政策可以看出，推进利率市场化改革的动作很大，扩大存款利率浮动区间已经为利率市场化改革作出了很大贡献。综上可以推测，在新常态下，未来金融机构存款利率浮动区间必然会继续扩大，直到金融机构存款利率完全市场化。

二、有针对性地实施定向降准措施

存款准备金是指金融机构为保证客户提取存款和资金清算需要而准备的资金，金融机构按规定向中央银行缴纳的存款准备金占其存款总额的比例就是存款准备金率。存款准备金制度是在中央银行体制下建立起来的，存款准备金制度的初始作用是保证存款的支付和清算，之后才逐渐演变为货币政策工具，中央银行通过调整存款准备金率，影响金融机构的信贷资金供应能力，从而间接调控货币供应量。

从存款准备金率调整的周期来看，2008 年国际金融危机以前，存款准备金率处在一个上调周期，在这期间央行曾多次上调存款准备金率；2008 年 9 月起，存款准备金率进入了一个下调周期；随后在 2010 年年初，存款准备金率又处于一个上调周期；自 2011 年年末起，存款准备金率又进入了一个下调周期。这表明我国的存款准备金率是处在一个不断调整的状态中，根据经济形势的变化而相应调整。

从存款准备金率调整的内容来看，可以发现从 2014 年起，存款准备金率的调整并不简单地只是普降金融机构存款准备金率，而是同时增加了定向降准等内容。从目前来看，中国人民银行最近几次定向调整存款准备金率主要有以下几个内容：

（1）中国人民银行决定，从 2014 年 4 月 25 日起下调县域农村商业银行人民币存款准备金率 2 个百分点，下调县域农村合作银行人民币存款准备金率 0.5 个百分点。本次定向降准鼓励和引导金融机构更多地将新增或者盘活的信贷资源配置到“三农”等领域，加强金融对“三农”发展的支持，拓展资金来源，引导加大涉农资金投放，进一步提升农村金融服务的能力和水平。与设立在城市的农村商业银行和农村合作银行相比，法人在县域的农村商业银行和农村合作银行涉农贷款比例较高，支农力度更大。此次对这些县域农村金融机构的准备金率进行结构性调整，有利于有针对性地增强其财务实力，提高其支持“三农”发展的能力，起到引导信贷资源更多流向“三农”和县域的正向激励作用，增强金融服务实体经济的能力，支持国民经济重点领域和薄弱环节，促进经济结构调整。

（2）中国人民银行决定，从 2014 年 6 月 16 日起，对符合审慎经营要求且“三农”和小微企业贷款达到一定比例的商业银行（不含 2014 年 4 月 25 日已下调过准备金率的机构）下调人民币存款准备金率 0.5 个百分点。“三农”和小微企业贷款达到一定比例是指上年新增涉农贷款占全部新增贷款比例超过 50%，且上年末涉农贷款余额占全部贷款余额比例超过 30%；或者，上年新增小微贷款占全部新增贷款比例超过 50%，且上年年末小微贷款余额占全部贷款余额比例超过 30%。按此标准，此次定向降准覆盖大约 2/3 的城商行、80% 的非县域农商行和 90% 的非县域农合行。此外，为鼓励财务公司、金融租赁公司和汽车金融公司发挥好提高企业资金运用效率及扩大消费等作用，下调其人民币存款准备金率 0.5 个百分点。此次定向降低准备金率就是引导信贷资源支持“三农”和小微企业，鼓励商业银行等金融机构将资金更多地配置到实体经济中需要支持的领域，确保货币政策向实体经济的传导渠道更加顺畅。

（3）中国人民银行决定，自 2015 年 2 月 5 日起下调金融机构人民币存款准备金率 0.5 个百分点。同时，为进一步增强金融机构支持结构调整的能力，加大对小微企业、“三农”以及重大水利工程建设的支持力度，对小微企业贷款占比达到定向降准标准的城市商业银行、非县域农村商业银行额外降低人民币存款准备金率 0.5 个百分点，对中国农业发展银行额外降低人民币存款准备金率 4 个百分点。

（4）中国人民银行决定，自 2015 年 4 月 20 日起下调各类存款类金融机构人民币存款准备金率 1 个百分点。在此基础上，为进一步增强金融机构支持结构调整的能力，加大对小微企业、“三农”以及重大水利工程建设等的支持力度，自 2015 年 4 月 20 日起对农信社、村镇银行等农村金融机构额外降低人民币存款准备金率 1 个百分点，并统一下调农村合作银行存款准备金率至农信社水平；对中国农业发展银行额外降低人民币存款准备金率 2 个百分点；对符合审慎经营要求且“三农”或小微企业贷款达到一定比例的国有银行和股份制商业银行可执行较同类机构法定水平低 0.5 个百分点的存款准备金率。

（5）中国人民银行决定，自 2015 年 6 月 28 日起有针对性地对金融机构实施定向降准，以进一步支持实体经济发展，促进结构调整。①对“三农”贷款占比达到定向降准标准的城市商业银行、非县域农村商业银行降低存款准备金率 0.5 个百分点；②对“三农”或小微企业贷款达到定向降准标准的国有大型商业银行、股份制商业银行、外资银行降低存款准备金率 0.5 个百分点；③降低财务公司存款准备金率 3 个百分点，进一步鼓励其发挥好提高企业资金运用效率的作用。

从以上存款准备金率调整的相关措施来看，2014 年以来人民银行继续实施稳健的货币政策，更加注重松紧适度，适时适度预调微调，完善差别准备金动态调整机制，对部分金融机构实施定向降准，加强信贷政策的结构引导作用，鼓励金融机构更多地将信贷资源配置到“三农”、小微企业等重点领域和薄弱环节。

在新常态下，我国经济正处在新旧产业和发展动能转换的接续关键期，稳增长、调结构、促改革、惠民生和防风险的任务还十分艰巨，需要继续灵活运用货币政策工具，通过结构调整促进经济平稳健康发展，并着力降低社会融资成本。在此背景下，有针对性地实施定向降准措施是货币政策定向调控的重要内容，可以为当前宏观调控从“漫灌式”向“精准式”转型提供有利条件。

三、采取必要措施维护金融市场稳定

货币政策通常的目标有稳定物价、充分就业、经济增长和维持国际收支平衡。在我国，货币政策除了上述一般目标以外，在特殊时期还可以采取特殊方式来维护经济的持续健康较快发展，防止发生系统性、区域性的金融风险。在这里，本书就举一个在 2015 年上半年发生的中国股市案例。

自2014年下半年起，中国A股走势可谓“盛气凌人”——上证综指从2 000多点一直上涨至2015年6月5 178.19点，大涨超过3 000点，涨幅超过150%。伴随指数大涨，市场人气飙升，两市成交量屡创新高，不断刷新世界股市的单日最大交易额。然而，2015年6月15日起行情掉头向下，在不到20个交易日估值大跌1 800多点至3 373.54点，跌幅近35%。在此期间，中国股市更是上演了成立以来从未出现过的“股灾行情”——连续多日千股跌停。

归结起来，2015年该轮牛市暴涨的推动力很大程度上来源于杠杆因素，不仅有场内合规的融资业务，也有场外无法估量的配资、伞形信托等杠杆业务。仅从融资融券业务来看，融资余额在最高点时期达到2.27万亿元，此时一些券商已经无资可融。融资融券理论上的杠杆上限是2倍，即1倍的本金加1倍的融资量，而场外配资则普遍高达1∶3、1∶5，甚至有的达到1∶10。在极端行情下，投资者采用这么高的杠杆炒股，只要稍有不慎买到跌停的股票，就有可能出现因爆仓而被强平。

高杠杆资金在上涨时是助推收益的利器，但在下跌时也具有杠杆效应，同样会以杠杆比例扩大损失。在上证指数冲到最高点开始下跌之时，多数投资者并没有能力主动采取降低杠杆或者做空期货进行套期保值交易，这就导致了其持仓的巨大亏损。下跌后，一旦触碰预警线或者平仓线，那么就会进一步加剧做空力量，使得股票价格继续下跌。而当多数股票都发生这样的情况时，市场恐慌就出现了，由此带来的市场连环踩踏效应便加剧了股指下跌。在发生股灾的几天里，曾连续多日出现“千股跌停”的紧张局面。这种局面导致流动性枯竭，使得很多投资者即使想卖出股票也无法实现，只能眼睁睁地看着市值遭受损失，更有甚者只能眼看被平仓。在 2015 年 7 月上旬，受中国 A 股大跌影响，港股开始大跌，在境外上市的中国概念股也开始大跌，后来股票市场的恐慌情绪甚至蔓延到了期货市场，不仅导致股指期货跌停，有段时间连商品期货也都基本跌停。

在此紧要关头，中国人民银行紧急发表声明支持股票市场稳定发展。2015 年 7 月 8 日，中国人民银行指出，为支持股票市场稳定发展，中国人民银行积极协助中国证券金融股份有限公司通过拆借、发行金融债券、抵押融资、借用再贷款等方式获得充足的流动性。中国人民银行将密切关注市场动向，继续通过多种渠道支持中国证券金融股份有限公司维护股票市场稳定，守住不发生系统性、区域性金融风险的底线。2015 年 7 月 9 日，中国人民银行根据中国证券金融股份有限公司的需求向其提供了充足的再贷款。同时，还将根据证金公司需求，继续通过多种方式向其提供流动性支持。此外，中国人民银行已批准中国证券金融股份有限公司在银行间债券市场发行短期融资券等金融债券。这种多元化的融资方式有利于保持证金公司流动性充裕，发挥好维护市场的稳定作用。

在中国人民银行采取必要措施稳定金融市场的情况下，市场流动性枯竭被缓解了，中国 A 股带动港股、境外上市中国概念股、商品期货市场等进行了一波幅度不小的反弹。这在很大程度上缓解了市场恐慌情绪，维护了市场稳定，增加了投资者对中国金融市场的信心。中国人民银行此次采取的必要措施不仅仅是稳定了A股市场，也是稳定了整个中国金融系统。中国的金融市场发展起步较晚，比起发达资本主义国家来说还不够成熟，投资者教育方面也有较大的改善空间。在这样的情势下，货币政策必须通过定向调控，同其他政策一道维护市场稳定，守住不发生系统性、区域性金融风险的底线，并为中国经济长期健康较快发展服务。

后　记

党的十八届五中全会鲜明地提出了创新、协调、绿色、开放、共享五大发展理念。习近平总书记指出，改革是由问题倒逼而产生。新的五大发展理念，正是在中国经济新常态所面临的一系列问题横亘于中国改革发展征途之时，应运而生。当下中国的诸多问题，皆是由经济进入新常态而衍生。本书对于经济新常态所暴露的各方面问题，从理论和实践层面做了深入剖析，对在旧有增长模式的“极限”约束下如何发展，提出了意见建议。

本书由中央党校报刊社副总编辑、经济学博士杨英杰主持撰写。杨英杰同志负责完成了全书的整体设计、撰写和统稿工作。参与书稿撰写的中央党校研究生院博士有：王牧天、苏月、王岳龙、赵琴琴、赵妮、宋立楠、李元、李良艳、楼俊超。本书出版得到了清华大学出版社的大力支持，徐学军先生为本书策划提供了重要指导，做了大量工作。在书稿撰写过程中，我们参考了大量已有的研究成果，在此表示感谢。特别需要感谢的是，我的导师，原国家行政学院副院长、我国著名经济学家韩康教授于百忙之中特为本书撰写序言，提出了希望引起决策层和理论界予以高度重视的“经济新常态阵痛期”这一新的概念，可以说与本书关于新常态下的“心常态”这一理念颇有契合。至于像本书副标题所示的——如何让我们习惯增长的“极限”，我们希望能有更深入的探讨。

杨英杰谨识

2016年春于中央党校南院